자본시장의 문제적 사건들

초판 1쇄 발행 | 2023년 10월 12일
초판 3쇄 발행 | 2023년 10월 23일

지은이 | 김수헌
펴낸이 | 이원범
기획 · 편집 | 김은숙
마케팅 | 안오영
표지 · 본문 디자인 | 강선욱

펴낸곳 | 어바웃어북 aboutabook
출판등록 | 2010년 12월 24일 제313-2010-377호
주소 | 서울시 강서구 마곡중앙로 161-8 C동 1002호 (마곡동, 두산더랜드파크)
전화 | (편집팀) 070-4232-6071 (영업팀) 070-4233-6070
팩스 | 02-335-6078

ISBN | 979-11-92229-29-4   03320

30개 국면으로 본 '돈의 전쟁' 막전막후

자본시장의 문제적 사건들

김수헌 지음

어바웃어북

'개미잔혹사'에
마침표를 찍을 기업 해부 보고서

2022년 말 한 중소기업이 130조 원 가치의 볼리비아 '리튬' 광산 채굴권을 확보했다는 내용의 보도자료를 언론에 보냈다. 그리고 많은 언론이 이 내용을 보도했다.

리튬은 전기차용 배터리(2차전지) 제조의 핵심 원자재로, '백색 황금'이라 불릴 만큼 몸값이 높은 광물이다. 전 세계 주요 전기차와 배터리 기업들이 앞다퉈 리튬 확보 경쟁을 벌이고 있다. 그런데 50억 원 남짓한 매출을 내는 중소기업이 130조 원 규모의 채굴권 계약을 맺었다고 하는데, 최소한의 확인도 없이 보도자료를 그대로 전달하는 언론의 태도는 과연 옳은 것일까?

필자가 현역 기자로 뛸 때 이런 자료를 받았다면 합리적 의심에 기반하여 추가 취재를 하였을 것이다. 신속한 보도보다 진실한 보도에 더 비중을 둬야 함은 말할 것도 없다. 언론은 보도자료의 단순 전달자가 되어서는 안 되며, 받아쓰기를 잘하는 사람들이 모인 곳이 되어서도 안 된다.

필자는 이 회사의 재무제표를 살펴보고 에드가(EDGAR, 미국의 전자공시시스템)에서 합작사라는 미국 회사의 공시 자료를 뒤져봤다. 짧은 시간 취재한 것만으로도, 이 내용이 사기 사건으로 비화할 가능성을 증명하는 자료를 여러 건 입수했다. 그리고 매주 고정 출연하는 유튜브 채널 언더스탠딩에서 '130조 원 리튬의 진실은 무엇인가?'라는 제목으로 방송을 했다.

결국 회사가 리튬 채굴권을 확보했다는 것은 허위로 판명되었다. 인동첨단소재라는 회사는 자신도 피해자라며 채굴권 양수도 계약을 맺었던 미국 기업을 상대로 소송을 제기했다. 회사 말만 믿고 투자했던 수많은 투자자는 피눈물을 흘려야 했다.

쌍용C&E(옛 쌍용시멘트) 우선주 사건은 또 어떤가? 회사 대주주(사모펀드)는 비정상적으로 급등락이 잦았던 우선주를 상장폐지하기 위해 시세보다 60% 높은 가격(1만 5500원)으로 공개매수를 단행했다. 대주주의 우선주 지분율이 95%를 넘으면 거래소에 자진 상장폐지를 신청할 수 있는데, 약 20% 주주가 공개매수에 응하지 않았다.

그러자 대주주는 방법을 바꿨다. 주주총회를 열어 우선주의 강제 유상소각을 의결하기로 했다. 주주총회에서 유상소각이 통과되면, 주주들이 보유한 우선주는 주당 9297원에 소각된다. 대주주가 이미 우선주를 80% 확보한 상태라 주주총회 통과는 확정된 것이나 마찬가지였다. 공개매수에 응하지 않았던 주주들이 할 수 있는 일이라곤, 기한 내 회사가 제시한 가격(1만 5500원)에 우선주를 파는 것뿐이었다.

그런데 유상소각 예정 공시가 나간 뒤 우선주 주가는 3만~4만 원대까지 급등했다. 9297원에 소각될 운명의 주식이 어떻게 수만 원을 넘나들 수 있었을까? 비상식적으로 움직이는 주가 뒤에는 작전세력이 있었다. 작전세력은 "강제 유상소각으로 상장폐지하는 것은 불가능하다"면서 "버티면 회사가 주당 10만 원, 20만 원에 주식을 매수해 줄 것"이라는 헛소문을 퍼뜨렸다.

필자는 당시 SNS, 신문 칼럼, 유튜브 방송 등을 통해 작전세력의 주장에 경도된 투자자들에게 여러 차례 경고 메시지를 보냈지만 별 소용이 없었다. 결국 헛소문을 믿고 매수 대열에 뛰어들었던 개미투자자들은, 예정대로 강제 유상소각이 진행되면서 엄청 난 손실을 보았다.

자본시장은 이처럼 수많은 '문제적 사건'이 발생하는 곳이다. 개 미들의 피를 빨아 자신의 배를 불리겠다는 작전세력의 탐욕에서 비롯된 사건도 있고, 일반주주의 이익 따위는 아랑곳하지 않는 대 주주의 경영 전횡에서 촉발된 사건도 있다. 또 잘못된 경영 판단 에 따른 부실이 수면 아래 숨어있다가 어느 날 갑자기 재무제표를 통해 모습을 드러내거나, 재무제표마저 왜곡하여 투자자와 시장 을 속이려다가 몰락을 자초한 사건도 있다.

이러한 사건의 가장 큰 피해자는 시장과 기업에 무지하거나 무 관심한 투자자들이다. 기업 활동이 주가를 어떤 방향으로 이끌지 스스로 판단할 수 없는 이들은 헛소문에 쉽게 휩쓸린다. 나흘 만 에 시가총액 8조 원이 증발한 'SG발 주가 폭락 사태'에서처럼, 투 자자들은 자신도 모르는 사이에 꾼들이 설계한 판의 '말'로 전락 하기도 한다.

기업 활동에 대한 무관심은 대주주와 경영진의 전횡을 부추긴 다. 합병과 분할을 대주주의 지배력 강화와 경영권 승계 도구로 활용하거나, 대주주가 계열사 자금을 교묘한 방식으로 유용하거나, 기업이 일반주주는 배제한 채 헤지펀드와 거액의 차액을 보상해주기로 비밀 합의를 해도 속수무책이다.

기업 활동을 분석하려면 수시로 '회계'라는 장벽에 부딪힌다. 돈을 벌고, 쓰고, 나누고, 빌리고, 투자하는 등 기업의 모든 활동이 회계라는 언어를 통해 재무제표에 기록되기 때문이다. 필자가 오랫동안 기업 분석의 가장 강력한 무기로 회계를 강조한 이유가 여기에 있다. 재무제표 행간에 숨은 이야기를 읽을 수 있을 때 비로소 기업 활동을 제대로 이해할 수 있다. 맥락을 무시한 채 재무제표에서 특정 숫자 하나만 뚝 떼어놓고 보면 기업 활동이 왜곡될 수 있다.

아시아나항공 인수를 추진하던 HDC현대산업개발은 단기간 증가한 대규모 부채(2019년 2분기에서 4분기 사이 2조 8200억 원 증가)를 이유로 재실사를 요구하였고, 결국 인수 계약은 해지되었다. 양사는 인수 무산의 책임이 누구에게 있는지를 두고 현재 치열한 법정 공방을 벌이고 있다. 사건의 본질에 다가서려면, 아시아나항공의 부채가 급증한 원인과 부채의 내용을 정확히 파악해야만 한다.

이 책에는 필자가 지난 2년 가까이 삼프로TV와 언더스탠딩을 포함한 다양한 유튜브 채널과 「중앙일보」 및 「한겨레신문」 등의 칼럼에서 다루었던 사건 가운데, 자본시장에 큰 파장을 일으킨 문제적 사건을 엄선하였다. 사건의 최근 상황을 업데이트하고, 당시 방송 시간이나 지면 사정 등의 제약으로 제시하지 못했던 여러 자료와 데이터들을 담았다. 어떤 사건은 수백 페이지에 달하는 판결문을 토대로 깊은 내용까지 다루기도 하였으나, 일반 독자를 고려하여 최대한 이해하기 쉽게 서술하고자 노력하였다. 또한 회계가 기반이 되는 다양한 사건의 이면은, 숫자가 나오게 된 맥락을 중심으로 설명하였다.

책에서 다룬 사건 가운데는 종결된 것도 있고, 진행 중이거나 추후 오랫동안 논란이 계속될 것도 있다. 그래서 필자는 주관적 판단은 최대한 배제하고 사건 당사자들에 대한 취재와 관련자 증언, 자료 등을 바탕으로 이야기를 전개하고자 애썼다는 점도 밝힌다.

늘 그렇지만, 필자의 졸고를 솜씨 있게 다듬고 편집하여 번듯한 한 권의 책으로 만들어주는 사람들이 있다. 어바웃어북의 김은숙 에디터와 이원범 편집장, 그리고 강선욱 디자이너께 깊은 감사를 드린다.

여의도에서 김수헌

C O N T E N T S

CHAPTER 1.
시장의 근간을 뒤흔든 사건들

CHAPTER 2.
지배구조에 균열을 일으킨 사건들

CHAPTER 3.
위기를 기회로,
기회를 위기로 전환한 사건들

CHAPTER 4.
재무제표 속 숫자에 감춰진 사건들

CHAPTER 5.
덧셈·뺄셈·곱셈의 기적,
M&A 사건들

•

CHAPTER 1

•

시장의 근간을 뒤흔든
사건들

레버리지의 두 얼굴,
SG발 매도 폭탄 떨어뜨린 CFD

2023년 4월 24일, 증시 개장 후 30분이 채 되기도 전에 삼천리, 대성홀딩스, 서울가스, 세방, 선광, 다우데이타, 다올투자증권, 하림지주 등 8개 기업의 주가가 10% 이상 급락하더니 하한가로 떨어졌다. 특이하게도 이들 기업에 대한 매도세는 모두 프랑스계 SG(쏘시에떼제네랄)증권 창구에서 쏟아졌다.

이 가운데 4개 기업은 그로부터 3일 연속 하한가를 기록하였다. 나머지 기업들도 폭락세가 이어져, 단 며칠 새 8개 기업에서 8조 원의 시가총액이 증발하였다. 한국 증시 사상 전례를 찾아보기 힘든 사건이었다.

SG발 폭락 사태의 배경으로 'CFD 계좌 반대매매'가 지목되었다. 그리고 작전세력이 깊숙이 관여되어 있다는 사실이 드러났다. 작전세력에게 돈을 맡겼던 투자자들은 수억에서 수십억 원의 원금을 잃었다.

여기에 더하여 투자자들은 증권사에 수십에서 수백억 원의 빚까지 지게 되었다며 작전세력의 실체 폭로에 나섰다. 도대체 'CFD'라는 것이 무엇이길래 증시에 이렇게 큰 충격을 던졌던 것일까? 왜 작전세력은 CFD를 시세조종에 이용하였던 것일까?

주식을 보유하지 않고도
레버리지 효과를 누릴(?) 수 있는 상품

CFD는 'Contract for Difference'의 줄임말로, 'Difference'는 '차액(差額)'을 뜻한다. 흔히 CFD를 '차액결제거래'라고 부른다. 투자자가 증권사에 CFD 계좌 개설을 신청하면 증권사는 '전문투자자' 자격 여부를 심사하여 계좌를 만들어준다.

▶▶▶ CFD 전문투자자 자격 요건

필수 조건		투자 경험 최근 5년 중 1년 이상 월말 평균잔고 5천만 원 이상 (금융위원회가 정하여 고시하는 금융투자상품에 한함)
선택 조건 (택 1)	소득	본인 1억 원 또는 부부 합산 1.5억 원 이상 (직전 연도 소득액)
	전문가	회계사, 감정평가사, 변호사, 세무사, 투자자산운용사, 금융투자분석사, (국제)재무위험관리사 (해당 분야 1년 이상 종사자)
	자산	부부 합산 순자산가액 5억 원 이상 (거주 부동산 관련 금액 제외)

자료 : 금융위원회

전문투자자 자격을 갖춘 달봉이는 CFD 계좌를 개설하여 삼성전자(현재가 10만 원) 1주에 투자하려고 한다. 달봉이가 계좌에 4만 원만 넣어놓으면 증권사가 자기 돈으로 10만 원짜리 삼성전자 주식을 매수해준다. 삼성전자 주가가 12만 원으로 올랐을 때 거래를 정산하면 달봉이는 2만 원(12만 원 - 10만 원)의 차액을 얻는다. 4만 원을 투자하여 2만 원을 벌었으니 수익률은 50%다. 투자자가 자기 돈 10만 원으로 직접 삼성전자 주식을 매수하였다면 20% 수익에 그쳤을 것이다. 그러나 CFD 계좌를 통하여 2.5배 레버리지를 활용할 수 있었기 때문에 수익률이 껑충 뛰었다.

삼성전자 주가가 8만 원으로 떨어졌을 때 계좌를 정산한다면 어떻게 될까? 증권사는 주식을 팔아 8만 원을 회수한 뒤, 달봉이가 CFD 계좌에 넣어 둔 4만 원 가운데 2만 원을 떼 갈 것이다. 이렇게 증권사는 10만 원을 회수해 가고 달봉이는 50%의 손실을 본다.

달봉이가 CFD 계좌에 입금했던 4만 원을 '증거금'이라고 한다. 10만 원짜리 삼성전자 주식을 매수하기 위한 증거금이기 때문에 '위탁증거금' 또는 '기본증거금'이라고 부른다. 이 경우 위탁증거금율은 40%인 셈이다. 상장기업(종목)에 따라 증거금율에 차이가 있는데, 최소 40% 이상이다. 따라서 CFD의 레버리지는 2.5배가 가장 높다고 할 수 있다.

차액결제거래가 어떤 것인지 이제 감을 잡았을 것이다. 한 가지 기억해야 할 것이 있다. 차액결제거래에서 투자자는 주식 소유자가 아니다. 그는 증권사와 CFD라는 장외파생상품 계약을 체결했을 뿐이다. 실제 주식의 소유자는 증권사가 된다.

▶▶▶ CFD의 구조

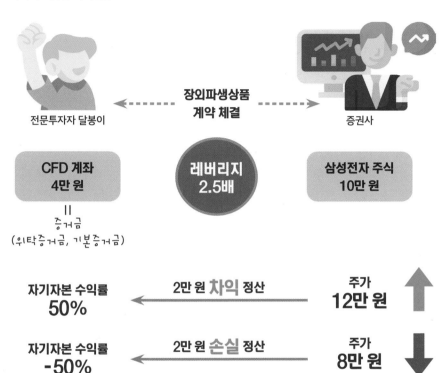

전문투자자 달봉이 ◀------ **장외파생상품 계약 체결** ------▶ 증권사

| CFD 계좌 4만 원 | 레버리지 2.5배 | 삼성전자 주식 10만 원 |

=
증거금
(위탁증거금, 기본증거금)

자기자본 수익률 **50%** ◀── 2만 원 **차익** 정산 ── 주가 **12만 원** ⬆

자기자본 수익률 **-50%** ◀── 2만 원 **손실** 정산 ── 주가 **8만 원** ⬇

CFD는 주식을 보유하지 않고 주식의 가격 변동에 투자하는 장외파생상품이다. 적은 증거금으로 주가 변동에 따른 수익을 얻을 수 있기 때문에 레버리지 효과가 큰 투자 상품이다.

시가총액 7조 8500억 원 증발 사태의 도화선이 된 CFD

CFD와 주가 폭락 사태는 무슨 관련이 있을까? 이를 이해하기 위해서는 우선 증거금 제도부터 알아야 한다. CFD에는 '유지증거금'이라는 것이 있다. 거래를 계속 이어가기 위해 계좌에 최소한 유지해야 하는 금액이라는 뜻이다. 유지증거금은 '위탁증거금(기본증거금)의 몇 %'라는 식으로 정한다. 달봉이의 유지증거금이 60%라고 한다면 '위탁증거금 4만 원 × 60% = 2만 4000원'이 된다.

예를 들어보자. 장이 마감된 뒤 삼성전자 종가를 보니 8만 4000원이다. 10만 원에 매수한 주식이므로 1만 6000원의 손실을 본 것이다. 이에 근거하여 달봉이의 CFD 계좌 예탁금을 한번 평가해보자. 위탁증거금으로 4만 원을 넣어두었는데 종가에서 1만 6000원 손해가 났다. 계좌 예탁금 평가액은 '4만 원 + (손실 1만 6000원)'을 하면 2만 4000원이 된다. 계좌 유지증거금 하한선을 겨우 지켰다.

만약 종가가 8만 원이 되었다면 어떨까? 예탁금 평가액은 '4만 원 + (2만 원 손실) = 2만 원'이 된다. 유지증거금(2만 4000원)이 하한선 밑으로 떨어졌다는 이야기다. 증권사는 이 경우 투자자에게 증거금을 더 넣으라고 요구한다. 이를 '마진콜'이라고 한다. 다음 날 오전까지 추가증거금을 입금하지 않으면 증권사는 삼성전자 주식을 시장에서 매도한다. 이것이 '반대매매'다.

증권사는 달봉이에게 얼마의 추가증거금을 요구할까? 유지증거금

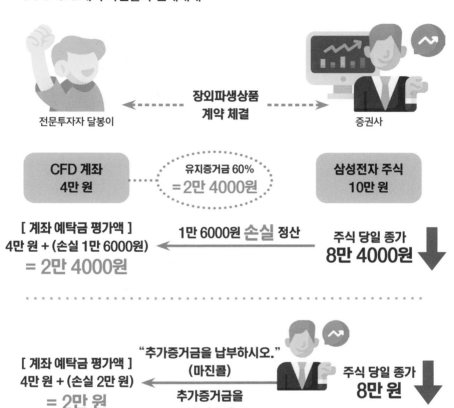

▶▶▶ CFD에서 마진콜과 반대매매

**장외파생상품
계약 체결**

전문투자자 달봉이 　　　　　　　　　　　　 증권사

**CFD 계좌
4만 원**　　 유지증거금 60%
=2만 4000원 　　 **삼성전자 주식
10만 원**

[계좌 예탁금 평가액]
4만 원 + (손실 1만 6000원)
= **2만 4000원**　　 1만 6000원 **손실** 정산 　　 **주식 당일 종가
8만 4000원** ↓

"추가증거금을 납부하시오."
(마진콜)

[계좌 예탁금 평가액]
4만 원 + (손실 2만 원)
= **2만 원**　　 추가증거금을
안 넣으면
주식 매도(반대매매)　　 **주식 당일 종가
8만 원** ↓

(2만 4000원)과 예탁금 평가액(2만 원)의 차이인 4000원을 채워 넣으라고 할까? 그렇지 않다. 맨 처음 기본증거금(4만 원) 수준까지 예탁금 평가액을 맞추라고 한다. 현재 평가액이 2만 원이므로 추가로 2만 원을 더 입금해야 한다는 이야기다.

투자자가 마진콜에 응하지 않았고, 증권사가 다음날 7만 원에 반대

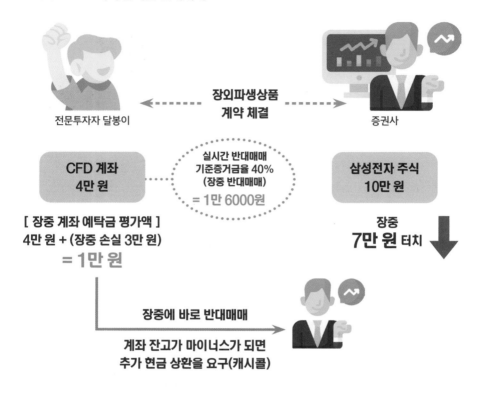

▶▶▶ CFD에서 실시간 반대매매

전문투자자 달봉이 ← 장외파생상품 계약 체결 → 증권사

CFD 계좌
4만 원

실시간 반대매매
기준증거금율 40%
(장중 반대매매)
= 1만 6000원

삼성전자 주식
10만 원

[장중 계좌 예탁금 평가액]
4만 원 + (장중 손실 3만 원)
= 1만 원

장중
7만 원 터치

장중에 바로 반대매매
계좌 잔고가 마이너스가 되면
추가 현금 상환을 요구(캐시콜)

매매를 하였다고 해보자. 증권사는 10만 원을 돌려받아야 하므로 달봉이의 계좌에서 3만 원을 가져갈 것이다. 달봉이 계좌에 남은 증거금은 이제 1만 원(4만 원 - 3만 원) 뿐이다.

이제 여기까지 이해하였다면 CFD가 주식시장에 폭탄이 되었던 직접적 이유, 즉 '실시간 반대매매'에 대해 설명한다. 앞에서 언급한 유지증거금은 그날 주식시장이 마감된 뒤 종가를 보고 증거금 부족 여부를 계산한다. 부족 계좌가 발견되면 투자자에게 추가증거금을 요구하고 대개 다음 날 오전까지 추가증거금이 입금되지 않으면 반대매매를 실행한다. 그런데 장중에 곧바로 즉 실시간으로 반대매매가 나가는 경우가 있다. '실시간 반대매매 기준증거금' 때문이다. 이 역시 '기본(위탁)증거금의 몇 %'로 정해진다.

달봉이 계좌의 실시간 반대매매 기준증거금율이 40%라면 '4만 원 × 40% = 1만 6000원'으로 계좌 잔액이 1만 6000원을 유지하고 있어야 한다는 뜻이다.

삼성전자 주가가 하락하다가 장중에 7만 원에 이르렀다고 해보자. 손실액이 3만 원이다. 계좌의 장중 예탁금 평가액은 '4만 원 + (손실 3만 원) = 1만 원'이 된다. 실시간 기준증거금인 1만 6000원보다 적다. 이렇게 되면 증권사는 장중에 바로 주식을 팔아버린다. 유지증거금처럼 추가증거금을 납부하라는 요구 없이 장중에 바로 반대매매를 실행한다.

주가가 단기간에 계속하여 폭락하면 투자자는 원금을 다 날릴 뿐 아니라 증권사에 갚아야 할 거액의 빚을 떠안게 될 수 있다. 이번 SG발 주가 폭락 사태에서도 투자 원금이 10억 원 안팎인데 증권사에 상환해야 할 미수 채무가 수십억 원에 이르는 투자자가 속출했다. 투자자의 계좌 잔고가 마이너스가 되어 증권사가 추가 현금 상환을 요구하는 것을 '캐시콜'이라고 한다.

어떤 기업의 주식을 CFD 투자자가 많이 매수하였다고 해보자. 이 기업의 주가가 급락하면 반대매매 물량이 쏟아진다. 이 때문에 주가는 추가로 하락한다. 그래서 다시 매도 물량이 쏟아지고 또 반대매매가 이어

어떤 기업의 주식을
CFD 투자자가 많이 매수하였다고 해보자.
이 기업의 주가가 급락하면
반대매매 물량이 쏟아진다.
이 때문에 주가는 추가로 하락한다.
그래서 다시 매도 물량이 쏟아지고
또 반대매매가 이어지며
악순환이 계속된다.

반대매매

주가 급락

실시간 반대매매

CFD 투자자 보유
타 종목 반대매매

연쇄 하락

진다. 한동안 악순환이 계속된다는 이야기이다.

어쩌다 외국계 증권사가 매도 폭탄을 터뜨렸을까?

그런데 궁금한 점이 있다. 어떻게 하여 외국계 증권사인 SG가 CFD 매도 폭탄을 터뜨리게 되었을까? CFD의 거래 구조를 보자.

투자자(전문투자자)가 국내 증권사와 CFD 계약을 하여 증거금을 납부한다. 투자자가 주식 거래를 하면 증권사에 수수료를 낸다. 주가 변동에 따른 정산 손익은 투자자의 몫이다.

그런데 〈그림. CFD의 거래 구조〉의 ①처럼 국내 증권사 중 다수가 이 계약을 해외 증권사에 넘긴다. 국내 증권사가 해외 증권사에 수수료

▶▶▶ **CFD의 거래 구조**

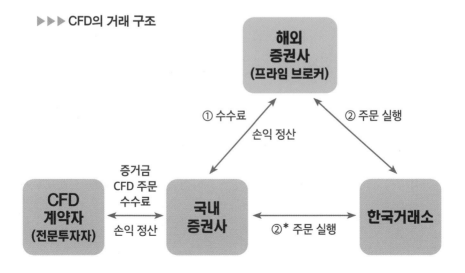

를 내고 손익 정산을 받는 식이다. 이런 경우 투자자가 낸 주문은 국내 증권사의 중개를 거쳐서 해외 증권사로 넘어간다. 한국거래소에 대한 주식 매수매도 주문의 주체가 해외 증권사가 되는 셈이다(②). 그림의 ②*처럼 해외 증권사를 끼지 않고 직접 CFD 업무를 하는 국내 증권사도 몇 군데 있기는 하다. CFD 거래에서 주문의 외형상 주체는 대부분 해외 증권사인데, 일부는 국내 증권사가 주체가 되기도 한다.

CFD 1, 2위 증권사인 교보증권과 키움증권은 SG, 모건스탠리, CIMB 등과 계약을 맺고 있다. 이번 사건은 SG증권에서 매물이 쏟아져 나왔다는 점 때문에 'SG발 매도 폭탄'으로 불리지만, 사실 국내 투자자 계좌에서 발생한 반대매매가 주원인이다.

만약 SG증권과 연계된 CFD 계좌에서 투자 원금을 넘어서는 미수채권 1000억 원이 발생하였다면 어떻게 될까? SG증권은 계약한 국내 증권사에 결제를 요구한다. 국내 증권사는 1000억 원을 물어주고 다시 국내 투자자에게 이를 달라고 한다. 투자자가 상환을 못하면 국내 증권사 손실이 된다. 해외 증

신규 계좌를
열어 비밀번호와
공인인증서를 주면
직접 투자해주겠다.
수익이 나면
반반씩 나누자.

권사를 끼고 CFD를 거래하면 리스크 헤지(risk headge)가 된다고들 하는데, 사고가 터지면 일단은 국내 증권사가 먼저 떠안아야 한다. 리스크 헤지가 손실을 회피할 수 있다는 뜻은 아니다.

이 같은 CFD 반대매매 폭탄은 작전세력과 관련이 깊은 것으로 드러나고 있다. 라덕연 호안투자컨설팅 대표 등이 의사, 연예인, 고액 자산가 등 1000여 명의 투자자 자금을 불법으로 일임받아 시세조종에 활용했다는 것이다. 검찰은 투자자 명의의 (주식 거래에 사용된) 휴대폰을 라덕연 일당이 소유하고서 통정매매(매수매도 호가를 서로 짜고 하는 거래) 등의 수법으로 8개 종목의 시세를 조종한 혐의를 포착했다. 검찰은 이들이 높은 수익을 내기 위해 CFD 계좌까지 개설하여 작전판을 벌인 것으로 보고, 2023년 5월 현재 구속수사 중이다.

한편 금융당국은 라덕연 사태 이후 CFD 개선안을 마련하였고, 2023년 9월 1일부터 실행에 들어갔다. 과거에는 국내 투자자의 주식 거래 주문임에도 마치 외국인들의 주문인 것 같은 착시가 있었다. 주문 주체가 외국계 증권사였기 때문인데, 이제는 실제 주문 주체가 드러나게 되었다. 종목별 CFD 잔액도 공시하는 등 거래 투명성이 높아졌다. 금융당국이 더 일찍 해야 했을 일들이었다.

130조 원
볼리비아 리튬 사기 사건의 전말

2022년 11월 말 국내 언론에 깜짝 놀랄만한 기사가 실렸다. 인동첨단소재(이하 인동)라는 중소기업이 남미 볼리비아에서 121만 톤 규모의 리튬 조광권을 확보했다는 소식이었다.

조광권은 다른 사람이 소유한 광구에서 광물을 채굴할 수 있는 권리를 말한다. 조광권을 확보하면 원채굴권자와 조광료 지급 등의 계약을 맺고 대등한 입장에서 광구를 개발할 수 있다. 일반적으로 채굴권이라고 표현하여도 무방하다.

보도에 따르면 미국 에너지 기업 그린에너지글로벌(GEGI, 이하 그린에너지)이 볼리비아 리튬 900만 톤에 대한 채굴권을 확보하였는데, 이 가운데 130조 원의 가치가 있는 121만 톤에 대한 채굴권을 인동에 부여하였다는 것이다.

인동은 언론에 뿌린 자료에서 "그린에너지와 합작법인을 설립하여 2023년 말부터 리튬 양산을 시작할 것"이라고 밝혔다. 또 인동은 2개의 관계사(FIC신소재, 유로셀)를 통해 소재부터 완성품에 이르기까지 2차전지 밸류체인을 구축하고 있다고 강조하였다.

중소기업이 130조 원 가치의 채굴권을 확보했다?!

리튬은 전기차용 배터리 제조에 들어가는 필수 금속원소다. 전 세계 주요 배터리 업체가 리튬 확보에 혈안이 되어 있어 '하얀 석유'라고 불릴

▶▶▶ **리튬 가격 추이** (단위 : RMB/kg)
리튬은 2차 전지의 핵심 원료로, 전기차 보급 확대와 함께 가치가 계속 높아지고 있다.

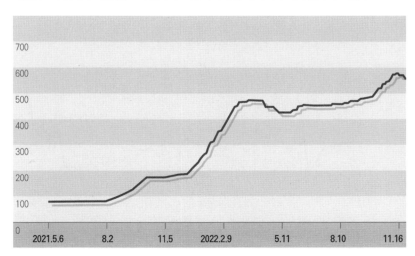

정도로 중요한 원자재로 부상했다. 배터리 제조에 필요한 리튬 화합물의 하나인 탄산리튬 가격은 2021년 중반만 해도 킬로그램(kg) 당 100위안(RMB)에 못 미쳤지만 2022년 11월 말 무렵에는 580위안까지 올랐다. 사정이 이러하니 한국 기업의 리튬 채굴권 확보는 빅뉴스가 될 수밖에 없었다.

뉴스가 나올 무렵 인동 주가도 하루하루 치솟았다. 인동은 8000여 명의 소액주주가 지분 약 60%를 보유하고 있는 회사였다. 이 회사는 비상장기업이었지만, K-OTC에 등록되어 있었다. K-OTC(Korea Over-The-Counter) 시장은 비상장주식 거래를 위하여 금융투자협회가 「자본시장과 금융투자업에 관한 법률(이하 자본시장법)」에 따라 개설하여 운영하는 장외시장이다.

그런데 보도가 나가자마자 주(駐) 볼리비아 한국대사관이 이와 관련

▶▶▶ **인동첨단소재 주가 추이**

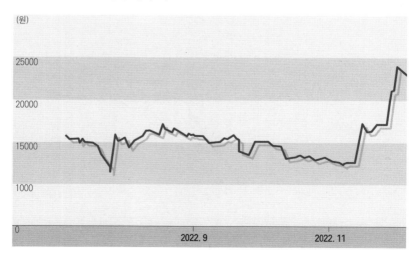

한 공지 하나를 즉각 띄웠다. 대사관 측은 "볼리비아리튬공사(YLB)는 어떠한 외국 기업과도 볼리비아 소금사막 내 리튬 채굴권 양도 계약을 체결한 적이 없으며, 한미 기업 간 컨소시엄이 900만 톤 채굴권을 얻었다는 것은 거짓이라는 입장을 밝혔다"고 전했다.

인동의 주력 제품은 그라파이트(graphite, 흑연) 방열 소재였다. 2021년 매출이 50억 원도 안 되는 중소기업이 130조 원 가치의 채굴권을 확보하였다고 했을 때 사람들은 의아해했다. 미국 그린에너지가 정말 900만 톤 채굴권이 있다면 한국의 대형 배터리 제조 업체(LG에너지솔루션, 삼성SDI, SK온)나 소재 업체(에코프로그룹, 포스코퓨처엠, 엘앤에프 등) 또는 전기차 제조 업체인 현대차그룹과도 협상할 수 있다. 다시 말해 한국 사람조차 잘 알지 못하는 중소기업을 그린에너지가 파트너로 선택할 이유가 없다는 것이다. 마침 당사자인 볼리비아 측이 채굴권 양도를 부인하면서 이 사건은 해프닝으로 끝나는 듯했다.

리튬 채굴권을 양도한 적 없다는 볼리비아
vs. 미네랄 채굴권을 확보했다는 인동

그런데 인동이 자사 입장을 홈페이지 게시판에 올리면서 투자자들은 혼란에 빠졌다. 필자는 회사가 올린 공지 글을 읽자마자 '채굴권은 존재하지 않는다'는 느낌을 받았다. 공지의 내용을 요약하면 이렇다.

'하얀 석유'로 불리는 리튬은
전기차 배터리 원가의 40%를
차지하는 핵심 광물이다.
볼리비아 우유니 호수,
아르헨티나의 옴부레 무에르토 호수,
칠레의 아타카마 호수 일대를
'리튬 트라이앵글'이라고 부른다.
전 세계 리튬 매장량의 60% 가까이가
이 지역에 모여있기 때문이다.
사진은 리튬 매장량 세계 1위인
볼리비아의 우유니 호수.

브라질

볼리비아

파라과이

칠레

아르헨티나

공지사항

공고

인동첨단소재   2022-12-06

인동첨단소재의 리튬 사업에 약간의 논란이 있어 이를 바로잡고자 공고합니다.

볼리비아의 경우 전 대통령인 에보 모랄레스가 국가의 차세대 먹거리를 리튬에 한정하였으며 현재 자국민 기업에게만 리튬을 채굴할 수 있는 법을 제정하여 시행 중입니다.

이 법 때문에 아르헨티나, 칠레는 리튬을 채굴하여 많은 이익을 누리는데 반하여 볼리비아는 지금까지 리튬을 채굴하는 해외 기업이 없었습니다.

현 정부는 이 법안을 개정하는 중입니다.

정확한 계약은 인동첨단소재는 GEGI와 계약해 조광권(타인의 광구에서 채굴권의 목적인 광물을 채굴하고 이를 취득할 수 있는 권리를 말한다)을 획득한 것이며 볼리비아 YLB와 직접 계약한 것이 아님을 분명히 합니다.

미국 GEGI는 우유니 염호에서 미네랄(증발성 자원)을 추출하는 것으로 계약했습니다. 우유니 염호 속 염수에 포함된 미네랄은 나트륨, 칼슘, 마그네슘, 리튬 등이 있는데 우리 회사의 부주의로 리튬이란 단어만 부각시켜 보도가 나갔습니다.

앞으로 리튬이란 단어를 사용하지 않고 우유니 염호 속 광물을 통칭하는 "'미네랄'을 채굴한다"로 용어 변경을 하기로 하였습니다.

인동첨단소재는 DLE(Direct Lithium Extraction) 공법을 사용하여 염수를 태양광에 증발시키는 폰드가 필요 없어 염수가 다이렉트로 설비를 통과해 물과 미네랄이 분리되고 분리된 물의 불순물을 제거하여 지역 주민에게 생활용수로 제공하고 남은 용수는 다시 염호로 돌려보내 환경 보호에도 앞장설 계획입니다.

"볼리비아는 자국 기업만 리튬을 채굴할 수 있는 법을 시행 중이다. 현 정부는 이 법안을 개정 중이다. 인동첨단소재는 미국 GEGI(그린에너지)와 계약해 조광권을 획득하였으며, YLB(볼리비아리튬공사)와 직접 계약한 것은 아니다.

GEGI는 볼리비아 우유니 염호에서 미네랄(증발성 자원)을 추출하는 것으로 계약하였다. 염호 속 염수에 포함된 미네랄로는 나트륨, 칼슘, 마그네슘, 리튬 등이 있는데 우리 회사의 부주의로 '리튬'이란 단어만 부각되어 보도가 나갔다. 앞으로 리튬이란 단어를 사용하지 않고 염호 속 광물을 총칭하는 '미네랄을 채굴한다'로 용어를 변경하기로 하였다."

여러분은 이 글을 읽고 어떤 생각이 드는가? 리튬은 광산 또는 염호에서 채굴할 수 있다. 호주의 경우 리튬이 함유된 광석(리티아 휘석 등)을 채굴하는 광산 개발이 대부분이다. 반면 전 세계 리튬의 60% 가까

▶▶▶ 건조법을 통한 염수형 리튬 생산 공정

태양광에 의한 자연 증발

염호에서 염수 추출
(지하 염수 펌핑)

염류 대수층
지하 염수층

소금혼합물·폐기물

이 매장되어 있다는 남미 3국(볼리비아, 칠레, 아르헨티나)은 염호에서 채취한 염수를 증발시켜 리튬을 채취한다. 이를 건조법이라고 한다.

포스코가 소유하고 있는 아르헨티나 염호를 예로 들어보자. 염호 수백 미터 아래 염수층에 파이프를 꽂고 펌프로 염수를 뽑아 올린다. 이 염수를 증발용 인공연못으로 옮긴다. 연못 1개 크기는 가로 300미터, 세로 160미터, 깊이 2미터 정도다. 이 연못 1개에서 500억 원 가치의 리튬을 채취할 수 있다. 6개월 이상 태양광으로 자연 증발시켜 얻어낸 농축된 염수를 제조 공장에서 다시 정제하여 여타 불순물(마그네슘, 칼슘 등)을 분리해내면 순수한 탄산리튬을 추출할 수 있다.

인동의 주장에 따르면 미국 그린에너지는 염호에서 미네랄을 추출하기로 볼리비아와 계약을 했다. 그 미네랄에는 리튬 등이 들어있다. 이와 같은 건조법은 리튬을 추출하는 전 세계 공통 방식이다. 결국 그린

▼ 리튬은 광산 또는 염호에서 채취한다. 리튬 주요 생산국인 호주는 리튬이 함유된 정광을 채굴한다. '리튬 트라이앵글'을 형성하는 남미 3국은 염호의 염수를 태양광으로 증발시킨 뒤 가공해 탄산리튬을 생산한다.

가공 전 염수 이송   탄산리튬 제조 공장   배터리·소재 제조사 이송

자료 : NRDC 자료 연구자 편집

에너지가 리튬 채굴권을 가지고 있다고 말하는 것이나 마찬가지다. 그런데 회사는 게시글에서 볼리비아는 외국 기업에게 리튬 채굴권을 주는 것을 법으로 금지한다고 밝혔다. 칠레나 아르헨티나와는 달리 볼리비아는 「자원국유화법」을 강력하게 시행하고 있는 나라다.

그러니 회사의 공지 글은 앞뒤가 전혀 맞지 않는다. 볼리비아가 외국 기업에 리튬 채굴권을 안 준다면 미국 기업인 그린에너지에게 미네랄 채굴권을 주었을 리도 없다.

美 그린에너지 주주명부에 많이 등장하는 한국식 이름

투자자들 사이에 진실 공방이 가열되는 와중에 그린에너지의 무하마드 카잔페르 칸(Muhammed Gazanfer Khan) 회장이 방한하였다. 그는 국내 일부 언론과 인터뷰를 하였는데 "2023년 3월까지 미국에서 완성한 리튬 다이렉트 추출 장비를 볼리비아로 수송하여 5월부터 실제 채굴에 들어가겠다"고 이야기하였다.

DLE(Direct Lithium Extraction) 공법은 염수에서 물이 증발하기를 기다리는 것이 아니라 흡착제를 이용하여 단기간에 리튬을 직접 뽑아내는 기술이다. 현재 미국 리벤트, 독일 벌칸에너지, 우리나라 포스코 정도의 회사가 직접 추출 기술력을 보유하고 있으며 상업화를 추진 중인 것으로 알려져 있다. 즉 DLE 공법은 글로벌 업계에서 존재감이 없는 그린에너지가 확보할 수 있는 기술이 아니다.

SBS 탐사보도 프로그램 〈그것이 알고 싶다〉 팀이 채굴권을 확인하기 위해 미국 그린에너지에 연락하였다. 회사 관계자는 "대변인이 곧 전화를 줄 것"이라고 하였으나 그 이후로 아무런 회신이 없었다고 한다. 그린에너지가 미국의 전자공시시스템 '에드가(EDGAR)'에 제출한 자료에서 회사 소재지라고 밝힌 주소를 실제 찾아가 보니 애리조나의 벌판 지역이었다고 한다.

▲ 미국 그린에너지 회장 무하마드 카잔페르 칸 회장. 2022년 12월 한국을 방문한 칸 회장은 한 언론과의 인터뷰에서 "볼리비아리튬공사와 우유니 사막 리튬 채굴권 계약을 체결했으며, 인동첨단소재와 합작법인을 설립해 채굴을 진행할 것"이라고 주장했다.

필자가 에드가에 들어가 회사의 경영진과 주요 주주명부를 살펴보았더니 지분의 99.96%를 단 두 사람이 분산 보유(각각 49.98%)하고 있었다. 사실상 개인회사 수준이라는 이야기다. 그 중 한 사람은 '최' 씨 성을 가진 한국인 또는 교포로 추정되는데 직함이 'Chairwoman'으로 기재되어 있었다. 또 한 사람은 무하마드 칸 회장이라는 사람으로, 직책은 'Advisory Board Business Development'였다. 나머지 소수 지분 보유자나 경영진 가운데는 유독 한국식 이름을 가진 사람이 많았다. 회사의 사업 설명 자료에서는 볼리비아 리튬 채굴권과 관련한 단어는 단 한 개도 찾아볼 수 없었다.

검증되지 않은 투자보고서로 투자 유치

이런 회사와 조광권 계약을 체결했다고 주장한 유성운 인동첨단소재 회장은 그로부터 한 달 반쯤 지난 2023년 1월 중순 「자본시장법」 위반 혐의로 구속기소가 되었다. 볼리비아 리튬과 관련한 건은 아니었다.

유 회장은 인동 외에 배터리 소재 및 제품 관련 회사 두 곳을 경영하고 있었는데, FIC신소재와 유로셀이라는 회사였다. 검찰의 공소장에 따르면, 유 회장과 이들 3사 임직원들은 회사가 독자적 기술 및 특허와 고성능 배터리 양산 체제를 갖춘 것처럼 허위 홍보를 하였다. 이들은 1만 8595여 명에게 2126만 주의 주식을 1874억 원에 매도하고 815억 원 상당의 부당이득을 얻은 혐의로 재판에 넘겨졌다. 검찰은 비상장 주식 매매가 규제 사각지대에 있다는 점을 악용하여 사업성, 기술력, 거래처 등에 대해 지속적으로 허위·과장 홍보를 한 뒤 미인가 금융투자업체를 통하여 주식을 매도한 것으로 판단하였다.

인동 등 3사는 2022년 초부터 정체불명의 투자회사를 끼고 국내 기업을 찾아다니며 투자 유치 활동을 하였다. 필자가 입수한 당시의 〈투자제안서〉 등에 따르면 3사는 "기술력을 인정받아 세계 거대 기업들과 합작법인을 설립하였고 기술 이전 계약도 체결하였다"라고 주장했다. 본격 대량 생산은 2024년에 이루어질 것이라는 내용까지 담겨 있었다.

마치 국내외의 사모펀드, 벤처캐피털, 대형 투자회사 등으로부터 수천억 원에서 수조 원 규모의 투자를 유치하여 국내외에 대규모 공장을

▶▶▶ 인동첨단소재 투자 제안서(일부)

현재 진행 중인 투자 및 사업화 현황

배터리 생산을 위해 국내 및 해외에서 합작법인 설립, 기술 제공 계약, 투자자 모집, 공장 설립 추진이 동시에 진행되고 있습니다. 유로셀의 매출이 발생한다는 것은 FIC 신소재 역시 매출이 발생한다는 것입니다.

구분	국내(파주)	해외	
사업 주체	유로셀	유로셀, 인동첨단소재, FIC신소재	
투자자	○○○프라이빗에쿼티 ○○○금융투자 ○○○벤처스 ○○프라이빗에쿼티	FIC EMEA ○○○인베스트먼트LLC	FIC NCSA ○○○홀딩스
투자 규모	7,500억 원 (2025년까지 총 3조 원 투자 예정)	5,500억 원	1.5~2조 원
투자 지역	파주(예정) 유로셀 본사 파주 이전 예정	UAE 아부다비 (확정)	미국 네바다주 (확정)
사업 내용	배터리 양산 공장 구축 자체 생산 배터리 적용 모듈 공장	음극재 양산 공장 구축	배터리 양산 공장 구축
진행 현황	투자금 확보 후 파주공장 인수 협의 중	공장 부지 선정 완료 후 투자 진행 중 (2023년 완공 예정)	계약 체결 완료 후 추후 진행 일정 협의 중
추가 투자 검토	7,500억 원 투자 이후 2025년까지 2.3조 원 추가 투자 예정	2023년 1라인 완공 후 5,000억 원 규모 추가 투자 검토 예정	2024년까지 1차 투자 후 23조 원 추가 투자 검토 예정

설립하거나 인수하기로 예정되어 있는 것처럼 홍보하였다.

그러면서 일부 국내 기업에는 100~200억 원 규모의 투자를 요청하였다. 수조 원의 해외투자를 확보했다는 회사가 국내 기업에 겨우

100억 원대 투자를 요청하는 비상식적 행각을 벌이고 다닌 것이다.

2022년 10월에 작성한 〈투자 제안서〉를 보면 그린에너지와 볼리비아 리튬 채굴 합작법인을 설립한다는 내용이 들어있다. 합작사 지분 45%를 양수하는데 투자하는 자금이 불과 2700만 원이었다.

"우리도 피해자"라는 인동의 주장, 글쎄?

인동의 과거 재무제표를 간단하게 한번 살펴보자. 다음의 표는 2019~2021년까지 손익과 영업활동 현금흐름이다.

▶▶▶ **인동첨단소재 2019~2021년 재무제표** (단위 : 억 원)

구분	2019년	2020년	2021년
매출액	6.2	8.1	42.5
영업이익(손실)	(16.7)	(13)	(7.5)
영업활동 현금흐름	(10.1)	(12.6)	(23.6)

2021년까지 매출액은 50억 원이 안 됐으며 계속하여 영업적자와 영업활동 현금흐름 순유출을 기록하고 있었다. 그런데 2022년의 재무제표를 살펴보면 재미있는 사실을 알 수 있다.

다음 표는 2022년 3분기까지 누적 손익과 3분기 말 기준 재무상태,

2022년 연간 손익과 연말 기준 재무상태를 요약 편집하여 비교한 것이다.

▶▶▶ 인동첨단소재 2022년 재무제표 (단위 : 억 원)

[손익계산서]

구분	2022년 3분기 누적	2022년 연간
매출액	124	171
판관비	168	44
지급수수료	139	7
영업이익(손실)	(117)	26

[재무상태표]

구분	2022년 3분기 말	2022년 말
자산	1492	181
채굴권	1310	–
부채	1631	33
미지급금	1436	2
자본	(139)	148
결손금	296	167

우선 재무상태표를 한번 보자. 2022년 3분기 말 기준으로 자산 항목에 채굴권으로 1310억 원이 잡혀 있다. 그린에너지로부터 확보한 채굴권을 무형자산으로 인식하였다. 부채 항목에는 미지급금 1436억 원이

있다. 대부분은 채굴권 대가로 그린에너지 측에 지급하기로 한 돈으로 봐야 할 것 같다.

2022년 3분기 누적 손익계산서로 가보면 판관비(판매비 및 관리비)가 168억 원이다. 매출액 124억 원보다 더 많다. 판관비 가운데 지급수수료가 무려 139억 원이나 된다. 아마 그린에너지와의 채굴권 계약을 중개한 업체에 지급하기로 한 수수료를 비용으로 반영한 것으로 추정된다. 이에 따라 영업손익은 117억 원의 적자를 기록하였다.

그런데 2022년 말 기준으로 인동의 재무제표는 완전히 달라져 있다. 우선 재무상태표 자산 항목에서 채굴권이 사라졌다. 따라서 부채 항목에서 미지급금도 크게 줄었다. 손익계산서에 가보면 판관비가 대폭 줄었는데 지급수수료가 크게 감소한 영향이다. 영업손익은 26억 원의 흑자로 기록되어 있다. 왜 이렇게 변했을까?

인동의 2022년 연간 재무제표는 2023년 3월 31일 제출된 사업보고서에 들어있다. 2023년 초 이 회사 대표 겸 최대주주는 구속되었다. 그린에너지가 볼리비아로부터 채굴권을 확보했다는 사실이 거짓이라는 것도 드러났다. 따라서 인동은 그린에너지와 맺은 채굴권 계약을 2023년 초에 파기하였다. 그 이후 작성한 2022년의 연간 재무제표에 채굴권 변동을 반영한 것이다. 인동은 그린에너지를 상대로 소송을 제기하였다고 밝혔다. 자신도 피해자라는 주장이다.

오른쪽은 인동이 2022년 사업보고서에서 밝힌 내용을 요약한 것이다. 세계적 기업이나 투자회사와 협약을 맺고 수조 원 규모의 첨단 배터리 소재와 완제품 사업을 진행한다고 주장했던 인동 관계사(FIC신소재,

19. 우발 상황

(1) 당사 및 전 대표이사의 기소

당사 및 당사의 전 대표이사 겸 최대주주는 2023년 1월「자본시장과 금융투자업에 관한 법률」을 위반한 혐의로 기소되었습니다. 기소 내용은 미인가 금융투자 업체를 통해 부당이득을 취득한 사기적 부정 거래 및 증권신고서 미제출 혐의이며, 관련 당사의 기소금액은 4,875백만 원으로 현재 검찰 조사가 진행 중에 있습니다.

(2) 볼리비아 리튬 조광권 계약

당사는 2022년 7월 27일 볼리비아 리튬 채굴권을 보유하였다는 Green Genergy Global, Inc.(이하 "GEGI") 및 GEC Explorations Inc.(이하 "GEC")와 조광권 계약(Mining Licencing Agreement)을 체결하였으며, 2022년 중 1천만 달러를 지급하고, 계약 체결일로 1년 이내에 1억 달러를 지급하는 약정을 체결하였습니다.

계약 체결 후 볼리비아리튬공사(이하 "YLB")는 해당 내용에 대하여 계약 체결 사실이 없음을 공표 및 당사에 통지하였는바, 당사는 조광권 계약 체결권자인 GEGI에 대하여 캘리포니아 Sacramento 연방법원에 채무 불이행, 사기 등을 청구원인으로 하는 민사소송을 제기하였습니다. 당기 말 현재 동 계약과 관련한 GEGI에 지급한 금액 1천만 달러는 선급금으로 계상 후 전액 대손설정하고, 해당 사업과 관련하여 매도가능증권은 전액 손상차손으로 인식하였습니다.

인동첨단소재는 볼리비아에서
130조 원 규모의 리튬 조광권을 취득했다고
발표하는 등 허위 정보와 현실성 없는 사업 계획으로
투자자를 끌어모았다. 얼마 지나지 않아 회사 경영진은
「자본시장법」 위반 혐의로 구속되었고, 회사는 정리매매에 들어갔다.
리튬은 채굴 허가권 확보, 채굴, 채취·정제 기술 등
생산 과정에서 상당한 시간과 투자가 필요하다. 이런 과정에 대한
검증 없이 묻지 마 투자를 한 투자자들은 큰 손실을 보았다.

▶▶▶ **FIC신소재 재무제표** (단위 : 억 원)

	2020년	2021년	2022년
매출액	0	0	0
영업이익(손실)	(9.2)	(37.6)	(54.7)
누적결손금	9.1	44.8	124.7
영업활동 현금흐름	(10.5)	(15.5)	(13.2)

유로셀)의 재무제표도 한번 살펴보자. 위의 표는 FIC신소재 재무제표 내용이다.

3년 동안 매출액이 한 푼도 없었다. 누적결손금이 124억 7000만 원에 이른다. 역시 매출액 '0'인 유로셀의 재무제표는 살펴볼 필요도 없다.

이들 3사는 2022년 재무제표에 대해 모두 외부감사인(회계법인)으로부터 '의견 거절'을 받았다. 금융투자협회는 2023년 4월 인동의 감사 의견 거절을 사유로 K-OTC 지정 해제와 함께 정리매매를 실시하였다. 주가 폭락과 지정 해제로 수많은 투자자가 큰 손실을 보았다. 지속적인 경고음을 무시하고 희망 회로를 돌린 데 대한 대가다.

신라젠
사기적 BW 발행 사건의 실체

2022년 10월 13일 신라젠의 주식 거래가 재개되었다. 2020년 5월 24일 거래가 정지된 지 2년 5개월여 만이었다. 2년 넘게 투자자금이 묶여 있던 17만여 명의 개인투자자들은 전날 한국거래소 코스닥시장위원회가 상장유지를 결정하자 가슴을 쓸어내렸다.

신라젠은 2003년 미국계 바이오 기업을 인수한 뒤 항암 바이러스 '펙사벡'을 이용하여 간암과 대장암 관련 신약 개발을 추진하였다. 2016년 12월 기술특례 방식으로 코스닥 시장에 상장한 날 종가는 1만 2850원으로, 공모가격(1만 5000원)에 미치지 못하였다. 그러나 이후 펙사벡에 대한 기대감이 확산하면서 신라젠은 2017년 11월에는 장중 13만 1000원까지 치솟았고, 2018년 6월에는 코스닥 시가총액 2위에 오르기도 했다.

그러나 2019년 8월 미국의 의약품 데이터 모니터링 위원회(Independent Data Monitoring Commitee, IDMC)가 펙사벡의 간암치료제 무용성 평가 결과를 근거로 신라젠에 임상 중단을 권고하자, 주가는 추락의 길로 접어들었다. 무용성 평가(futility analysis)에서 말하는 '무용'이란 임상 시험에서 설정한 목적을 달성할 수 없는 수준을 뜻한다. 한 마디로 경쟁 제품에 비해 시장성과 상업성이 없다고 본 것이다.

코스닥 넘버 2의 끝 모를 추락

이러한 결과를 공시하기 전 회사 경영진이 주식을 대거 팔아치운 사실이 알려지면서 검찰이 수사에 나섰다. 엎친 데 덮친 격으로 검찰은 신라젠이 상장하기 전에 문은상 대표 등 경영진이 지배력 확장을 위해 사기적 BW(신주인수권부사채)를 발행한 혐의를 포착하였다. 이들은 「자본시장법」 위반 및 「특정경제범죄가중처벌법」 상 배임 혐의 등으로 재판에 넘겨졌다.

한국거래소는 2020년 5월 4일 신라젠에 대해 거래 정지를 결정하였고, 상장 적격성 실질심사(상장을 유지하는 게 타당한지에 대한 심사) 대상 기업으로 선정하였다. 이후 여러 차례 심사와 개선 기간 부여 등의 절차가 반복되었고, 주식 거래 정지는 2년 넘게 이어졌다.

그 사이에 2021년 엠투엔이라는 코스닥 기업이 신라젠에 600억 원을 투입(제3자 배정 유상증자)하여 경영권을 인수하였다. 엠투엔의 실질 대주주는 한화그룹 김승연 회장의 처남인 서홍민 회장이다.

2022년 1월 한국거래소는 신라젠 심사에서 상장폐지를 의결하였다. 그러나 한 달 뒤 열린 재심에서 6개월의 개선 기간을 부여하였다. 개선 기간이 종료된 뒤 열린 심사위원회에서 신라젠은 구사일생으로 상장 유지 결정을 받아냈다.

거래 정지 직전 신라젠의 종가는 1만 2100원이었다. 신라젠의 거래 재개 기준가는 8330원이었다. 거래가 재개된 첫날에 상한가를 쳤다. 3거래일째인 2022년 10월 17일에는 1만 4500원의 종가를 기록하는 등 거래 정지 직전 주가를 넘어섰다. 이에 신라젠의 화려한 부활에 대한

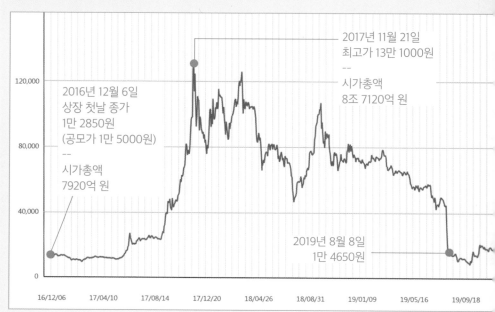

▶▶▶ **신라젠 주가 추이**

2016년 12월 6일
상장 첫날 종가
1만 2850원
(공모가 1만 5000원)
--
시가총액
7920억 원

2017년 11월 21일
최고가 13만 1000원
--
시가총액
8조 7120억 원

2019년 8월 8일
1만 4650원

기대가 확산되기도 하였으나, 이후 주가는 하락세로 돌아섰다. 2023년 9월 현재 신라젠 주가는 5000원대에 머물러있다.

350억 원으로 1150억 원의 차익을 낸 자금 돌리기

한편 신라젠 거래 정지를 불러왔던 '사기적 BW 발행 사건'이란 무엇일까? 문은상 전 대표는 이 사건과 관련하여 2022년 12월 서울고등법원 파기 환송심에서 징역 5년과 벌금 10억 원을 선고받았다. 페이퍼컴퍼

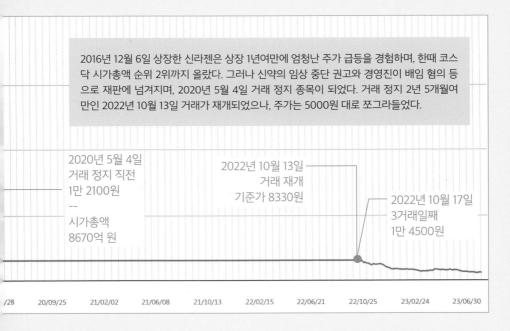

2016년 12월 6일 상장한 신라젠은 상장 1년여만에 엄청난 주가 급등을 경험하며, 한때 코스닥 시가총액 순위 2위까지 올랐다. 그러나 신약의 임상 중단 권고와 경영진이 배임 혐의 등으로 재판에 넘겨지며, 2020년 5월 4일 거래 정지 종목이 되었다. 거래 정지 2년 5개월여 만인 2022년 10월 13일 거래가 재개되었으나, 주가는 5000원 대로 쪼그라들었다.

2020년 5월 4일
거래 정지 직전
1만 2100원
--
시가총액
8670억 원

2022년 10월 13일
거래 재개
기준가 8330원

2022년 10월 17일
3거래일째
1만 4500원

/28   20/09/25   21/02/02   21/06/08   21/10/13   22/02/15   22/06/21   22/10/25   23/02/24   23/06/30

니를 통한 '자금 돌리기' 수법으로 회사에 손실을 끼친 혐의가 인정되었다. 이 사건에서 경영진이 저지른 배임액에 대해서는 각 재판부마다 판단이 달랐다.

다음의 〈그림. 문은상 일당의 페이퍼컴퍼니를 통한 자금 돌리기〉를 중심으로 사건을 설명한다. 이 거래는 신라젠이 상장하기 전인 2014년 당시 문은상 대표 등 경영진 일당이 자기 돈을 들이지 않고 지분을 대거 확보하기 위해 고안한 구조로, 동부증권(현 DB금융투자)과의 합작품이다.

① 증권사는 문은상 일당이 미리 만들어 둔 사실상의 페이퍼컴퍼니에 350억 원을 대여한다.

▶▶▶ 문은상 일당의 페이퍼컴퍼니를 통한 자금 돌리기

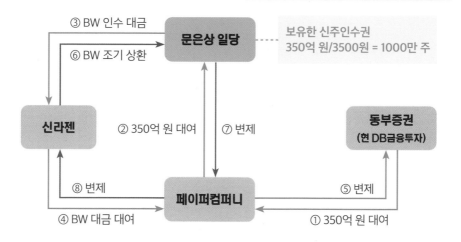

② 페이퍼컴퍼니는 이 돈을 문은상 일당에게 빌려준다.

③ 문은상 일당은 이 돈으로 신라젠이 발행하는 BW 350억 원어치를 인수한다. 당시 BW는 채권 부분과 신주인수권(미리 정해진 가격에 신주를 우선하여 인수할 수 있는 권리)을 분리해 거래하는 것이 가능했다. 다시 말해 문은상 일당이 채권에 대한 원리금을 상환받아도 신주인수권은 신주인수권대로 따로 행사할 수 있었다. 신주인수권 행사가격은 주당 3500원에 불과했다.

④ 신라젠은 유입된 BW 대금을 페이퍼컴퍼니에 대여한다. 회사에 들어온 BW 대금이 곧바로 빠져나간 것이다.

⑤ 페이퍼컴퍼니는 이 돈으로 증권사에 빌린 돈을 갚는다.

⑥ 문은상 일당은 신라젠에 BW 조기 상환을 요구하고, 신라젠으로부터 돈을 받는다.

⑦ 문은상 일당은 페이퍼컴퍼니에 빌린 돈을 갚고, ⑧ 페이퍼컴퍼니는 이 돈을 다시 신라젠에 갚는 구조다.

이렇게 하면 350억 원의 자금 돌리기는 최종 정산이 된다. 왜 이런 짓을 했던 것일까?

생각해보자. 이 거래에서 문은상 일당이 챙긴 것이 있다. 바로 신라젠에 대한 '신주인수권'이다. 권면금액 350억 원짜리 BW의 신주인수권 행사가격이 주당 3500원이므로, 이 BW에 투자한 문은상 일당은 1000만 개(350억 원/3500원)의 신주인수권을 보유하게 되었다.

그들은 신라젠으로부터 BW를 상환받은 뒤 페이퍼컴퍼니에 빌린 돈을 갚았다. 그리고 나중에 신주인수권을 행사하였다. 이들이 신라젠 주식 1000만 주 확보에 투입한 자금은 350억 원(주당 3500원에 신주인수권 행사)이다. 신라젠 공모가격(1만 5000원)을 기준으로 평가하여도 1150억 원(1500억 원 - 350억 원)의 차익을 본 셈이 된다. 앞에서 언급한 것처럼 상장 뒤 신라젠 주가는 2018년 초 종가 기준 12만 5000원을 기록하기도 했다.

회사가 입은 손실을 얼마로 볼 것인가?

검찰은 문은상 일당이 BW를 발행·인수하는 과정에서 가장납입(주식 회사를 설립하거나 증자를 하면서 주금이 납입되지 않았는데도 마치 납입이 된 것처럼 가장해 발기인이 설립 등기를 하는 것)을 하는 등 「자본시장법」상 부정한 수단을 사용하였고, 신주인수권 행사 시점의 주가를 기준으로 약 1900억 원의 이익을 얻은 것으로 보았다. 또한 회사에 대해서는 업무상 배임을 저질러 1900억 원의 손해를 입혔다고 보고 기소를 하였다.

1심 재판부는 문 전 대표에 대해 징역 5년, 벌금 350억 원을 선고하였다. 일당이 얻은 부당이득과 회사에 대한 배임 손실액을 BW 발행금액과 같은 350억 원으로 봤다.

2심 재판부는 형량은 유지하되 벌금은 10억 원으로 대폭 낮췄다. 우선 자금 돌리기 방식 등 부정 수단을 사용하여 얻은 부당이득액을 산정하기 곤란하다고 판단하였다. 또한 배임액수 산정도 문은상 일당이

신라젠 문은상 전 대표 등은
페이퍼컴퍼니를 활용한 '자금 돌리기' 방식으로
350억 원 상당의 신라젠 신주인수권부사채(BW)를 인수해
1918억 원 상당의 부당이득을 취한
혐의로 기소되었다.

신주인수권을 행사한 시점의 주가에서 신주인수권 행사대금을 차감한 금액으로 볼 수 없으며, 1심에서 인정한 BW 권면액(발행대금)인 350억 원으로 보기도 어렵다고 판시하였다. 2심 재판부는 신라젠이 BW 대금을 실제로 받았더라면 이 자금을 운용하여 얻을 수 있었을 이익을 10억 원 정도라고 보고, 벌금액을 10억 원으로 감경하였다.

대법원은 이 같은 2심의 배임액 판단 등을 파기 환송하였다. 대법원은 신라젠이 BW를 발행하였으나 그 대금이 정상적이고 합리적인 회사 영업활동에 사용되지 않고 문은상 일당의 차입금 상환에 사용되었으므로 발행대금이 실질적으로 납입된 것으로 볼 수 없다고 판시하였다. 문은상 일당은 BW 대금을 납부하지 않고 350억 원의 BW를 인수한 것이나 마찬가지이므로 그만큼의 부당이득을 얻은 셈이라고 판단하였다.

거래 구조상 신라젠에서 BW 상환대금만큼의 자금 유출이 일어나지 않은 것은 맞다. 신라젠은 BW 발행대금이 회사에 들어오자마자 바로 페이퍼컴퍼니에 대여하였고, 결국은 대여금을 돌려받아 문은상 일당에게 BW 상환대금을 준 것이나 마찬가지이기 때문이다. 그러나 대법원은 BW 발행으로 사채 상환 의무가 성립되었기 때문에 신라젠으로서는 BW 대금이 납입되지 않았는데도 상환 의무를 지게 된 것으로 보고, 배임액 역시 사채 발행액인 350억 원으로 인정하였다.

한편 2022년 12월 8일 서울고등법원에서 열린 파기 환송심 선고공판에서 재판부는 원래의 2심과 마찬가지로 문 전 대표에게 징역 5년에 벌금 10억 원을 선고하였다. 재판부는 "적법한 BW 발행인 것처럼 위장하기 위해 피고인들은 페이퍼컴퍼니를 동원하고 자금을 돌리는 등 형식적 대여 관계를 만들어냈다"면서 "신라젠이 350억 원의 BW 자금 유치에 성공한 것처럼 꾸며 다른 투자자들의 후속 투자에 따른 주가 상승 이익도 누렸다"고 지적했다. 재판부는 배임 규모는 350억 원으로 인정하면서도, 신라젠의 실질 피해액은 원 2심의 판단을 받아들여 벌금액을 10억 원으로 확정하였다.

한편 새로운 대주주를 맞이한 신라젠은 전이성 고형암 치료제의 국내 임상을 시행하는 등 회생을 위한 연구개발과 임상 등에 박차를 가하는 중이다.

머지포인트 남매는
어떻게 재무제표를 바꿔치기했나?

2022년 한 모바일 상품권에 대한 대규모 환불 사태가 발생했다. '머지포인트'라는 모바일 상품권을 수십에서 수백만 원어치 할인 구매했던 소비자 수백 명이 운영사인 머지플러스 사무실을 점거하고 즉시 환불을 요구하는 등 큰 소동이 났다. 발단은 머지플러스가 전자금융업 등록을 하지 않고 영업을 했다가 금융감독원(이하 금감원)에 적발됐다는 언론 보도에서 시작됐다.

금감원은 상품권 발행 중단을 요구했다. 머지플러스는 신규 상품권 판매를 중단하고 이미 발행한 상품권의 사용처를 축소하는 조치를 했다.

그러자 머지포인트 잔액을 보유하고 있던 소비자들이 환불을 요구했다. 이른바 '머지런'으로 불린 대규모 환불대란이 터진 것이었다. 일부 소비자들은 머지런 상황을 미처 알지 못하고 있던 가맹점에 몰려가 머지포인트를 소진하기 시작했다.

머지플러스는 급속도로 증가하는 환불 요구는 물론 가맹점에 대한 상품 대금 정산을 감당할 수 없는 지경에 이르렀다. '돌려막기식' 사업 모델의 구조적 한계가 가장 큰 이유였다. 그리고 이면에는 횡령과 배임을 통한 회사 자금 빼돌리기가 있었다.

100년 전 폰지 사기의 데자뷔

2022년 10월 법원은 머지포인트 사태로 소비자와 가맹점에 1000억 원이 넘는 손해를 입히고 회사 자금을 유용한 혐의(사기·횡령 등)로 기소된

▲ 머지포인트는 머지플러스가 판매한 모바일 상품권으로, 포인트를 충전하면 이용자에게 최대 20%의 할인 혜택을 제공하며 인기를 끌었다.

머지플러스 권남희 대표와 권보군 최고전략책임자(CSO)에게 각각 징역 4년과 8년을 선고했다. 추징액은 60억 원.

그런데 판결문 내용 중 특히 눈에 띄는 부분이 있었다. 권 씨 남매가 머지플러스를 합법적 전자금융 업체로 등록하기 위해 회사 바꿔치기를 통한 재무제표 세탁을 꾀했다는 것이다. 구체적으로 어떤 꼼수를 부

렸는지 차근차근 알아보자.

　권 씨 남매가 처음에 설립해서 운영한 회사 이름은 머지홀딩스였다. 20% 할인 혜택을 누릴 수 있는 모바일 상품권 사업으로 고객을 확보했다.

실제로는 이윤을 창출하지 않으면서 신규 투자자의 돈으로 기존 투자자에게 이자나 배당금을 지급하는 다단계 금융사기를 '폰지 사기'라고 한다. 100년도 더 된 폰지 사기를 본뜬 금융사기들이 오늘날에도 반복되는데, 이들은 실현 불가능한 높은 수익률을 제시하고 투자자의 돈을 끌어모은다는 공통점이 있다.

1만 원어치 상품을 구매할 수 있는 머지포인트(예를 들어 1만 포인트)를 사람들에게 8000원에 판매했다고 해보자. 소비자가 마트나 제과점, 카페 등의 가맹점에서 머지포인트로 결제하면 20% 할인 혜택을 볼 수 있는 셈이다. 머지홀딩스는 가맹점에는 정상 가격으로 정산을 해줘야 한다. 따라서 할인차액 20%가 고스란히 회사 손실로 잡히는 구조였다.

회사를 운영하려면 이외에도 인건비, 광고비 등 여러 가지 영업비용이 들어간다. 기본적으로 머지포인트 같은 사업 모델은 상당 기간 막대한 손실을 지속할 수밖에 없다는 이야기다.

그런데도 회사를 유지할 수 있었던 비결은 돌려막기 구조 덕분이었다. 앞사람들이 가맹점에서 상품을 구매할 때 발생하는 차액을 뒷사람들이 머지포인트를 구매할 때 유입된 현금으로 메워 넣었다. 쉽게 말해 '폰지 구조'였던 셈이다.

머지포인트 사태가 소환한 '폰지'는 1920년대 미국 보스턴에서 희대의 다단계 금융사기극을 벌인 이탈리아계 금융인 찰스 폰지^{Charles Ponzi, 1882~1949}의 이름이다.

▲ 폰지 사기의 창시자 찰스 폰지. 투자자들로부터 거액을 끌어모은 폰지는 1920년대에 에어컨 시설을 갖춘 저택을 사들이며 호화로운 생활을 했다.

폰지는 해외에서 사들인 국제우편쿠폰을 미국에서 내다 팔 때 차익 거래가 가능하다는 점을 내세워, 45일 뒤 원금의 50% 수익을, 그리고 90일 뒤 원금의 100% 수익을 약속하고 투자자를 모집했다. 높은 수익률에 현혹된 투자자들이 몰려들면서, 폰지는 단기간에 엄청난 규모의 투자금을 모았다. 그러나 이 사업의 실상은 나중에 투자한 사람의 돈으로 먼저 투자한 사람에게 수익금을 지급하는 다단계 사기였다. 머지포인트 사태와 똑 닮았다.

회사는 할인 혜택을 홍보하면서 고객 기반을 크게 확대했다. 카드사 등 제도권 금융사와 영업 제휴를 맺어 부가수익을 창출하면 흑자 구조로 전환할 수 있을 것으로 생각하고 영업 확장에 몰두했다.

권 씨 남매의 바람과는 달리 2019년 머지홀딩스는 당기순손실을 내고 완전자본잠식 상태에 들어갔다. 2020년 들어서도 손실액이 매달 커졌다.

곳간이 텅 빈 회사를
전자금융 업체로 등록하기 위한 꼼수

이 와중에 권 씨 남매는 전자금융업에 등록하지 않고 사업을 하는 상황이 위법에 해당한다는 사실을 알게 됐다. 전자금융업 등록을 하려면 자본 구조가 건전해야 하고 부채비율도 낮아야 한다. 머지홀딩스의 자

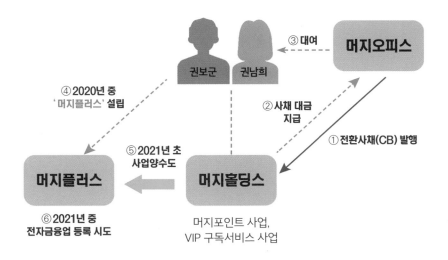

▶▶▶ 권 씨 남매의 재무제표 세탁 수법

③ 대여

머지오피스

권보군 권남희

④ 2020년 중
'머지플러스' 설립

② 사채 대금
지급

① 전환사채(CB) 발행

⑤ 2021년 초
사업양수도

머지플러스

머지홀딩스

⑥ 2021년 중
전자금융업 등록 시도

머지포인트 사업,
VIP 구독서비스 사업

본 구조로는 등록 요건을 충족시킬 수 없었다.

자본을 보강하려면 외부 투자를 유치하거나 대주주 등이 추가로 출자하는 것이 정상적인 방법이다. 그러나 법원 판결에 따르면 이들은 '회사 바꿔치기를 통한 재무제표 세탁'이라는 기발한 수법을 계획한다.

〈그림. 권 씨 남매의 재무제표 세탁 수법〉을 보자. ①, ② 권 씨 남매는 자신들이 지배하고 있던 머지오피스라는 회사로 하여금 머지홀딩스를 상대로 전환사채(CB)를 발행하게 한다. 머지오피스가 머지홀딩스에게 채권을 발행해주고 자금을 빌린 것이다. 머지홀딩스가 빌려준 돈은 가맹점에 고객이 구입한 상품에 대한 대금 정산용으로 보관 중인 자금이었다. 영업자금을 유용한 셈이다. 이게 2020년 중 일어난 일이다.

③ 머지오피스는 전환사채 발행 대금을 권 씨 남매에게 대여한다.

④ 권 씨 남매는 이 돈을 출자하여 머지플러스라는 회사를 2020년 중에 설립한다.

⑤ 머지플러스는 설립 다음 해인 2021년 초 머지홀딩스로부터 모바일 상품권 사업(머지포인트) 일체를 넘겨받는다(사업양수도). 이제 머지포인트 사업은 2020년 중에 설립된 신규 법인인 머지플러스가 맡게 되었다.

이 지점에서 한번 생각해보자. 처음에 머지포인트 사업을 시작한 머지홀딩스라는 회사는 계속 적자를 냈다. 2020년 중에도 매달 적자가 누적돼 연말 결산으로 256억 원의 당기순손실을 냈다. 누적결손금은 321억 원이고 자본총계는 −318억 원이다. 완전자본잠식에 빠진 것이다.

반면 머지플러스는 2020년 중에 권 씨 남매로부터 출자받아 새로 설립되었고, 2021년 초에 머지홀딩스로부터 사업을 양도받아 영업활동을 시작했다. 따라서 2020년 말 기준으로 머지플러스의 자본과 재무 구조는 양호했다.

⑥ 권 씨 남매는 바로 이 2020년 말 기준 재무제표를 활용하여 머지플러스를 전자금융 업체로 등록하려고 시도했다. 등록 업체를 머지홀딩스에서 머지플러스로 바꿔치기하려 한 것이다.

어차피 머지플러스 역시 양수받은 머지포인트 사업을 본격적으로 시작한 이후부터는 재무제표가 점차 망가지는 것이 확실한 운명이기는 했다. 실제로 2021년 상반기 기준으로 보면 머지플러스 역시 340억 원의 당기순손실을 기록하여 완전자본잠식(자본총계 297억 원)에 빠진다.

권 씨 남매는 이런 상황이 발생하기 전 시점인 2021년 초반에 회사 바꿔치기를 통하여 세탁한 재무제표로 전자금융업 등록을 시도하려는 꼼수를 부린 것이다. 금융당국은 머지플러스가 계열회사인 머지홀딩스로부터 사업을 양도받은 것을 파악하였다. 그리고 머지홀딩스 및 머지오피스 등 이 거래에 관여한 모든 회사의 재무제표를 제출하라고 요구하였다. 그러나 권 씨 남매는 이를 회피하였다. 권 씨 남매의 꼼수는 결국 실패하고 환불대란으로 이어졌다.

고객 돈 빼돌려 람보르기니를 탄 대표

권 씨 남매는 2021년 초 당시 머지홀딩스로부터 빼낸 자금으로 머지플러스의 유상증자(30억 원)에 참여했다. 그러고는 기업가치로 1450억 원을 인정받은 것처럼 소비자에게 알리는 모습을 보이기도 했다.

진짜 요 근래 세 달간 최고 매출이었어.
두 시간 동안 80프로가 머지포인트…
너무 바빠서 폰 만질 시간도 없고
여태 재료 손질하다가 지금 알았어.
두 시간 동안 100 정도 팔았는데 어떻게 해?
우리 돈 없어서 임대료도 못 내고 있는데
진짜 어떻게 해…?🥲

▼ 머지포인트 환불대란이 터지자 일부 소비자들이 머지런 상황을 미처 알지 못하고 있던 가맹점에 몰려가 머지포인트를 소진하기 시작했다(왼쪽 사진은 피해 가맹점에서 인터넷에 올린 글). 권 씨 남매는 회사 자금을 빼돌려 람보르기니 리스료로 사용하는 등 호화 생활을 했다.

1심 재판에서 밝혀진 권 씨 남매의 회사 자금 횡령액은 총 67억 원에 달한다. 이 돈은 권 씨 일가의 신용카드 대금이나 람보르기니 등 고급 외제차 리스료 등에 사용됐다고 한다. 2년간 권 씨 일가의 생활비로 8억 원, 지인 세 명의 1년 4개월 치 생활비로 6억 원가량을 썼다. 그 외 주식투자금과 교회 기부금 및 목사 대여금 등으로도 회사 자금을 유용한 것으로 드러났다.

▼ 지속 가능하지 않은 사업 구조로 소비자와 가맹점에 1천억 원이 넘는 피해를 입히고 회삿돈을 유용한 권 씨 남매에게서 테라노스 창업자 엘리자베스 홈스가 겹쳐 보인다. 그녀는 혈액 몇 방울로 수백 가지 질병을 진단하는 키트 '에디슨'을 개발했다며 전 세계의 주목을 받았다. 하지만 에디슨이 진단할 수 있는 질병은 15가지에 불과하고 샘플을 조작했다는 것이 밝혀지며 결국 홈스는 사기 혐의로 기소되었다. 그녀는 테라노스 CEO로 있을 때 명품 쇼핑을 위해 개인 비서를 고용하고 전용기를 타고 여행하는 등 호화로운 생활을 했던 것으로 알려졌다.

엘리자베스 홈스

권 씨 남매는 1심 판결에 불복해 항소했다. 반면 검찰은 권보군 씨를 증거 위조 교사 혐의로 추가 기소하는 등 강경대응했다. 검찰에 따르면 권 씨는 회사 자금 6억여 원을 지인 A씨와 B씨의 자녀 유학비와 보증금 등 개인 용도로 쓰기 위해 횡령했다. 그러나 머지포인트 사태 수사가 시작되자, 횡령한 금액을 A씨와 B씨에게 빌려준 금액으로 속이기 위해 두 사람에게 허위로 차용증을 작성하도록 한 혐의를 받고 있다. 검찰은 권 씨가 구속을 피하고자 이런 범행을 저지른 것으로 보고 있다.

한편 항소심 재판부는 2023년 6월 14일 권 씨 남매에 대한 선고심 공판에서 원심 형량을 그대로 확정했다. 재판부는 "머지플러스의 사업은 적자 구조로, VIP 유료 부가서비스 등 피고인들이 수익 모델로 추진한 사업은 실현되기 어려운 것으로 보인다"고 판단했다. 또 회사에 대한 현실적 투자가 없는 상황에서 신규 고객이 내는 예치금으로 적자를 메울 수밖에 없었음에도 "누적 손실을 없애고 유상증자에 성공했다"는 식으로 허위 공지한 점도 지적했다.

머지포인트 피해자들이 낸 민사소송에서도 배상 판결이 나왔다. 2023년 9월 서울중앙지법 민사합의22부는 피해자 143명이 제기한 손해배상 청구 소송에서 2억 2500여만 원의 배상 책임을 인정하였다. 재판부는 "권 대표 등은 회사의 재무 상태가 부실하여 전자금융업자 등록이 어렵고 언제든지 사업이 중단될 수 있음을 알면서도 피해자들을 속였다"고 지적하였다.

회장님들의 절묘한 주식 거래,
「자본시장법」 제174조 3항 위반인가?

2023년 5월 11일 이동채 에코프로 회장에 대한 항소심 선고 공판이 열렸다. 이 회장은 2022년 회사의 대형 수주 정보가 밖으로 알려지기 전 차명으로 주식을 거래하여 이득 본 사실을 들켰다. 검찰은 그를 조사하여 재판에 넘겼다. 「자본시장법」은 회사 임직원이 업무상 취득한 중요한 미공개 정보를 이용하여 주식을 거래하는 것을 금지하고 있다.

2020년 1월부터 2021년 9월까지 에코프로의 자회사 에코프로비엠은 배터리 제조업체 SK이노베이션과 잇달아 대규모 양극재 공급 계약을 체결하였다. 회사 최대주주이자 최고경영자인 이 회장은 협상의 당사자로서 누구보다 이 정보를 먼저 알았다. 지주회사 에코프로와 자회사 에코프로비엠은 나란히 코스닥 시가총액 순위 1, 2위에 올라 있다.

10여억 원의 차익에 눈먼 회장님

수많은 개인주주가 투자하고 있고 기업가치가 수십조 원에 이르는 회사의 대주주이자 경영자가 고작 10여억 원 차익을 노리고 내부정보를 이용했다니, 사람들은 쉽게 믿을 수 없었다. 그러나 사실이었다. 범행 수법도 나빴다. 평소 알고 지내던 단골 자영업자의 계좌를 이용하였고 자녀들에게도 주식 매수자금을 제공했다. 회장이 앞장서니 임직원들도 부정한 한탕 행렬에 뛰어들었다.

2022년 10월 1심에서 이 회장은 유죄 판결을 받았다. 하지만 집행유예 5년(징역 3년, 벌금 35억 원)을 선고받아 가까스로 감옥행을 피했다. 이 회장과 검찰 측 모두 이에 항소하였다.

항소심 재판부는 징역 2년에 벌금 22억 원, 추징금 11여억 원을 선고하고 그를 법정구속했다. 재판부는 "기업 총수이자 최종 책임자로 다른 피고인들보다 책임이 더 무겁다"며 "이 회장이 사전에 철저히 지휘·감독했다면 다른 임직원들의 범행을 예방할 수도 있었을 것"이라고 지적했다. 그리고 "미공개 중요 정보 이용 행위는 엄격하게 처벌받는 범죄로, 이 회장은 본인의 행동들을 되돌아보라"고 강조했다.

> 미공개 중요 정보 이용 행위는 엄격하게 처벌받는 범죄로, 이 회장은 본인의 행동들을 되돌아보라.

주가 폭락 전 주식을 매도한 회장님들,
오비이락(烏飛梨落)?

이동채 회장의 항소심 선고 공판이 열리기 약 보름 전인 2023년 4월 말, 8개 상장기업의 주가가 사흘 동안 하한가를 기록하며 대폭락하는 일이 벌어졌다. 사람들은 이를 '쏘시에떼제네랄(SG)증권발 주가 폭락 사태'라고 불렀다(16쪽 참조).

그로부터 한 달여만인 2023년 5월 26일에 이 사건과 관련한 작전세력 일당이 재판에 넘겨졌다. 검찰과 금융당국 합동수사팀은 호안투자컨설팅 라덕연 대표와 측근 두 명에 대해 2019년 5월부터 2023년 4월까지 통정매매 등의 수법으로 다우데이타, 서울도시가스, 대성홀딩스 등 8개 종목의 시세를 끌어올린 혐의로 구속기소하였다. 이들은 이 과정에서 7305억 원의 부당이익을 얻었고, 1944억 원을 수수료로 받아챙겼다. 검찰은 핵심 '3인방' 외에도 라 대표 밑에서 시세조종에 실질적으로 가담한 직원, 피해자로 가장하였으나 사실상 공범에 가까운 투자자도 사법 처리할 예정이다.

시장의 관심은 주가가 폭락하기 전 절묘하게 보유 지분을 매도한 대주주 일가에게 쏠렸다. 사람들은 주가가 폭락한 기업의 회장들이 사전에 정보를 입수하여 대량 매도에 나섰다고 생각했다. 만약 그랬다면 대주주 회장들을 「자본시장법」 위반으로 사법 처리할 수 있을까?

주가 폭락 사건이 터진 것은 2023년 4월 24일이다. 그 나흘 전인

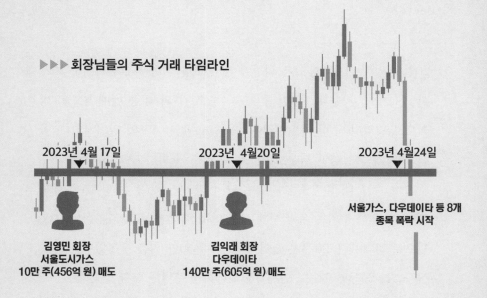

▶▶▶ 회장님들의 주식 거래 타임라인

2023년 4월 17일

2023년 4월20일

2023년 4월24일

김영민 회장
서울도시가스
10만 주(456억 원) 매도

김익래 회장
다우데이타
140만 주(605억 원) 매도

서울가스, 다우데이타 등 8개
종목 폭락 시작

▶▶▶ 서울도시가스와 다우데이타 주가 추이

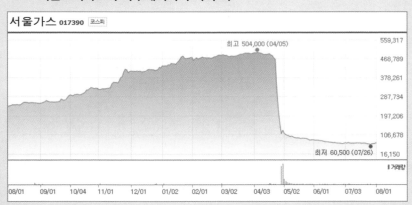

서울가스 **017390** 코스피

최고 504,000 (04/05)

최저 60,500 (07/26)

559,317
468,789
378,261
287,734
197,206
106,678
16,150

■거래량

08/01 09/01 10/04 11/01 12/01 01/02 02/01 03/02 04/03 05/02 06/01 07/03 08/01

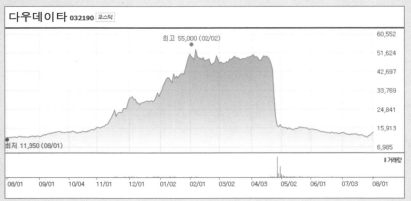

다우데이타 **032190** 코스닥

최고 55,000 (02/02)

최저 11,350 (08/01)

60,552
51,624
42,697
33,769
24,841
15,913
6,985

■거래량

08/01 09/01 10/04 11/01 12/01 01/02 02/01 03/02 04/03 05/02 06/01 07/03 08/01

20일 김익래 다우키움그룹 회장이 본인 소유의 다우데이타 지분 1021만 주(22.7%) 가운데 140만 주(3.65%)를 시간 외 대량 매매(블록딜) 방식으로 팔았다. 주당 매도가격은 4만 3245원, 총 605억 원어치였다. 앞서 17일에는 김영민 서울도시가스 회장이 이 회사 주식 57만 6946주(11.54%) 가운데 10만 주(2%)를 주당 45만 6950원(총 456억 원)에 매도했다. 두 회사 주가는 폭락 사태 사흘 만에 각각 1만 7220원, 16만 1000원으로 하락했다. 2023년 들어 장중 한때 50만 원을 웃돌았던 서울도시가스는 2023년 9월 초 현재 6만 원대까지 추락한 상황이다.

내부자 거래를 금지하는 「자본시장법」 제174조

언론들은 대주주 회장이 매도 전 폭락과 관련한 정보를 획득하였다면 이는 「자본시장법」 제174조의 '미공개 중요 정보 이용 금지' 위반에 해당할 수 있다고 지적했다. 「자본시장법」 제174조는 3개의 항으로 구성되어 있다.

1항은 회사 내부에서 생성된 미공개 정보에 관한 규정이다. 예를 들어 직무와 관련하여 미공개 정보를 획득한 회사 임직원 또는 이들로부터 미공개 정보를 얻게 된 제3자가 그 회사의 주식 거래로 이익을 얻으면 법 위반이 될 수 있다. BTS(방탄소년단)의 단체 활동 중단 사실이 공개되기 전에 이를 알고서 자사 주식을 미리 매도한 하이브의 직원 3명

「자본시장법」 제174조는 상장법인 내부자가
업무 관련 미공개 정보를 주식 매매 등에 이용하거나
다른 사람이 이용하도록 하는 행위를 금지하고 있다.
또 미공개 정보 이용 금지 대상이 되는 내부자에는
회사 임직원뿐 아니라 해당 법인과
계약을 체결하고 있는 자나 대리인도 해당한다.

이 최근 금융감독원 조사로 꼬리가 잡혔다. 이들은 BTS 지원 업무를 담당하는 직원들이었다. 이들과 에코프로 이동채 회장은 모두 제174조 1항 위반 사례다.

2항은 미공개 정보를 '공개매수'로 한정하였다. 예를 들어 A회사는 B회사 주식을 공개매수할 예정이다. 이와 관련한 업무를 맡게 된 A회사의 임직원 또는 이들로부터 공개매수 정보를 얻은 제3자가 차익을 노리고 주식 등을 거래하면 역시 법에 걸릴 수 있다.

김익래 회장은 다우데이타의 임직원이자 대주주다. 그가 회사와 관련한 악재성 '내부' 정보를 듣고서 지분을 대량 매도한 것은 아니다. 예를 들어 김 회장이 다우데이타 실적이 엄청 나쁘다는 내부 결산 정보를 듣고서 주식을 매도했다면 1항에 해당될 것이다. 그러나 시장에서 의심하는 것은 김 회장이 누군가로부터, 즉 외부(시장)에서 주가 폭락 정보를 취득했을 가능성이었다. 김영민 서울도시가스 회장도 마찬가지다. 따라서 1항과는 거리가 멀다.

이들에게는 2항 '주식 등의 공개매수 미공개 정보' 역시 해당하지 않는다. 그렇다면 그나마 적용 여지가 있는 것은 3항 '주식 등의 대량 취득이나 처분 또는 중지에 관한 미공개 정보'이다.

예를 들어 A회사는 B회사가 보유한 C회사 지분을 대량 취득하여 C회사 경영권을 인수하기로 하였다고 해보자. 취득과 처분 관련 업무를 하는 A회사와 B회사의 임직원, 회사 주요주주로서 권리 행사 과정에서 취득 또는 처분 정보를 얻게 된 자, 회사에 대한 인허가 및 감독권 등을 행사하는 과정에서 정보를 얻게 된 자, 회사와 어떠한 계약 체결을 추진하다 정보를 얻게 된 자 등은 대량 취득이나 처분 정보를 이용하여 C회사 주식을 거래해선 안 된다. 이들로부터 정보를 얻은 자도 마찬가지다.

김익래 회장과 김영민 회장이 제174조 3항 위반에 해당하려면 다우데이터와 서울도시가스 지분을 대거 보유하고 있는 누군가가 장중 대량 매도에 나설 것이고, 따라서 주가가 폭락할 가능성이 매우 높다는 정보를 받았어야 한다. 그런데 판례를 보면 대량 보유자와 대량 매도 가능성에 대한 정보는 꽤 구체적이어야 한다. 앞서 말한 대로 두 회장에게 정보를 제공한 사람이 3항에서 규정하고 있는 자의 범위에 해당하는지도 중요하다.

어디까지를 미공개 중요 정보로 볼 것인가?

제174조 3항과 관련한 대법원의 2017년 10월 31일 선고 판례를 간단하게 살펴보자. A회사 대표는 같은 건물에 입주해 있는 B회사의 대주주가 경영권 지분을 다른 회사에 넘기려 한다는 이야기를 들었다. A회사 대표는 이 소식을 알고 지내던 대형 의류 업체 C회사 대표에게 전해준다. 그가 평소 B회사 인수에 관심 있다는 것을 알고 있었기 때문이다.

의류 업체 C회사 대표는 B회사 대주주를 급히 만나 협상을 진행했고, 실사 뒤 지분을 양수도하기로 합의했다. 어느 날 A회사 대표는 입주

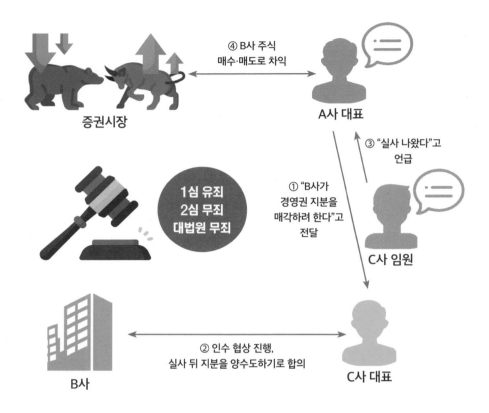

▶▶▶ 「자본시장법」 제174조 3항 위반으로 기소된 사건의 개요

④ B사 주식 매수·매도로 차익

A사 대표

증권시장

③ "실사 나왔다"고 언급

1심 유죄
2심 무죄
대법원 무죄

① "B사가 경영권 지분을 매각하려 한다"고 전달

C사 임원

B사

② 인수 협상 진행,
실사 뒤 지분을 양수도하기로 합의

C사 대표

건물에서 친분 있는 C회사 임원과 우연히 마주쳤다. "어쩐 일이냐?"는 A회사 대표의 물음에 C회사 임원은 B회사 이름은 언급하지 않은 채 "실사를 나왔다"고만 답하였다. 이후 A회사 대표는 B회사 주식을 매수하였고, B회사 경영권 지분 양수도 공시가 나간 뒤 주가가 뛰자 매도하여 차익을 얻었다.

검찰은 이를 「자본시장법」 제174조 3항 위반으로 보고 기소하였다.

1심 유죄, 2심 무죄, 대법원은 무죄를 확정하였다. 대화 내용이 구체적인 미공개 정보를 주고받았다고 보기 어렵다는 이유에서다.

정보 제공자(C회사 임원)가 정보 수령자(A회사 대표)에게 직무상 취득한 미공개 정보(C회사가 B회사를 인수한다는 사실)를 누설한다는 점에 대한 인식조차 없어 보인다는 게 재판부의 판단이었다.

SG발 주가 폭락 사태의 경우, 일부 매체에서는 라덕연 대표와 사이가 틀어진 측근 가운데 한 명이 비리를 폭로하겠다며 떠들고 다녔고, 이 정보가 대주주 회장의 귀에 흘러 들어갔다는 내용을 크게 보도하기도 했다. 대주주 회장의 대량 매도 동기가 전적으로 이런 수준의 정보에 근거한 것이라면 법적 처벌 가능성은 높지 않다.

검찰은 대주주 조사를 진행하고 있다. 검찰이 키움증권(다우키움그룹의 계열사)에 대한 압수수색을 실시하였을 때 김익래 회장을 겨냥한 것이라는 이야기가 나왔다. 그러나 당시 검찰 관계자는 이를 부인하면서, 혐의점이 드러나야 구체적인 수사에 들어갈 수 있다고 언급했다. 시장에서는 압수수색을 하건 소환을 하건 조사를 해야 구체적인 혐의가 드러날 것 아니냐며 검찰을 불신하는 목소리가 나오기도 했다. 이 사건의 중대성을 생각건대 검찰이 어물쩍 넘어갈 수 있는 상황은 아니다.

검찰은 2023년 5월 키움증권 본사에 이어 7월 말 김익래 회장과 아들 김동준 키움인베스트 대표, 그룹 전략경영실 임직원의 주거지와 사무실 등을 압수 수색했다. SG발 주가 폭락 사태뿐 아니라 경영권 승계 과정에서 미공개 정보를 이용하여 주가 관리를 하지 않았는지 등에 대해 광범위한 수사를 하는 것으로 알려졌다.

검찰은 8월에는 한국증권금융을 압수 수색하였다. 이곳은 김 회장이 다우데이타 등 계열사 주식을 담보로 대출을 받은 곳이다. 김 회장은 경영권 승계 과정에서 증여세 대금 마련 등의 목적으로 한국증권금융으로부터 주식 담보 대출을 받은 것으로 알려졌다. 2023년 9월 초 현재 김 회장에 대한 검찰 소환 조사가 임박했다는 소문만 무성할 뿐 아직 검찰의 구체적인 움직임은 나타나지 않고 있다. SG발 주가 폭락과 대주주 회장들의 절묘한 매도 타이밍은 우연일까 아닐까?

탐욕이 빚어낸
광란의 쌍용C&E 우선주 파티

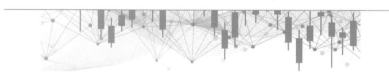

사모펀드운용사 한앤컴퍼니가 쌍용C&E(옛 쌍용양회)의 대주주 태평양
시멘트(일본회사)로부터 경영권 지분을 인수한 것은 2016년이었다.

〈그림. 한앤컴퍼니의 쌍용C&E 인수 과정〉(78쪽)을 보자. 쌍용C&E의
법적 대주주는 한앤코시멘트홀딩스유한회사(이하 시멘트홀딩스)로 바뀌
었다. 한앤컴퍼니는 쌍용C&E를 인수하기 위해 사모펀드(사모투자합작
회사)를 만들었다. 이 펀드에 연기금이나 금융회사 등 기관투자자들이
투자금을 넣는다(출자). 사모펀드는 대개 직접 목표 기업의 지분을 인
수하지 않는다. 사모펀드는 시멘트홀딩스라는 일종의 페이퍼컴퍼니를
만들고, 기관들로부터 받은 투자금을 시멘트홀딩스에 다시 출자한다.
시멘트홀딩스는 이렇게 확보한 출자금과 은행 등으로부터 빌린 대출
(인수금융)을 합하여 쌍용C&E 지분 78%를 인수한 것이다.

▶▶▶ 한앤컴퍼니의 쌍용C&E 인수 과정

한앤컴퍼니
(사모펀드운용사)

↓ 설립

사모투자합자회사
(사모펀드)

← 출자 —— **투자자**
(연기금, 금융회사 등)

↓ 출자

한앤코시멘트홀딩스
(투자목적회사 : 페이퍼컴퍼니)

← 대출 등 —— **금융회사**
(인수금융 제공)

78% │ 경영권 인수

쌍용C&E
(옛 쌍용양회)

한앤컴퍼니는 펀드 조성 및 기업 인수, 이후 적절한 시점에서의 재매각에 이르기까지 모든 자금과 경영 관리 등을 총괄적으로 책임지는 일을 한다.

우선주를 상장폐지시켜 문제의 싹을 잘라버리겠다!

한앤컴퍼니는 당시 쌍용C&E의 우선주 주가 급변동에 상당히 신경이

쓰였던 것 같다. 우선주는 보통주와 달리 의결권이 부여되지 않지만 보통주 대비 배당률이 높은 편이다. 대개 보통주보다는 우선주 시세가 낮게 형성된다. 우선주는 발행 물량이 적어 가끔 작전세력의 표적이 되기도 한다. 적은 자금으로도 시세를 조종할 수 있어 개미투자자를 유혹하기가 쉽다.

쌍용C&E 우선주는 이미 '전과'가 꽤 있었다. M&A(인수합병)를 재료로 주가가 급등락하여 2015년에만 한국거래소로부터 두 차례 '투자 경고' 또는 '투자 주의(소수 계좌 매수 관여 과다)' 조치를 받았다. 한앤컴퍼니로 인수된 이후에도 해마다 투자 주의나 경고 조치가 이어졌다.

예를 들어 2018년 4~6월에는 쌍용C&E가 남북경제협력 테마주로 분류되어 주가가 급등하였다. 1만 원~1만 5000원 사이에서 움직이던 우선주 주가가 보통주 주가를 넘어 한때 4만 원까지 치솟았다. 이후 5000원대까지 수직 낙하하였다.

이 같은 주가 급변동에 대해 한국거래소는 2018년 5월 불공정 거래 예방과 투자자 보호를 이유로 쌍용C&E를 투자 경고 종목으로 지정하고 거래를 일시정지시키기도 했다.

한앤컴퍼니는 우선주를 아예 상장폐지하기로 결심했다. 대주주인 시멘트홀딩스가 시장에서 우선주를 전량 공개매수하는 방법을 쓰기로 했다. 대주주 지분율이 95% 이상이 되면 유가증권시장 상장 규정에 따라 자발적 상장폐지 요건에 해당한다. 시멘트홀딩스가 우선주 지분을 95% 이상 확보하면 한국거래소에 우선주 상장폐지 심사 신청을 할 수 있는 것이다.

2020년 5월 29일 시멘트홀딩스는 금융감독원 전자공시시스템에 우선주 전량에 대한 공개매수 공시를 올렸다. 기간은 2020년 6월 1~30일까지, 매수 대상 우선주는 154만 3685주였다. 당시 우선주 주가는 9000원대로, 시가총액으로는 약 140억 원 수준이었다.

한앤컴퍼니같은 경영권 인수형 사모펀드는 기업의 가치를 올려 재매각차익을 얻는 것을 주업으로 한다. 그런데 140억 원대에 불과한 우선주 때문에 한국거래소의 관찰 대상 기업이 되고 회사 평판과 신뢰가 훼손되는 상황을 방치할 수는 없었을 것이다.

공개매수가격은 1만 5500원으로 정해졌다. 우선주 매수를 결정한 날(5월 29일)의 전날 종가와 비교해서 68% 프리미엄이 붙은 가격이었다. 1개월 평균 주가 대비로는 66%, 3개월 평균과 비교하면 72% 프리미엄이 적용되었다.

일반적으로 공개매수에 붙는 프리미엄은 적게는 10%에서 많게는 20%대 중반 정도다. 회사 대주주가 경영권 지분을 거래할 때 붙는 경영권 프리미엄도 60%라면 낮지 않다. 하물며 쌍용C&E처럼 공개매수에서 60%가 넘는 프리미엄을 적용하는 것은 드문 사례라고 할 수 있었다. 1만 5500원은 최근 1년 동안의 우선주 거래가격 중 최고치(1만 4950원)보다 높았다. 한앤컴퍼니 입장에서는 우선주 물량이 적어 자금 부담이 덜한데다 최대한 빨리 상장폐지해야겠다는 생각에 프리미엄을 높게 책정했을 것이다.

버티기 vs. 강제 소각

그런데 공개매수 결과는 의외로 전량 매수 실패였다. 123만 9089주, 즉 우선주 물량의 80.3%만 공개매수에 응했다. 나머지 19.7%의 주주들은 무슨 생각을 했을까?

이들은 더 높은 가격을 원했다. 한앤컴퍼니(시멘트홀딩스)가 이번에 95% 이상 물량을 확보하지 못하면 더 높은 가격으로 추가 공개매수에 나설 것으로 판단했을 것이다. 해외 사례를 보면 그런 경우들이 꽤 있다. 미국의 경우 M&A에 공개매수가 활용되는데, 주주들의 호응이 시원찮으면 매수자 측은 제안가격을 계속 높인다. 우리나라에서도 2008년 당시 미국 바이오 기업이 코스닥 진단시약 업체 에스디에 대해 적대적 M&A를 시도할 때 1차 공개매수 가격을 3만 원, 2차 가격을 4만 원으로 올려 성공한 적이 있다.

프리미엄을 높게 적용하여 공개매수를 한 번에 끝내려던 한앤컴퍼니의 전략은 오히려 주주들로 하여금 버티면 더 높은 가격을 받을 수 있다는 기대를 갖게 했다. 그러나 한앤컴퍼니의 후속 조치는 일부 주주들의 기대와는 완전히 달랐다. 공개매수 결과를 공시하면서 한앤컴퍼니는 장래 계획에 대해 이렇게 밝혔다.

"자발적 상장폐지 요건(95%)을 충족할 수 있는 수준에 이르지는 못했습니다. 매수인은 전체 주주와 회사의 이익에 부합하는 방향으로 우선주 전부의 소각 혹은 보통주 전환 등을 회사와 협의할 계획입니다."

이것은 무슨 말인가? 공개매수로 쌍용C&E의 대주주인 시멘트홀딩스는 80.3%의 우선주를 확보하였고, 나머지 일반주주들은 여전히 잔여지분 19.7%를 들고 있다. 그런데 이 모든 우선주에 대해 유상소각을 실시할 수도 있다는 이야기다. 아니면 우선주를 보통주로 전환하겠다는 것이다. 일부 주주들이 예상하는 것처럼 2차 공개매수에 나설 조짐은 전혀 없었다.

드디어 2020년 9월 1일 쌍용C&E는 우선주를 모두 강제 유상소각하겠다고 공시하였다.

▶▶▶ 쌍용C&E 투자 판단 관련 주요 경영 사항

2020년 9월 1일

제목	우선주 강제 유상소각 방식의 자본 감소 안내
주요 내용	- 당사가 제안한 우선주 자본 감소는 주주총회 및 종류주주총회의 승인이 모두 이루어지는 경우, 2020년 11월 16일을 소각 기준일(11월 12일부터 매매 거래 정지될 예정임)로 하여 우선주 전부를 강제 소각하는 내용입니다. 따라서, 그 경우 당사의 우선주는 그 전량이 강제 소각되어 더 이상 존재하지 않게 되며, 당일의 우선 주주들은 당사로부터 그 대가로 소각대금 1주당 9297원을 지급받게 됩니다. - 이번 우선주 자본 감소는 임의 유상소각이 아니므로 개별 우선주주가 유상소각에 동의하는지와 무관하게 주주총회 및 종류주주총회의 승인이 이루어지는 경우 모든 우선주주들이 소유하는 우선주식 전부가 강제 소각된다는 점을 유의하여 주시기 바랍니다. - 또한 우선주 강제 소각은 종류주주총회 특별결의사항이며, 최대주주 보유 지분율이 현재 80.27%(총발행우선주식 기준)이므로, 특별결의사항을 충족하고 있음을 유념하시기 바랍니다.

유상소각 진행 과정은 이랬다. 일단은 시멘트홀딩스가 2020년 9월 1일~11월 11일까지 일반주주들이 보유한 우선주를 1만 5500원에 사준다. 이는 공개매수 때와 같은 가격이다. 시멘트홀딩스가 매수호가 1만 5500원에 일반주주 보유분(30만 4596주)만큼 주문을 내면 팔 의사가 있는 사람들은 이 가격에 매도주문을 내 거래를 체결시키는 방식이었다. 우선주 주주들의 이익을 보호하기 위해 시세와 상관없이 공개매수 가격(1만 5500원)을 적용하여 장내 매수주문을 내주겠다는 것이다. 이때 매도하지 않고 11월 16일(주식 소각 기준일)까지 우선주를 보유하면 회사는 주당 9297원을 보상하고 강제 소각한다.

시멘트홀딩스가 공개매수로 확보한 우선주는 어떻게 될까? 이 물량은 무조건 주당 9297원에 소각된다. 자기가 보유한 우선주를 자기에게 매도할 수는 없기 때문이다.

그렇다면 일반주주들이 우선주를 팔지 않는다고 하여 회사 측이 일방적으로 강제 소각할 수 있을까? 물론 그럴 수는 없다. 여기에는 한가지 절차가 필요하다. 주주총회다.

주식을 소각하면 자본금이 감소한다. 결손금 해소를 위한 경우가 아니라면 감자는 주주총회 특별결의를 거쳐야 한다. 참석 주주의 3분의 2 이상이 찬성해야 한다. 또한 찬성 주주의 수가 전체 주주의 3분의 1 이상이 되어야 한다. 우선주의 80.3%는 시멘트홀딩스가 보유하고 있다. 따라서 우선주를 소각하는 안건이 주주총회를 통과하는 것은 100% 확실한 기정사실이었다.

탐욕에 눈이 멀어
우선주를 끝까지 들고 있던 주주들의 최후

이렇게 우선주 전량 유상소각 공시가 나간 이후 주가는 드라마틱하게 움직인다. 대주주가 1만 5500원에 장내 매수해 주기로 하였으므로, 이 정도의 가격까지 오르는 것은 가능하다.

그런데 주가는 연일 폭등했다. 공시 4일 만에 장중 4만 4000원까지 오르기도 했다. 이후 주가는 2만 원대~4만 원대까지 등락을 반복했다.

1만 5500원에 팔지 않으면 9297원에 소각당하는 것으로 운명이 정해진 주식이 어떻게 이런 가격을 형성할 수 있었을까? 일반주주들이 많이 이용하는 주식 게시판에는 헛정보와 근거 없는 주장들이 판을 쳤

▶▶▶ **쌍용C&E(옛 쌍용양회) 우선주 주가 추이** (단위 : 원)

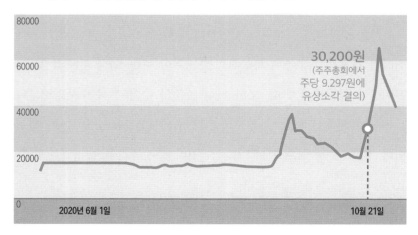

다. 주식을 상장폐지시키려면 대주주가 주식을 95% 이상 확보해야 하므로, 버티면 대주주가 10만 원, 20만 원 이상 가격에도 매입할 수밖에 없을 것이라는 식의 엉터리 주장들이었다.

유가증권시장 상장 규정상 자발적 상장폐지를 하려면 95% 규정이 적용되는 것은 맞다. 그러나 주주총회에서 전량 소각이 결의되면 95% 규정과는 전혀 상관없이 소각이 진행된다. 시장에서 거래할 수 있는 우선주가 없어지면 자연스럽게 상장폐지로 연결된다.

당시 주식토론방(종토방)에서 횡행하던 이야기들은 이렇다. 최대한 원문을 살려 소개한다.

2차 폭등 조짐이 보입니다. 2일 동안 악성 매물 받아냈고 기다려봅시다.

내일부터 광란의 돈파티가 시작됩니다.
저는 10만 원 이상 보고 갑니다. 이런 기회는 흔치 않습니다.

대주주가 95% 이상 확보하지 못하면 절대 상장폐지되지 않습니다.
규정에 그렇게 정해져 있습니다. 3만 원, 4만 원에 나오는 물량을
얼른 줍줍해야 합니다. 최후에는 20만 원 이상에 팔 수 있습니다.

이런 엉터리 주장에는 이른바 작전세력들이 개입했다고 필자는 판단한다. 이들은 주식 게시판 토론방 등에 헛정보를 올려서 개미들을 유인

작전세력들은 주식을 상장폐지시키려면 대주주가
주식을 95% 이상 확보해야 하므로 버티면 대주주가
10만 원, 20만 원 이상의 가격에도 매입할 수밖에
없을 것이라는 식의 헛된 정보를 주식 게시판에 올려
개미들을 유인했다. 마지막까지 '대박'의 꿈을 꾸며
우선주를 끝까지 들고 있던 주주들은
결국, '유상소각'이라는 파국을 맞았다.

했다. 확신에 찬 어조로 95% 규정을 언급하자 많은 일반투자자는 조금만 버티면 고가에 우선주를 팔 수 있을 것으로 생각했던 것 같다.

시간은 흘러 흘러 2020년 10월 주주총회에서 유상소각(감자)이 결의되었다. 11월 중순, 주식 소각 기준일이 임박해지는데도 우선주는 터무니없는 가격에 거래를 이어갔다.

마지막까지 우선주 대박의 꿈을 버리지 않고 있던 무지한 투자자들에게 결국 날벼락이 떨어졌다. 어느 날 갑자기 우선주 거래가 정지되면서 계좌에서 주식이 사라졌다. 그리고 이들은 자신의 증권계좌에 주당 9297원으로 계산된 돈이 입금되어 있는 것을 발견하였다.

그 이후에도 한동안 쌍용C&E 주식 게시판에는 왜 우선주 거래가 안 되느냐는 글들이 이어졌다. "살려달라"는 읍소형 글도 보였다. 거래 재개를 희망하는 글도 있었다. 한번 소각된 주식은 거래를 재개할 수 없다.

무지에서 비롯된 탐욕, 상황을 잘 알면서도 무지한 사람을 속여 돈을 벌겠다는 탐욕, 그리고 나만 아니면 된다는 폭탄 돌리기가 빚어낸 탐욕이 어우러진 결과물이었다.

불법 주식 거래를 서슴지 않은
증권사 회장님의 최후

2023년 8월 8일 오후, 증시에 상장된 한 증권사 회장이 법정구속되었다는 기사가 주요 언론 온라인판에 게재되기 시작했다. 보도 내용은 다음과 같았다.

서울남부지법 형사합의13부(명재권 부장판사)는 8일 「자본시장법」 위반 혐의를 받는 윤 대표에게 징역 1년 6개월에 벌금 5억 원을 선고하고 구속 수감했다.

재판부는 "증권사의 대표로 이번 범행이 주식시장의 공정성과 투자자의 신뢰를 침해한다는 사실을 누구보다 잘 알았는데도 직업 윤리를 저버렸다"고 꾸짖었다.

그러면서 "개인의 조세 부담을 회피하기 위해 대표이사로 재직하는 회사로 하여금 자사주를 취득하게 한 죄질이 무겁다"며 "회피한 조세 부담과 상속 재산 등을 고려하면 부당이득이 상당할 것으로 보인다"고 양형 이유를 밝혔다.

(이하 생략)

유화증권 윤경립 회장의 법정구속에는 어떤 내막이 깔려있을까?

회장님의 놀라운 절세 플랜

유화증권 창업자는 윤장섭 회장으로, 2016년 5월 작고했다. 아들인 윤경립 회장은 2008년 이미 회장직을 승계하여 경영을 맡아왔다. 창업주는 이후에도 지분 12%(142만 주)를 보유한 채 윤 회장에 이어 2대 주주의 지위를 유지해왔다.

2015년 들어 창업주가 고령에다 병세까지 깊어지자 윤 회장은 상속 문제를 고민하기 시작했다. 창업주가 보유한 주식을 그대로 상속받으면 150억 원 정도의 세금을 내야 할 판이었다. 「상속세 및 증여세법」에 따르면 주식은 평가 기준일 전후 2개월 동안의 종가 평균액을 과세 기준으로 삼는다. 최대주주와 그 특수관계인의 지분에는 50% 세율에다 30%가 가산된다(2020년 세법 개정으로 가산세율은 20%로 조정됨).

1심 판결에 따르면 윤 회장은 주식 상속에 따른 가중 부담을 피하면서도 유화증권에 대한 지배력을 강화하기 위한 묘안을 짜내는 데 고심

▶ ▶ ▶ **유화증권 윤경립 회장의 상속세 절세 플랜**

창업주 보유 주식 총 142만 주	거래 방법	매수자	위법 여부	
① 13만 주	블록딜	윤경립과 가족	합법	정상 거래
② 25만 주	장중 장내 거래	윤경립과 가족	위법	통정 매매
③ 35만 주	블록딜	2개 증권사 (유진, 대신)	합법	정상 거래
④ 69만 주	자기주식 1차 취득 29만 주	유화증권	위법	통정 매매
	자기주식 2차 취득 40만 주	유화증권	위법	통정 매매
⑤ 증권사들이 매수한 물량도 통정매매를 통해 추후 유화증권 자사주로 재취득.			위법	통정 매매

한다. 그리고 2015~2016년 동안 〈표. 유화증권 윤경립 회장의 상속세 절세 플랜〉과 같은 계획을 세우고 실행한다.

창업주가 보유한 142만 주는 총 다섯 차례에 걸쳐 현금화된다. 첫 번째는 윤 회장과 가족이 창업주로부터 13만 주를 블록딜로 매수하는 것이다. 이는 정상 거래다.

두 번째는 역시 윤 회장과 가족이 25만 주를 장내 거래로 매수한다. 창업주가 장중에 매각한 25만 주를 어떻게 윤 회장과 가족이 그대로 매수할 수 있었을까? 통정매매를 하였기 때문이다. 사고파는 양측이 서로 매수매도 물량과 거래 시간을 미리 짜고 거래하는 통정매매는 「자본시장법」상 불법이다.

세 번째는 창업주의 지분 35만 주를 두 개 증권사(유진증권, 대신증권)와 블록딜로 거래하는 것이다. 이 거래는 윤 회장이 우호 투자자를 찾던 중 두 개 증권사에 매수 요청을 하면서 성사된 것으로 알려졌다. 이는 정상거래다.

네 번째는 유화증권이 창업주의 지분 69만 주를 직접 자기주식(자사주)으로 취득하는 것이다. 자사주는 증권거래소 장내 거래시스템을 통해 모든 주주에게 동등한 매도 기회를 주는 방식으로 취득해야 한다. 그런데 어떻게 유화증권이 장내 거래로 창업주가 보유한 주식 69만 주만 취득할 수 있었을까? 이 역시 불법적 통정매매를 통해 가능했다.

유화증권은 증권사들이 블록딜로 매수했던 주식 가운데 일부를 나중에 자사주로 다시 사들이기도 했다. 이 역시 장내 통정매매를 통해서다.

이런 거래를 통해 창업주 지분은 모두 현금화된다. 그리고 이 현금은 창업주 사후 윤 회장에게 상속된다. 현금 상속에는 주식과 같은 30% 가산이 붙지 않는다.

만약 창업주 지분에 대한 상속세 가중 부담을 피하기 위해 합법적 장내 매각으로 지분을 현금화한다면 어떻게 될까? 우선 12%의 지분 중 일부를 다른 주주들이 매수할 경우 최대주주 측 지분율이 그만큼 하락한다. 지배력이 약화한다는 이야기다. 다음으로 창업주 사후 윤 회장이 상속받게 될 현금이 줄어들 수 있다. 당시 유화증권의 하루 평균 거래량은 5000주 안팎에 불과했다. 142만 주를 수십 차례 분산 매각한다고 하여도 평소 거래량 대비 압도적인 물량이 쏟아지면 주가는 하락할 수밖에 없다. 창업주가 지분 매각으로 회수할 수 있는 현금이 줄어들 것이고, 이는 곧 윤 회장이 상속받을 현금이 감소한다는 이야기와도 같다.

결국 세금 회피, 상속 재산의 가치 증가, 지배력 강화 등 여러 가지 목적을 위해 윤 회장은 불법 거래를 고안해냈던 것이다. 그리고 자신이 지배하는 유화증권을 불법 거래에 동원했다.

상속세 줄이자고 통정매매와 시세 개입까지

유화증권의 자사주 거래를 살펴보기 전에, 당시 증권시장에 공시되었던 윤 회장 측 지분 변동표를 먼저 보자.

▶▶▶ 윤경립 회장 측 지분 변동표

성명	변동일	취득·처분 방법	변동 내역			취득·처분 단가	비고	
			변동 전	증감	변동 후			
윤경립	15. 10. 28	시간 외 매매(+)	2,200,732	90,000	2,290,732	14,700	시간 외 대량 매수	➋
윤경립	15. 11. 12	장내 매수(+)	2,290,732	100,000	2,390,732	14,500	-	➎
윤경립	15. 11. 16	장내 매수(+)	2,390,732	50,000	2,440,732	14,300	-	
윤경립	15. 11. 17	장내 매수(+)	2,440,732	50,000	2,490,732	14,400	-	
윤장섭	15. 10. 27	시간 외 매매(-)	1,424,970	-40,000	1,384,970	14,600	시간 외 대량 매도	➊
윤장섭	15. 10. 28	시간 외 매매(-)	1,384,970	-90,000	1,294,970	14,700	시간 외 대량 매도	
윤장섭	15. 11. 12	장내 매도(-)	1,294,970	-100,000	1,194,970	14,500	-	➍
윤장섭	15. 11. 16	장내 매도(-)	1,194,970	-100,000	1,094,970	14,300	-	
윤장섭	15. 11. 17	장내 매도(-)	1,094,970	-49,442	1,045,528	14,400	-	
윤장섭	15. 11. 20	시간 외 매매(-)	1,045,528	-350,000	695,528	14,750	시간 외 대량 매도	➐
안지원	15. 10. 27	시간 외 매매(+)	137,446	40,000	177,446	14,600	시간 외 대량 매수	➌
윤승현	15. 11. 16	장내 매수(+)	421,303	50,000	471,303	14,300	-	➏

* 유화증권 <최대주주 등 소유 주식 변동 신고서> 편집

① 창업주(윤장섭 명예회장)가 시간 외 거래(블록딜)로 9만 주와 4만 주를 매도하였다.

②, ③ 이것을 윤경립 회장과 부인 안지원 씨가 매수한 것으로 나타났다. 이 거래는 정상적 블록딜 거래로 보인다.

④ 창업주가 장내 매도로 3거래일 동안 10만 주, 10만 주, 4만 9442주 등 약 25만 주를 매도하였다.

▶▶▶ 유화증권 공시 목록

2015~2016년 사이 유화증권 공시 창이 지분 변동 공시로 뒤덮일 만큼, 지분 변동 공시가 빈번했다.

번호	공시대상회사	보고서명	제출인	접수일자	비고
61	유화증권	분기보고서 (2015.09)	유화증권	2015.11.16	
62	유화증권	임원·주요주주특정증권등소유상황보고서	윤장섭	2015.11.10	
63	유화증권	최대주주등소유주식변동신고서	유화증권	2015.11.10	유
64	유화증권	임원·주요주주특정증권등소유상황보고서	윤경립	2015.11.02	
65	유화증권	임원·주요주주특정증권등소유상황보고서	윤장섭	2015.11.02	
66	유화증권	최대주주등소유주식변동신고서	유화증권	2015.11.02	유
67	유화증권	임원·주요주주특정증권등소유상황보고서	윤장섭	2015.10.26	
68	유화증권	최대주주등소유주식변동신고서	유화증권	2015.10.26	유
69	유화증권	임원·주요주주특정증권등소유상황보고서	윤장섭	2015.10.16	
70	유화증권	최대주주등소유주식변동신고서	유화증권	2015.10.16	유
71	유화증권	최대주주등소유주식변동신고서	유화증권	2015.10.15	유
72	유화증권	임원·주요주주특정증권등소유상황보고서	윤장섭	2015.10.15	
73	유화증권	최대주주등소유주식변동신고서	유화증권	2015.10.06	유
74	유화증권	임원·주요주주특정증권등소유상황보고서	윤장섭	2015.09.08	
75	유화증권	임원·주요주주특정증권등소유상황보고서	윤경립	2015.09.08	

1 2 3 4 **5** 6 7 8 9 10   [5/10] [총 150건]

⑤, ⑥ 이 기간에 윤 회장이 10만 주, 5만 주, 5만 주를, 아들 윤승현 씨가 5만 주를 매수했다. 부자(父子)의 매수 합이 25만 주다. 창업주와 윤 회장 부자 간 통정매매가 아니면 일어나기 어려운 거래다.

⑦ 창업주가 35만 주를 블록딜로 매도하였다. 대신증권과 유진증권 등 두 개 증권사가 인수하였다.

증권시장에 공시한 지분 변동 공시에는 이렇게 통정매매의 흔적이 남았다. 그러나 당시 이 공시에 주목한 사람은 별로 없었다. 유화증권 자체가 사람들이 관심을 둘만한 회사도 아니었지만, 무엇보다

2015~2016년 사이 이 회사가 너무 많은 지분 공시를 남발한 탓도 있어 보인다.

주요주주(지분 10% 이상 보유자)이자 최대주주(윤 회장)의 특수관계인 신분인 창업주는 당시 소량의 지분을 워낙 빈번하게 사고팔았다. 당시 유화증권의 공시 창은 지분 변동 공시로 뒤덮이는 지경이었다. 그러다 보니 통정매매 흔적이 담겨있는 이 공시는 이 회사가 수시로 내는 수많은 지분 변동 공시 가운데 하나쯤으로 간과되었다.

가족 간 장외 블록딜, 가족 간 장내 통정매매, 증권사와의 장외 블록딜로 거래된 창업주 지분은 모두 73만 주였다. 아직 69만 주의 잔여 물량이 남았지만, 윤 회장은 추가 매수 여력이 없었다. 우호적 증권사 역시 추가 매수에 난색을 표했던 것으로 보인다. 윤 회장은 유화증권의 자금을 동원하기로 하였다. 창업주가 보유한 지분을 자사주 취득의 형식으로 회사가 흡수하기로 한 것이다.

「상법」과 「자본시장법」에 따르면 회사가 자사주를 매입하는 방법은 두 가지다. 증권거래소의 장내 거래 방식 또는 장외 공개매수 방식이다. 어떤 방법이 되었건 모든 주주에게 공평한 매도 기회를 부여한다는 공통점이 있다.

유화증권이 증권시장 장내 거래로 창업주의 지분만 69만 주를 취득하기 위해서는 어떤 방법이 필요할까? 역시 불법적 통정매매밖에 없다.

유화증권은 두 번에 걸쳐 자사주 취득 공시를 냈다. 1차 자사주 취득 공시는 '주가 안정 및 주주 가치 제고'를 목적으로 2015년 11월 23일

▶▶▶ 유화증권 자기주식 취득 결정 공시

유화증권은 2015년 11월 20일, 2016년 3월 23일 두 번에 걸쳐 자사주 취득 공시를 냈다. 유화증권이 1, 2차로 나눠 취득하겠다고 밝힌 자사주는 총 120만 주다.

번호	공시대상회사	보고서명	제출인	접수일자	비고
1	유화증권	주요사항보고서(자기주식취득결정)	유화증권	2016.03.23	
2	유화증권	주요사항보고서(자기주식취득결정)	유화증권	2015.11.20	

1

[1/1] [총 2건]

◀ 윤 회장이 번거롭게 통정매매 가격을 올린 이유는 그래야 창업주가 더 많은 지분 매각대금을 챙겨갈 수 있기 때문이다. 창업주의 지분 매각대금은 곧 윤 회장이 상속받을 돈이다.

~2016년 2월까지 60만 주를 취득하겠다는 내용이었다. 2차 역시 같은 목적으로 2016년 3월 24일~6월 23일까지 60만 주를 취득하겠다고 했다.

이 거래 과정에서 윤 회장 측은 시세 개입까지 했다. 예를 들어보자. 창업주 측이 1만 5000원에 5만 주 매도 주문(매도 1호가)을 내면 유화증권의 자사주 매입 담당 직원이 곧바로 같은 가격과 수량으로 매수 주문을 내어 거래를 체결시킨다. 매도 1호가는 이제 1만 5100원이 되었다. 윤 회장은 친인척 계좌를 이용하여 1만 5100원에 50주 정도의 매수 주문을 넣어 거래를 체결시킨다. 그러면 체결가는 이제 1만 5100원이 된다.

회사가 자사주 매수 주문을 낼 때는 호가에 상한선이 있다. 주문 직전의 최고 체결가가 상한선이다. 즉 유화증권은 이제 1만 5000원이 아니라 1만 5100원에 통정매매 매수 주문을 낼 수 있게 되었다. 윤 회장은 굳이 왜 통정매매 가격을 올렸을까? 그래야 창업주가 더 많은 지분 매각대금을 챙겨갈 수 있기 때문이다. 이 대금은 곧 윤 회장이 상속받을 돈이다.

일반투자자의 매도 물량은 회피하고
증권사 물량은 몰래 사들이고

1차 자사주 취득에서 유화증권은 창업주 지분 69만 주 가운데 29만 주를 통정매매로 매수했다. 2차 취득에서 잔여 물량 40만 주를 흡수했다.

그런데 2차 취득에서 유화증권은 이상한 행동을 보였다. 허수성 매수 주문을 계속 제출한 것이다. 왜 그랬을까? 유화증권은 2016년 3월 24일~6월 23일까지 자사주를 60만 주 취득하겠다고 공시하였다. 기업이 장내 거래로 자사주를 취득할 때는 취득 전날 한국거래소에 매수 예정 신고를 해야 한다. 매수 물량, 예정 가격, 호가 시간(장전, 장중, 장마감 뒤 시간 외 거래 등) 등을 미리 알리는 것이다.

유화증권은 공시한 물량 60만 주 취득이 완료되거나, 공시한 물량을 다 취득하지 못했더라도 공시한 취득 기간이 완료되면, 이로부터 5일 내에 금융위원회에 자사주 취득 결과 보고를 해야 한다. 그리고 공시한 물량을 다 매수하지 못했다면 그 이유도 기재해 보고해야 한다.

유화증권이 주가 안정 및 주주 가치 제고를 위해 자사주를 매입하겠다고 한 것은 겉 포장이었고, 실제 목적은 창업주가 보유한 주식 매수였다. 2차 취득에서는 4월 초에 창업주의 잔여 주식 40만 주 매수를 완료하였다. 공시한 물량 60만 주를 채우기 위해서는 20만 주 추가 매수가 필요했지만, 애초부터 그럴 의사가 없었다. 그런데 공시한 취득 종료 시점(6월 23일)까지는 아직 시간이 많이 남아있었다. 유화증권이 금융위원회에 자사주 취득 결과 보고서를 내기 위해서는 마지막까지 자사주 매수에 노력했다는 흔적을 남겨야 했다.

유화증권은 허수성 매수 주문을 제출하여 일반투자자의 매도 물량을 회피하기로 하였다. 예를 들어 현재 시세가 1만 5600원인 상황에서 매수 10호가인 1만 5100원으로 주문을 내는 식이었다. 거래가 체결될 수가 없었다. 유화증권은 시가 또는 최우선 호가보다 현저하게 낮은 매수 5호가 이하의 가격으로, 즉 허수성 매수 주문을 474회나 제출했다.

그러면서 이 회사는 한편으로는 증권사들과의 통정매매를 계획했다. 과거 두 곳의 증권사(유진증권, 대신증권)가 창업주가 보유한 지분 35만 주를 블록딜로 인수했었는데, 이 가운데 12만 주를 유화증권이 통정매매로 사들였다.

일반투자자와의 거래는 회피하면서, 증권사 보유 물량은 자사주로 매수해 준 것이다. 이 과정에서 윤 회장 측은 시초가를 인위적으로 1만 5600원~1만 5700원으로 끌어올렸다. 그리고 증권사와 짜고서 매도 주문에 맞추어 매수 주문을 냈다.

이렇게 하여 2차 취득에서는 창업주의 잔여 주식 40만 주와 증권사

유화증권은 허수성 매수 주문을 제출하여
일반투자자의 매도 물량을 회피하면서,
한편으로는 증권사들과의 통정매매를 계획했다.
과거 유진증권, 대신증권이 창업주가 보유한
지분 35만 주를 블록딜로 인수했었는데,
이 가운데 12만 주를 유화증권이 통정매매로 사들였다.
일반투자자와의 거래는 회피하면서,
증권사 보유 물량은 자사주로 매수해 준 것이다.

▶▶▶ **유화증권 자기주식 취득 결과 보고서** 2016년 6월 27일

* 취득 예정 내용과 실체 취득 내용의 일치 여부

취득 예정 주식(주)		취득 주식 총수(주)		일치 여부	차이 발생 시 사유
보통주식	기타주식	보통주식	기타주식		
600,000	–	523,072	–	불일치	거래량 부족에 따른 주문 수량 미체결

보유 물량 12만 주 등 52만여 주를 취득했다. 금융위원회에 제출한 자사주 취득 결과 보고서에서 유화증권은 60만 주를 다 매수하지 못한 이유에 대해 "거래량 부족에 따른 주문 수량 미체결"이라고 거짓 기재를 하였다.

증권사 대표이기 때문에 더 엄중하게 처벌하겠다

기업의 자사주 취득은 증권시장에서는 배당과 함께 대표적인 주주 환원 정책이자 주가에 호재로 작용하는 조치로 받아들인다. 그러나 유화증권의 자사주 취득은 결국 윤 회장의 지배력 유지와 상속세 가중 부담 회피, 상속 재산 가치 증가를 위한 수단에 불과했던 셈이다.

윤 회장 측 변호인은 이에 대해 단순 통정매매일 뿐이며, 법에서 금지하는 통정매매의 목적(다른 투자자에게 주식 거래가 성황인 듯 알게 하거나 그릇된 판단을 하게 함)은 없었다고 주장했다.

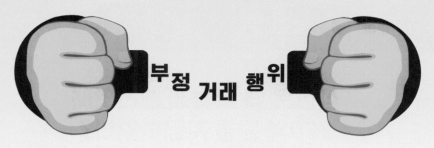

부정 거래 행위

▲ 윤경립 회장은 단순 통정매매일 뿐 「자본시장법」 제178조에서 말하는 부정 거래 행위는 아니라고 항변하였으나, 재판부는 "유화증권 자금을 동원하여 통정매매를 하면서 고가 매수 주문과 시가 및 종가 관여 등 시세 개입 행위, 빈번한 허수 주문 등을 자행하여 자본시장의 공정성, 신뢰성, 효율성을 해쳤으므로 부정 거래 행위에 해당한다"고 판단했다. 윤 회장은 1심에서 법정구속되었다.

「자본시장법」 제178조에서 말하는 부정 거래 행위 즉 부정한 수단이나 계획, 기교를 사용한 행위는 아니라고 항변하였다. 아울러 역시 제178조에서 말하는 위계의 사용 즉 투자자를 속여 일정한 행위를 유인하려는 목적도 없었다고 변론하였다.

재판부는 윤 회장이 세금 회피 목적으로 자기 돈으로 통정매매를 하였다면 시장 질서 교란 행위 정도로 보고 가벼운 처벌을 할 수도 있으나, 유화증권 자금을 동원하여 통정매매를 하면서 고가 매수 주문과 시가 및 종가 관여 등 시세 개입 행위, 빈번한 허수 주문 등을 자행하여 자본시장의 공정성, 신뢰성, 효율성을 해쳤으므로 부정 거래 행위에 해당한다고 판단했다.

재판부는 "기망 행위의 죄질이 좋지않다"며 "증권사 대표이사로서 이 범행이 증권시장 공정성에 대한 투자자들의 신뢰를 훼손한다는 것을 누구보다 잘 알아야 하는데도 직업윤리를 저버리는 등 죄질이 매우 무겁다"고 밝혔다.

삼성은 왜 뒤늦게 엘리엇에 720억 원을 지급하였나?

2015년 삼성물산(이하 물산)과 제일모직(이하 모직)은 합병을 하였다. 그 무렵 물산은 주주였던 미국계 헤지펀드 엘리엇과 주식매수청구가격을 놓고 비밀 합의를 하였고, 이에 따라 2022년 약 720억 원을 지급한 사실이 처음 확인되었다는 〈한겨레〉 신문의 보도가 있었다(2023년 6월 28일 자).

▶ **삼성물산 주식매수청구가격 소송 타임라인**

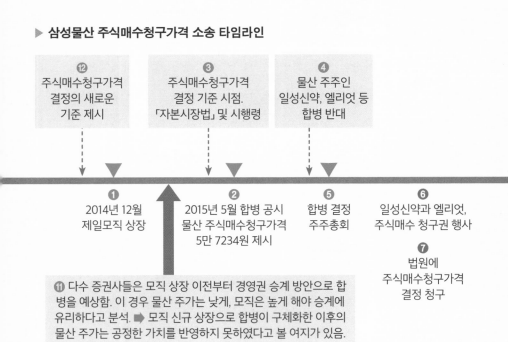

⑫ 주식매수청구가격 결정의 새로운 기준 제시

❸ 주식매수청구가격 결정 기준 시점. 「자본시장법」 및 시행령

❹ 물산 주주인 일성신약, 엘리엇 등 합병 반대

❶ 2014년 12월 제일모직 상장

❷ 2015년 5월 합병 공시 물산 주식매수청구가격 5만 7234원 제시

❺ 합병 결정 주주총회

❻ 일성신약과 엘리엇, 주식매수 청구권 행사

❼ 법원에 주식매수청구가격 결정 청구

⑪ 다수 증권사들은 모직 상장 이전부터 경영권 승계 방안으로 합병을 예상함. 이 경우 물산 주가는 낮게, 모직은 높게 해야 승계에 유리하다고 분석. ➡ 모직 신규 상장으로 합병이 구체화한 이후의 물산 주가는 공정한 가치를 반영하지 못하였다고 볼 여지가 있음.

이 내용이 2023년 7월 이재용 삼성전자 회장의 「자본시장법」 위반 혐의 재판에서도 다루어졌다. 〈그림. 삼성물산 주식매수청구가격 소송 타임라인〉에 붙은 번호순대로 이 사안을 살펴보자.

①~③ : 2014년 12월 모직이 상장한다. 이어 2015년 5월에는 물산과 모직이 합병 공시를 한다. 물산이 주주에게 제시한 주식매수청구가격은 5만 7234원이었다. 합병에 반대하며 물산에 주식매수를 청구하는 주주에게는 이 가격에 회사가 주식을 매입해준다는 이야기다. 주식매수청구가격은 「자본시장법」과 시행령에 따라 합병 이사회 전날을 기산일로 하여 과거 두 달간 주가 흐름으로 산출한 값이다.

④~⑦ : 당시 물산의 주주였던 일성신약과 엘리엇 등은 합병비율이 불합리하다고 주장하였다. 2015년 7월 합병은 주주총회에서 어렵사리

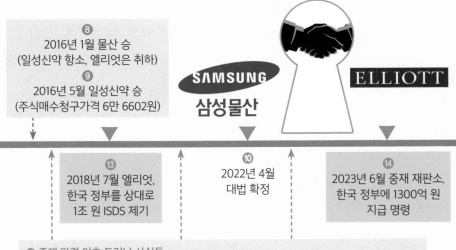

❽
2016년 1월 물산 승
(일성신약 항소, 엘리엇은 취하)
❾
2016년 5월 일성신약 승
(주식매수청구가격 6만 6602원)

SAMSUNG
삼성물산

ELLIOTT

⓭
2018년 7월 엘리엇,
한국 정부를 상대로
1조 원 ISDS 제기

❿
2022년 4월
대법 확정

⓮
2023년 6월 중재 재판소,
한국 정부에 1300억 원
지급 명령

⓯ 중재 판결 이후 드러난 사실들
[2016년] 삼성-엘리엇, 주식매수청구가격 관련 비밀 합의(비공개 합의) : 추후 주식매수청구가격에 대한 대법 확정 판결이 나면 그 내용에 따라 차액을 지급하기로 협약.
[2019년] 엘리엇, 중재 재판부에 합의 관련 내용 제출.
[2022년 5월] 엘리엇, 삼성으로부터 720억 원 수령.

통과되었다. 이에 일성신약과 엘리엇은 주식매수청구권을 행사하였다. 이들은 물산에 매수가격 상향 조정을 요구하였고, 합의가 안 되자 법원에 소송을 제기하였다.

⑧~⑩ : 2016년 1월 1심은 물산의 손을 들어주었다. 일성신약과 엘리엇은 항소하였으며, 이후 엘리엇은 항소를 취하하였다. 2016년 5월 2심에서는 일성신약이 승소하였다. 법원은 주식매수청구가격을 6만 6602원으로 상향 결정하였고, 2022년 4월 대법원에서 확정되었다.

⑪~⑫ : 대법의 판단은 이랬다. "모직 상장 전부터 다수 증권사가 경영권 승계 방안으로 합병이 추진될 것을 예상하였다. 물산 주가는 낮게, 모직은 높게 해야 승계에 유리하다는 내용의 증권사 리포트들이 나왔다. 특히 모직이 상장하면서 합병이 구체화되자 이런 취지의 리포트가 다수 시장에 공개되었다. 따라서 물산의 주가 흐름은 공정한 가치를 반영하지 못했다고 볼 여지가 있다. 물산의 주식매수청구가격 산정 기산점은 2015년 5월 '합병 이사회 전날'이 아니라 2014년 12월 '모직 상장 전날'로 해야 합리적이다."

⑬~⑭ : 한편 엘리엇은 2018년 7월 한국 정부를 상대로 1조 원의 ISDS(국제투자분쟁, 투자자-국가 간 소송)를 제기하였다. 정부가 부당하게 합병에 개입하여 손실을 봤다고 주장하였다. 국제중재재판소는 2023년 6월 한국 정부가 엘리엇에 1300억 원(배상금+이자)을 지급하라고 판결했다.

⑮ : 중재 판결이 나오면서 그동안 ISDS 재판부에 제출되었던 여러 가지 자료들이 공개되었다. 이 자료에서 엘리엇이 2016년 주식매수청

구가격 소송의 항소를 취하한 이후 삼성과 비밀 협약(삼성 측은 '비공개 협약'이라고 언급)을 맺었다는 사실이 드러났다.

엘리엇은 2016년 당시 물산이 정한 주식매수청구가격(주당 5만 7234원)으로 돈을 받아 갔다. 그리고 추후 한국 법원에서 주식매수청구가격 상향 조정 확정 판결이 나오면 삼성으로부터 차액을 추가 지급받기로 하고 항소를 취하하였다. 그리고 2022년 4월 한국 대법에

▲ 엘리엇은 삼성물산에 주식매수청구가격 상향 조정에 대한 한국 법원의 확정 판결이 나오면 차액을 추가로 받기로 비밀 합의하고, 2016년 주식매수청구가격 조정 소송을 취하하였다.

서 주식매수청구가격 확정 판결(⑩)이 나오자 삼성으로부터 차액(이자 포함) 720억 원을 수령하였다.

삼성 측은 이에 대해 "당시 비공개 약정을 체결한 것이지, 비밀 합의를 맺은 것은 아니었다"며 "알려야 할 것을 알리지 않고 몰래 뭔가를 한 게 아니다"라고 설명했다. 주식매수청구가격이 바뀌면 그에 맞춰 차액분을 달라고 한 엘리엇의 제안을 받아들였을 뿐이라는 이야기다. 〈한겨레〉 신문은 "일반주주들은 이 같은 차액 보상에서 배제되었다"고 지적했다.

·

CHAPTER 2

·

지배구조에 균열을 일으킨 사건들

주가 폭락 부른 CGV 유상증자,
누구의 기획일까?

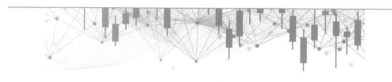

2023년 6월 21일 CJ CGV(이하 CGV) 주가가 폭락했다. 전날 1만 4500원으로 마감했던 주가는 다음날엔 1만 1440원으로 21%나 떨어졌다. 여기서 끝이 아니었다. 이로부터 또다시 4일 연속 주가는 미끄럼을 탔고 1만 원 밑으로 추락하였다. 28일 잠깐 반등했다가 29일 다시 급락하여 이날 종가는 9140원을 찍었다. 이 회사에 무슨 일이 있었던 것일까?

폭락 하루 전인 20일 장 마감 뒤 CGV는 유상증자 공시를 냈다. 동시에 CJ그룹 지주회사이자 CGV의 대주주인 CJ도 이와 관련한 공시를 하였다. 공시의 세부 내용을 접한 투자자들은 당황할 수밖에 없었다.

결론부터 말하자면, CGV의 유상증자는 주가 폭락을 불러올 만한 요소를 두루 갖추고 있었다.

1. 증자 규모가 막대하여 주가 희석 등 주주가치 하락 논란이 커질

CJ CGV가 2023년 6월 20일 장 마감 후 대규모 유상증자(5700억 원) 계획을 발표하자, 주가가 하루 만에 21% 폭락했다. 이후에도 하락을 거듭해 CJ CGV 주가는 15년 만에 주당 1만 원대 밑으로 추락하였다.

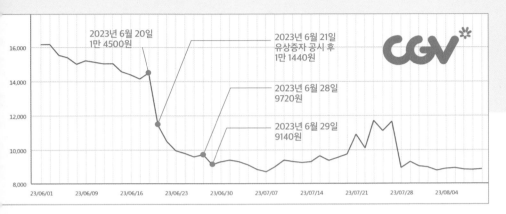

수밖에 없었다.

2. 유상증자의 주된 목적이 채무 상환과 자본 확충이었다. 경영 실패에 따른 부실을 일반주주들에게 떠넘기려 한다는 의심을 받을 수밖에 없었다.

3. 대주주가 현금출자를 회피하였다.

4. 대신 현물출자를 하겠다고 했는데, 현물로 내놓겠다는 주식에 대한 가치 평가 논란이 불가피했다.

주주의 주머니를 털어 빚을 갚겠다

구체적으로 무슨 내용인지 지금부터 하나씩 살펴보자. 다음 표는 CGV

의 공시 내용을 간추린 것이다.

▶▶▶ CJ CGV 주요 사항 보고서(유상증자 결정)

신주의 종류와 수		보통주식(주)	74,700,000		
증자 전 발행주식총수		보통주식(주)	47,728,537		
자금 조달의 목적		시설자금(원)	100,000,000,000		
		운영자금(원)	90,000,000,000		
		채무상환자금(원)	380,000,000,000		
증자 방식		주주 배정 후 실권주 일반 공모			
신주 발행가액	예정 발행가(원)	7,630		확정일	2023년 9월 1일
신주 배정 기준일		2023년 7월 31일			
1주당 신주 배정 주식수(주)		1.4			
우리사주조합원 우선배정비율(%)		10.0			
신주인수권 양도 여부		예			
신주인수권증서 상장 여부		예			

회사의 현재 발행주식총수가 4772만 여주인데, 주주 배정 방식(실권주 일반 공모)으로 새로 발행하겠다는 물량이 7470만 주다. 기존 주식의 무려 1.5배에 이르는 규모다.

유상증자가 일반적으로 주가에 악재로 작용하는 이유는 주식 수 증가에 따른 주당순이익(EPS) 등 주당 지표 하락 때문이다. 회사가 자기 주식(자사주)을 시장에서 매입하면 주가가 오르는 것과는 반대 현상이다. 자사주에는 배당권이 없으므로 자사주 매입으로 유통주식수가 줄면 주당 가치 상승 효과가 있다. 반대로 유상증자로 유통주식수가 늘어나면 주당 가치 하락 효과가 발생한다.

다음으로 CGV가 유상증자로 확보하겠다는 자금 5700억 원의 용도를 한번 보자. 공시에서 보는 것처럼 67%에 이르는 3800억 원이 채무상환용이다.

유상증자 규모가 상당해도 주가가 오히려 상승하는 경우가 있다. 현재 업황이 좋고 수주가 증가하여 신규 투자가 필요할 때나 회사가 새로운 미래 성장 사업을 위한 투자자금을 마련하기 위해 유상증자를 할 때다. 또는 재무 상황이 어려운 회사가 외부 투자를 유치하여 제3자로부터 필요 자금을 끌어올 때 등이다.

증자 비율이 150%를 넘는 유상증자는 흔치 않다. 게다가 주목적이 채무상환용이라니 주주들에게는 충격일 수밖에 없었다.

공시에서 밝힌 유상 신주 예정 발행가액이 7630원이었다. 유상증자 공시를 한 날의 CGV 종가가 1만 4500원이다. 예정 발행가액이 그 절반 수준에 불과한 가장 큰 이유는 발행 물량이 너무 많기 때문이다.

1만 4500원에 거래를 마친 날, 이 주가의 절반에 불과한 예정 발행가액을 보면서 주주들은 어떤 생각을 하였을까? 주당 가치가 폭락한 것 같은 느낌을 받을 수밖에 없었을 것이다.

최종 발행가액은 유상증자 공시 이후 주가 흐름을 반영하여 결정된다. 따라서 CGV처럼 공시 이후 주가가 하락세를 이어간다면 확정 발행가액은 훨씬 더 낮아질 수밖에 없다.

CGV가 기존 발행주식수의 1.5배에 이르는
대규모 유상증자 계획을 발표하자
주가가 곤두박질쳤다.
유상 신주 예정 발행가액은 7630원으로
유상증자 계획을 공시한 날 종가의
절반 수준에 불과했다.

"나는 주식을 낼 테니, 주주들은 현금을 대시오."

CGV의 유상증자 공시에서 주주들이 느낀 감정이 당혹과 충격이었다면, 이날 같이 공개된 CJ의 공시에서는 분노를 느꼈을 것 같다. 다음은 CJ 공시 내용을 간추린 것이다.

▶▶▶ CJ 수시 공시 의무 관련 사항(공정공시)

2023년 6월 20일

정보 내용	공시 제목	자회사 씨제이씨지브이(주)에 대한 출자 계획
	관련 수시 공시 내용	1. 목적 : 당사는 자회사 씨제이씨지브이(주)의 재무 구조 개선 및 IT 역량 기반 사업 시너지 강화 도모를 위해 다음과 같이 출자 계획을 검토하고 있습니다. 2. 출자 방식 : - 당사의 자회사 씨제이씨지브이(주)의 주주 배정 유상증자에 일부 참여 (약 600억 원 규모 예상) - 당사의 완전자회사인 씨제이올리브네트웍스(주) 지분 전량 현물출자를 통해 씨제이씨지브이(주)의 제3자 배정 유상증자 참여 (약 4,500억 원 규모 예상)

주주 배정 증자를 하면 주주들에게는 지분율대로 신주가 배정된다. CJ가 가진 CGV 지분율은 48.5%다. 따라서 5700억 원의 CGV 유상증자에서 CJ는 약 2760억 원(5700억 원 × 48.5%)을 책임져야 한다. 그런데 이 공시에서 CJ는 600억 원 정도만 참여한다고 밝혔다. 나머지 5100억 원을 일반주주의 호주머니에서 끄집어내겠다는 것이다.

그 대신 CJ는, CJ의 완전자회사(100% 자회사)인 CJ올리브네트웍스(이하 올리브네트웍스) 지분을 CGV에 모두 현물출자하겠다고 밝혔다. 즉 CGV가 추가로 실시하는 제3자 배정 유상증자에서 평가가액 4500억 원짜리 자회사 지분을 출자한다는 이야기다.

제3자 배정 유상증자는 회사와 무관한 제3자 또는 회사의 대주주 등 특수관계인을 대상으로 하는 경우가 많다. 대주주 또는 일부 주주만을 대상으로 하는 유상증자는 전체 주주에게 지분율대로 신주를 배정하는 것이 아니므로, 제3자 배정 방식으로 간주한다.

CJ의 계산법은 아마도 이랬을 수 있다. 두 번(주주 배정, 제3자 배정)에 걸친 총 유상증자 규모는 1조 200억 원(현금 5700억 원 + 현물 4500억 원)이다. 현금 600억 원에 현물 4500억 원을 더하면 5100억 원으로, 총 유상증자 규모의 50%에 해당하니 대주주로서 책임을 다했다는 것이다.

그러나 주주들의 생각은 달랐다. 일반주주들의 주머니를 털어 회사 빚을 갚고, 현금출자에서 자기 책임을 회피한 채 CGV에 대한 지배력 하락을 막기 위해 비상장기업 지분을 내놓겠다는 것은 전형적인 꼼수라며 분노했다.

현물출자하는 지분가치는 신뢰할 수 있는가?

모회사가 자회사에 출자를 할 때 현금이 아닌 현물(지분, 부동산, 모회사의 내부 사업 부문 등)을 내놓는 경우가 더러 있는데, 이때는 현물에 대한 가치 평가 절차를 거쳐야 한다.

비상장 주식은 평가액에 대한 논란이 잦다. 예를 들어 같은 그룹 내 상장사와 비상장사 간 합병에서 비상장사 가치 평가액을 둘러싼 논란은 심심찮게 터져 나온다. 대주주 일가가 100% 출자하여 A 회사를 만든다고 해보자. A사에 그룹 계열사들이 일감을 몰아줘 기업가치를 키운다. 그리고 그룹 내 주력 상장사가 A사를 합병한다. 그러면 대주주 일가가 가진 A사 지분은 주력 상장사 지분으로 바뀐다. 재벌그룹들이 경영권 승계에 주로 활용하는 방법이다. 이와 같은 합병에서는 합병 시 A사 가치를 의도적으로 고평가했다는 논란이 자주 벌어진다.

CJ처럼 대주주가 현금출자에서 자기 몫을 다 하지 않는 구조에서는 필연적으로 현물출자에 대한 가치 평가 논란이 커질 수밖에 없다.

비상장기업의 가치 평가는 일반적으로 DCF(Discounted Cash Flow, 현

▶▶▶ **올리브네트웍스와 삼성SDS 재무 지표 비교**

– 올리브네트웍스 지분가치를 4500억 원으로 볼 경우 –

	올리브네트웍스	삼성SDS
PER	17배	9배
PBR	3배	1배
ROE	19.6%	14%
영업이익률	5.3%	5.3%
부채비율	223%	41%

* 2022년 별도재무제표 기준
* 자료 : 한국기업거버넌스포럼 산출 수치

금흐름할인법)를 사용한다. 미래 현금흐름을 추정하려면 많은 회계적 가정과 전제를 깔아야 하므로, DCF 자체가 종종 불신을 초래하는 평가법이다. 평가 의뢰 기업의 입맛에 맞게끔 평가자가 숫자를 만들어 낸다는 의혹에 휩싸이기도 한다.

한국기업거버넌스포럼은 올리브네트웍스와 유사 기업 삼성SDS 간 재무 지표를 비교하여 올리브네트웍스가 지나치게 고평가되었다는 의견을 제시하기도 했다.

CJ가 올리브네트웍스 지분을 4500억 원으로 평가하여 현물출자한다는 것은 CGV가 그 금액만큼의 유상증자 신주를 발행해줘야 한다는 이야기다. 현금출자로 CGV가 발행해야 하는 유상증자 신주는 앞의 공시에서 본 것처럼 7470만 주다. 현물출자를 통한 신주 발행 물량은 출자 시점의 주가에 따라 달라질 텐데, 9000원을 신주 발행가로 가정해보면 5000만 주(4500억 원 ÷ 9000원)다. 증가하는 주식수(주주 배정 7470만 주 + 제3자 배정 5000만 주)가 기존 주식수(4770만여 주)의 2.5배를 넘는 셈이된다. 보긴 드문 규모의 유상증자이다.

지배력을 놓치고 싶지 않은 대주주의 과욕

여기서 잠깐 올리브네트웍스라는 회사에 대해 한번 알아보자. 2019년 당시 이 회사는 IT 서비스와 함께 화장품을 주로 취급하는 H&B(Health

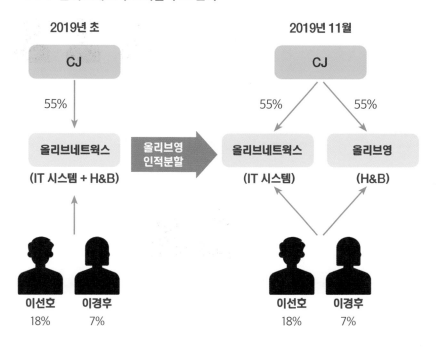

▶▶▶ 올리브네트웍스 지분 구조 변화

2019년 초

CJ

↓ 55%

올리브네트웍스
(IT 시스템 + H&B)

올리브영
인적분할 ➡

↑

이선호
18%

이경후
7%

2019년 11월

CJ

↙ 55% ↘ 55%

올리브네트웍스
(IT 시스템)

올리브영
(H&B)

↖   ↗

이선호
18%

이경후
7%

& Beauty) 사업을 가지고 있었다. H&B 사업의 브랜드는 '올리브영'이었다.

당시 올리브네트웍스 지분은 CJ가 55%, 이재현 그룹 회장의 자녀인 이선호와 이경후가 각각 18%, 7%를 보유하였다. 그런데 2019년 중에 올리브영 사업 부문을 분할하여 신설법인화하는 인적분할을 단행한다. 이에 따라 지분 구조는 오른쪽 그림처럼 변하였다.

이렇게 회사를 분할해 놓고, CJ는 올리브네트웍스 주주들이 보유한 주식을 CJ 주식으로 바꿔주는 '주식의 포괄적 교환'을 단행한다. 주식 교환이 끝나고 지분 구조는 118쪽 그림처럼 바뀌었다.

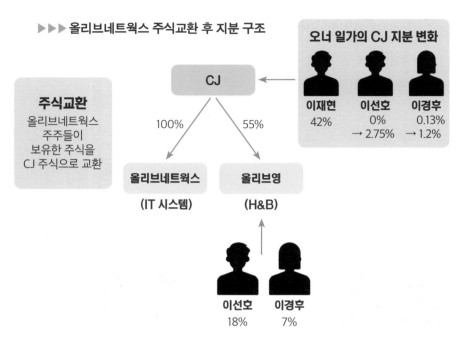

▶▶▶ **올리브네트웍스 주식교환 후 지분 구조**

오너 일가의 CJ 지분 변화

이재현 42%

이선호 0% → 2.75%

이경후 0.13% → 1.2%

CJ

주식교환
올리브네트웍스
주주들이
보유한 주식을
CJ 주식으로 교환

100%   55%

올리브네트웍스
(IT 시스템)

올리브영
(H&B)

이선호 18%   이경후 7%

이선호에게는 CJ 지분이 전혀 없었는데 주식교환 과정을 통해 2.75%
가 생겼다. 이경후는 CJ 지분이 0.13%에서 1.2%까지 늘었다. 올리브영
은 증시 상장을 준비 중이다. 올리브영이 2020년 상장 전 지분 매각(프
리 IPO)을 할 때 이선호와 이경후는 지분 일부를 매각하였고, 이 자금으
로 CJ 지분을 또 증가시켰다. CJ가 CGV에 현물출자하겠다는 올리브네
트웍스 지분 100%는 이런 과정을 거쳐 탄생하였다.

CGV는 이번 유상증자 관련 설명 자료에서 현물출자의 목적으로 '안
정적 수익원 확보 및 자본 확충'을 거론하였다. 이 회사는 코로나19 시
기를 거치며 이른바 '신종자본증권(영구채)'을 대거 발행하였다. 2023년
1분기 말 기준 미상환 잔액이 9300억 원에 이른다.

신종자본증권은 만기(대체로 30년) 시 발행회사 의사에 따라 상환 연

장을 할 수 있기 때문에 회계적으로는 부채가 아닌 '자본'으로 분류할 수 있다. 그러나 발행 후 2~5년 시점이 되면 금리가 상향 조정(스텝업)되기 때문에 발행회사는 스텝업 시기가 오면 중도 상환을 선택한다. 말이 영구채 또는 신종자본증권이지 사실은 2~5년 만기 일반회사채나 다름없다는 지적이 나오는 게 이 때문이다.

CGV가 발행한 신종자본증권 가운데 2023년 12월 스텝업 시기가 도래하는 물량은 1800억 원쯤 된다. 일반회사채는 현금으로 갚으면 부채가 줄어든다. 그러나 신종자본증권은 말 그대로 자본으로 분류되어 있기 때문에 상환하면 자본이 줄어든다. 4500억 원 현물출자의 목적으로 "자본 확충"을 거론한 것은 신종자본증권을 중도 상환한 이후 자본 감소에 대한 대응이 필요하다는 뜻으로 보인다.

회사의 현실적 이유와 사정이야 어쨌든 CGV의 유상증자는 그 규모와 진행 방식에서 CJ그룹에 대한 시장의 신뢰를 무너뜨리기에 충분했다는 평가를 받았다. 한국기업거버넌스포럼은 "주주가치 제고는커녕 주주가치를 심각하게 훼손할 것으로 우려된다"고 논평했다.

한편 CJ는 이 같은 비난을 의식하여 주주 배정 유상증자에 대한 현금 출자 규모를 600억 원에서 1000억 원으로 늘렸다. 또한 올리브네트웍스 지분 전량을 현물출자할 때 주당 평가액을 회계법인이 산출한 기준 주가에서 24% 할인하였다. 이번 유상증자의 후유증은 CGV 실적으로 치유해야 할 것이다.

유상증자가
왜 주가에 악재인가?

'유상증자가 주가에 왜 악재인가?'를 설명하는 콘텐츠 가운데 다음과
같은 주장을 펴는 글들이 꽤 많다.

유상증자를 한다고 하여 시가총액은 변하지 않는다.
그런데 발행주식수는 증가한다.
그러므로 주당 가치는 떨어진다.

이런 주장을 그림으로 나타내면 다음과 같다.

시가총액	10만 원	주당 발행가격 1만 원	시가총액	10만 원
발행주식수	10주	⟶	발행주식수	20주
주가	1만 원	10주 유상증자	이론주가	5000원

A사의 현재 주가는 1만 원이다. 발행주식수가 10주라면 시가총액은 10만 원이다. A사가 주당 발행가격 1만 원에 10주 유상증자를 한다고 하자.

시가총액은 그대로 10만 원인데 발행주식수는 20주가 되므로 유상증자 후 이론주가는 5000원이 된다. 이것이 유상증자가 주가에 악재가 되는 이유라는 설명이다. 황당한 주장이다! 유상증자를 해도 시가총액이 변하지 않는다는 전제부터가 근본적으로 틀렸다.

유상증자 이후 주가를 끌어내리는 '주가 희석 효과'

그림을 똑바로 그리면 다음과 같다.

시가총액	10만 원
발행주식수	10주
주가	1만 원

주당 발행가격 1만 원
→
10주 유상증자

시가총액	20만 원
발행주식수	20주
이론주가	1만 원

A사가 현재 주가(1만 원)대로 유상증자를 하면 발행주식수(10주)만큼 시가총액은 증가한다. 시가총액은 20만 원이 되고 발행주식수 20주로 나누면 이론주가는 변함없이 1만 원이다.

이번에는 발행가격을 시세보다 낮추는 경우를 살펴보자. 주당 8000원에 10주를 발행하면 어떻게 될까?

시가총액	10만 원	주당 발행가격 8000원	시가총액	18만 원
발행주식수	10주	10주 유상증자	발행주식수	20주
주가	1만 원	시가총액 8만 원 증가	이론주가	9000원

'시가총액 18만 원 ÷ 발행주식수 20주'를 하면 이론주가는 9000원이 된다. 이처럼 시세보다 낮은 가격으로 할인해 발행하면 이론주가가 떨어진다. 이를 '주가 희석 효과'라고 한다.

일반적으로 유상증자는 시세보다 낮은 가격으로 할인해 발행하기 때문에 주가 희석 효과가 나타날 수밖에 없다. 여기에다 발행주식수 증가에 따른 주당순이익(EPS) 등의 주당 지표 하락까지 고려해야 하므로, 유상증자는 주가에 호재보다는 악재로 작용하는 경우가 많다.

한국거래소는 주주 배정 유상증자 기업이 신주를 할인 발행하면 이론가격 수준으로 주가를 인위적으로 하향 조정한다. 이것을 '권리락 기준가격'이라고 부른다.

예를 들어보자. A사는 유상증자 공시에서 7월 20일까지 주주 자격을 획득하는 사람에게 신주를 배정할 것이라고 밝혔다. 그렇다면 7월 18일까지는 주식 매수 계약을 체결해야 'D+3' 결제에 따라 20일(신주 배정 기준일)까지 주주 자격을 얻을 수 있다. 19일에는 주식을 사봐야 신주를 받을 권리가 없기 때문에 이날을 '권리락일'이라 한다.

한국거래소는 권리락일 개장 전에 A사의 주가를 이론가격(권리락 기준가격)으로 인위적으로 하향 조정한다. 이 가격을 주가의 새로운 출발점으로 정하여 거래를 시작하게 하는 것이다.

유상증자 시 주주의 손익

유상증자 시 주주의 손익을 한번 따져보자. A사 주주 달봉이는 주식 2주를 보유하고 있다. 유상증자로 신주 2주가 배정되었는데, 청약을 포기하고 실권한다고 해보자.

▶▶▶ **유상증자(주당 발행가격 8000원) 후 달봉이가 보유한 주식의 가치 변화**

주식가치	2만 원	유상증자 청약 포기 → 실권	주식가치	1만 8000원
달봉이 보유 주식수	2주		달봉이 보유 주식수	2주
주가	1만 원		이론주가	9000원

유상증자 전후 달봉이가 보유한 주식가치를 보면 2만 원에서 1만 8000원으로 감소한다. 2000원의 손실을 보는 셈이다. 청약 의사가 없는 주주에게 이런 손실이 발생하는 것을 막기 위해 유상증자 기업들은 기존 주주에게 부여한 '신주인수권'을 증권시장에서 거래할 수 있도록 상장시킨다.

달봉이에게는 2개의 신주인수권이 부여된다. 신주인수권 1개당 이론적 기본가치는 1000원이다. 9000원(조정된 주가, 권리락 기준가격)에서 8000원(할인 발행가격)을 뺀 값이다. 신주인수권 2개를 2000원에 증권시장에서 판다면 달봉이의 손실은 '0'이 된다. 신주인수권의 실제 거래가격은 시장에서 매도자와 매수자 간 수급에 따라 결정된다.

2023년 6월 20일 CJ CGV(이하 CGV)가 장 마감 뒤 대규모 유상증자를 공시하였다. 주가는 다음날 21%나 폭락한 것을 포함하여 7거래일 동안 40% 가까이 떨어졌다.

공시에서 CGV는 유상증자 신주 예정 발행가액이 7630원이라고 밝혔다. 신주 발행가액은 말 그대로 회사가 주주들에게 유상신주를 발행해 줄 때 받는 대가다. 이날 종가가 1만 4500원인데, 예정 발행가액은 왜 절반 수준밖에 안 될까?

예정 발행가액을 결정하려면 먼저 기준주가를 구해야 한다. 여기서 말하는 기준주가란 유상증자 공시 전 한 달간의 주가 흐름이다.

〈그림. CGV 주가 흐름〉에서 보는 것처럼 2023년 5월 22일~6월 19일 간 주가 흐름으로 산출한 기준주가는 1만 4140원이다. CGV가 밝힌 할

▶▶▶ **CGV 주가 흐름**

유상증자 신주 예정 발행가액을 결정하려면 먼저 기준주가(유상증자 공시 전 한 달간의 주가 흐름)를 구해야 한다. CGV가 유상증자 공시를 하기 한 달 전인 2023년 5월 22일~6월 19일 간 주가 흐름으로 산출한 기준주가는 1만 4140원이다.

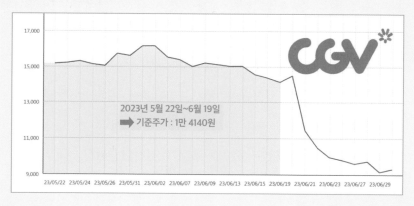

인율은 25%다. 주주 배정 증자에서 할인율은 회사가 정하기 나름인데 대부분 20~30% 범위에서 결정한다. 1만 4140원에서 25%를 할인한 가액 1만 605원이 곧바로 예정 발행가액이 되는 것은 아니다. 증자비율이 있기 때문이다. CGV는 기존 발행주식수 대비 1.56배나 많은 신주를 발행하기로 했다. 증자비율 156%를 적용하여 아래 공식에 따라 산출한 값이 신주 예정 발행가액이다.

▶▶▶ **증자비율을 반영해 산출한 신주 예정 발행가액**

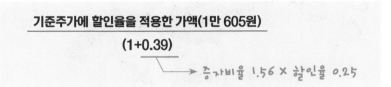

만약 증자비율이 일반적인 유상증자 기업들처럼 20% 안팎에 그쳤다면 예정 발행가액은 1만 원이 넘는다. CGV의 경우 너무 많은 유상증자 신주를 발행하기 때문에 예정 발행가액이 크게 낮아졌다.

CGV의 주가는 공시 이후 급락하여 7월 초 현재 9000원대 초반까지 추락하였다. 만약 주가가 계속 이 수준을 유지한다면 기준주가 9000원에 할인율이 적용되고, 증자비율까지 고려하면 최종 발행가액은 5000원대까지 낮아질 수 있다. 2023년 9월 4일 CGV는 최종 발행가격을 5560원으로 확정하였다.

CGV의 대규모 유상증자 계획 발표로
주가는 1만 4500원에서 5000원대까지 폭락했다.
계속된 주가 하락으로 유상 신주는
예정 발행가격(7630원)보다 한참 낮은 가격에
최종 발행가격(5560원)을 확정하였다.

한국투자증권, 카카오뱅크 지분 사는데 왜 자기자본이 증가하나?

2022년 12월, 한국투자증권(이하 한투증권)의 자기자본(별도재무제표 기준 6조 3000억 원)이 대폭 증가하여 8조 원을 넘어설 것이라는 뉴스가 나왔다. 100% 자회사인 한국투자밸류자산운용(이하 밸류운용)이 보유한 카카오뱅크(이하 카뱅) 지분 23%를 한투증권이 사들이면 그렇게 된다는 것이었다. 자본 8조 원이 넘는 증권사에는 종합투자계좌(IMA)와 부동산 담보 신탁 업무가 허용된다. 따라서 한투증권에는 업무 영역을 크게 확장할 수 있는 기회가 생긴다.

그런데 모회사가 자회사로부터 카뱅 지분을 매수하면 왜 모회사 자본이 많이 증가할까? 언론에 이에 대한 설명이 없다 보니 시장에서 궁금증이 커졌다. 우선 한투증권을 둘러싼 지배 구조를 살펴보면 다음 그림과 같다.

한투증권이 인수하겠다는 카뱅 지분은 정확하게 말하면 밸류운용 보유분 23%와 한국투자금융지주 보유

▶한국투자증권 지배 구조

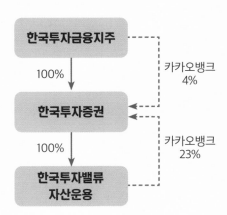

127

분 4%를 합쳐 27%이다. 밸류운용의 장부상 카뱅 지분가액은 6300억 원이다. 이것을 시세대로 매각하면 약 2조 9000억 원 정도 된다. 밸류운용에는 카뱅 지분 처분이익으로 2조 2700억 원가량이 발생한다.

한투증권은 밸류운용에 발생한 카뱅 지분 처분차익의 대부분을 배당으로 회수할 예정이었다. 한투증권은 밸류운용으로부터 받는 대규모 배당 덕분에 자본도 그만큼 증가하는 효과를 볼 수 있다는 이야기다. 당시 한투증권의 자본(별도재무제표 기준) 6조 3000억 원에 2조 원만 더 해도 8조 3000억 원이 된다. 참고로 말하자면, 밸류운용은 2022년 12월 22일 카뱅 지분을 주당 2만 6350원에 넘겼다. 매각대금은 2조 9110억 원 남짓이었다.

그렇다면 밸류운용이 막대한 카뱅 지분 처분이익을 얻을 경우 세금 문제는 없을까? 시장에서는 적어도 수천억 원 수준의 세금을 내야 하는 것 아니냐는 이야기가 있었다. 결론적으로 말하면 수십억 원 수준의 증권거래세 말고 내야 할 세금은 없었다. 연결납세 적용 때문이었다. 연결납세제도는 모자회사의 손익을 통합하여 법인세액을 결정하는 것이다. 모자회사는 하나의 연결 집단으로 간주한다. 우리나라는 2010년부터 연결납세를 「법인세법」에 도입하여 시행하고 있는데, 100% 완전 모자회사에 대해서만 허용하고 있다. 한투증권과 밸류운용은 연결납세 법인이므로 두 회사 간 카뱅 지분 양도는 연결 집단 안의 내부거래로 취급한다.

밸류운용이 약 2조 3000억 원의 처분이익을 얻는 것은 맞지만, 한투증권이 취득한 카뱅 지분을 연결 집단 바깥의 제3자에게 처분할 때까

▶한투증권과 밸류운용의 연결납세

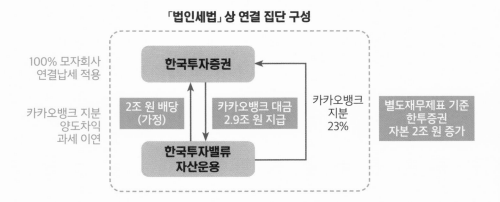

「법인세법」상 연결 집단 구성

100% 모자회사
연결납세 적용

카카오뱅크 지분
양도차익
과세 이연

한국투자증권

2조 원 배당
(가정)

카카오뱅크 대금
2.9조 원 지급

카카오뱅크
지분
23%

한국투자밸류
자산운용

별도재무제표 기준
한투증권
자본 2조 원 증가

지 과세는 이연된다. 한투증권이 카뱅 지분을 처분하는 일은 어지간해서는 발생하지 않을 것으로 보인다. 사실상 세금 낼 일이 발생할 가능성은 희박하다는 이야기다.

이번에는 회계 기준을 적용한 재무제표로 가보자. 연결재무제표 기준으로 보면 한투증권이 밸류운용으로부터 받는 배당금은 한투증권의 배당수익으로 잡히지 않는다. 연결재무제표 상으로는 두 회사를 한 회사처럼 묶어서 보기 때문에, 배당금은 한 회사 안에서의 '자금 이동'일 뿐이다. 따라서 배당은 한투증권의 연결재무제표를 기준으로 했을 때 자본 증가에 기여하지 못한다. 그런데 IMA 등의 업무가 허용되는 자본 규모는 별도재무제표 기준이다. 즉, 한투증권과 밸류운용을 별개의 회사로 보고 작성한 재무제표를 기준으로 한다. 따라서 배당금은 한투증권의 배당수익으로 잡혀 자본 증가에 기여한다. 한투증권의 별도 기준 자본은 2023년 상반기 기준으로 8조 원을 넘어섰다.

현정은의 경영권 방어 트라우마가
파생상품 계약 남발을 불러왔다!

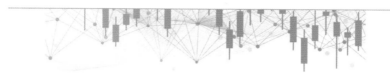

2023년 4월 6일 현대엘리베이터는 현대무벡스(물류 자동화 및 IT서비스 업체) 지분 21.5%를 취득한다고 공시하였다. 현대엘리베이터는 이미 현대무벡스 지분 32.6%을 보유한 최대주주였다.

이렇게 자회사 지분을 늘리는 이유는 보통 지배력을 확대하기 위해서다. 특히 이번처럼 추가로 지분을 취득해 지분율이 50%를 웃도는 경우는 대부분 그렇다. 그런데 현대엘리베이터는 현대무벡스 지분을 취득한 목적을 '손해배상금 관련 채권 회수'라고 공시하였다. 지분 양도자는 현대그룹 현정은 회장. 다시 말해 현 회장이 현대엘리베이터에 손해배상할 금액이 있고, 이 때문에 현대무벡스 지분을 넘겨준다는 이야기가 된다.

어떤 사연이 있는 것일까? 이로부터 약 일주일 전인 2023년 3월 30일로 시곗바늘을 돌려보자. 이날 대법원은 현 회장이 현대엘리베이터에 1700억 원을 배상하라고 판결한 2심을 확정하였다. 2016년 현대엘리베이터 2대 주주 쉰들러(스위스 엘리베이터 기업)가 "현 회장 등 현대엘리베이터 경영진이 경영권을 방어하기 위해 파생상품 계약을 맺는 바람에 회사에 8000억 원대의 손실을 입혔다"며 주주대표소송을 제기한 지 7년여만이다.

정주영 회장 사후 시작된 현대가 경영권 분쟁史

이 소송을 이해하기 위해서는 현정은 회장 체제 이후 현대그룹의 경영권 방어 역사부터 살펴볼 필요가 있다. 현대그룹 창업자는 고 정주영 회장이다. 삼성그룹과 더불어 우리나라 양대 재벌로 성장한 현대그룹은 2000년 들어 경영권 승계를 둘러싼 이른바 '왕자의 난'을 겪는다. 정주영의 차남 정몽구와 5남 정몽헌이 그룹 회장 자리와 경영 주도권을 놓고 벌인 분쟁은 결국 그룹 분할로 마무리된다. 건설과 전자 계열은 정몽헌이 맡아 현대그룹을 승계하고, 정몽구는 자동차 계열을 맡아 현대차그룹으로 계열 분리한다. 나머지 형제들은 유통업(현대백화점그룹)과 중공업(HD현대그룹), 보험업(현대화재그룹) 등을 계열 분리하여 독립한다.

현대그룹 산하에 있던 현대건설과 현대전자(지금의 SK하이닉스반도체)

▶▶▶ 범현대가 경영권 분쟁 요약도

한국 재벌가는 핏줄을 따라 경영권을 승계한다. 이 과정에서 피를 나눈 형제나 부모 자식 사이에 경영권을 놓고 치열한 다툼이 벌어지기도 한다.

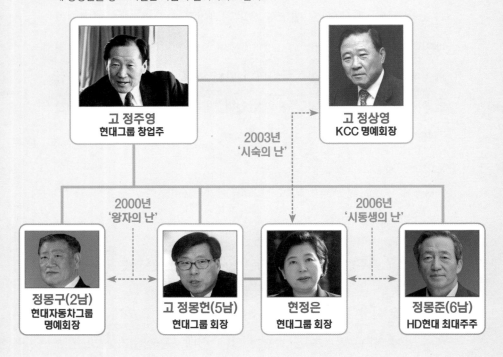

고 정주영
현대그룹 창업주

고 정상영
KCC 명예회장

2003년
'시숙의 난'

2000년
'왕자의 난'

2006년
'시동생의 난'

정몽구(2남)
현대자동차그룹
명예회장

고 정몽헌(5남)
현대그룹 회장

현정은
현대그룹 회장

정몽준(6남)
HD현대 최대주주

는 2001년 경영 위기를 맞아 채권단에 넘어갔다. 정몽헌 회장은 대북 불법 송금 사건에 휘말려 검찰 수사를 받던 2003년, 서울 계동 현대 사옥에서 극단적 선택을 하였다. 그리고 정몽헌 회장의 부인인 현정은 씨가 현대그룹 회장에 취임하였다.

당시 현대그룹의 출자 구조를 보면 현대엘리베이터가 현대상선(지금의 HMM)을 지배하고, 현대상선이 여러 계열사를 거느리고 있는 형태였다. KCC그룹을 비롯한 범(凡)현대가는 해외 자본 등 외부 세력으로부터 현대그룹 경영권을 지켜주는 백기사 노릇을 하겠다며 현대엘리베이터 지분을 16% 취득하였다. 하지만 내심 현 회장이 그룹 회장에 취임하는 것에 대해 못마땅해하는 분위기가 지배적이었다. 현대그룹 경영권을 '범현대가가 되찾아야 한다'는 생각을 갖고 있었던 것으로 보인다.

2003년 11월 범현대가의 중심에 있던 KCC 정상영 회장은 사모펀드 등을 활용하여 현대엘리베이터 지분을 40% 이상 확보하였다고 밝혔다. 그리고 기자 회견을 열어 현대그룹 경영권 인수를 전격 선언하기에 이른다. 그러나 지분 취득 과정에서 당시 「증권거래법」(현 「자본시장법」) 상의 '5% 룰(상장회사 지분을 5% 이상 보유하게 되면 그 시점에 지분 공시를 하도록 한 규정)' 등을 위반한 것으로 드러나자, 금융당국은 정 회장의 지분 일부에 대하여 의결권 행사를 제한하였다.

세간에서 '시숙의 난'으로 불린 이 사태로 어려움에 처했던 현정은 회장 측은 이후 현대상선 및 현대엘리베이터 주주총회에서 범현대가의 공격을 막아내며 가까스로 경영권을 지켰다. KCC는 2006년 현대엘리베이터 지분 25%를 쉰들러에 매각했다. 쉰들러는 한때 현 회장 측 백기사로 알려지기도 했었다.

범현대가 공격을 방어하는 수단, 파생상품 계약

현정은 회장 측이 한숨을 돌릴 무렵 현대중공업그룹(지금의 HD현대그룹)

이 현대상선 지분을 26%까지 늘리는 일이 벌어진다. KCC가 보유한 현대상선 지분 6%까지 합하면 범현대가가 보유한 지분은 32%에 이른다. 반면 현 회장 측 지분은 30%에 불과했다.

범현대가로부터 경영권 방어에 대한 트라우마가 생기다시피 한 현 회장은 이때부터 케이프포춘, 넥스젠캐피탈 등 국내외 여러 금융회사와 현대엘리베이터 간 파생상품 계약을 체결하기 시작한다.

예를 들어 케이프포춘과는 차액 정산 옵션 계약을 맺었다. 케이프포춘은 현대상선이 매각하는 자기주식(자사주)을 사들이는 한편 현대상선의 유상증자에 참여하여 신주를 인수한다. 그리고 현대엘레베이터와 같은 방향으로 현대상선에 대한 의결권을 행사하기로 약정한다.

현대엘리베이터는 그 대가로 케이프포춘이 현대상선 지분을 보유하는 기간(계약 기간) 동안 해마다 수수료를 지급한다. 케이프포춘이 지분을 처분할 때는 취득가격과 처분가격 간 차액을 정산해준다. 손실이 나면 현대엘리베이터가 차액을 메워주고 이익이 나면 차액을 돌려받는

▶▶▶ **현대엘리베이터와 케이프포춘 간 차액 정산 옵션 계약**

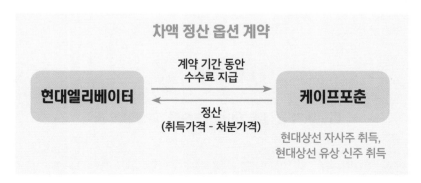

식이다.

넥스젠캐피탈과는 이른바 'TRS(Total Return Swap : 총수익스와프)' 계약을 체결하였다. 기본 구조는 차액 정산과 비슷하다. TRS 계약 만료 시점에 현대상선 주가 변동에 따른 정산이 실시된다. 손실이 발생하면 현대엘리베이터가 전액 보전해주고 이익이 발생하면 현대엘리베이터와 넥스젠캐피탈이 8대 2의 비율로 분배한다. 그리고 두 회사는 현대상선의 주주로서 주주 간 계약을 체결하여 이사 선임이나 교체, 해임 등에 대한 의결권을 공동 행사하기로 한다.

파생상품 계약의 부메랑, 1700억 원의 손해배상금

현 회장 측은 이들 해외 금융회사와 파생상품 계약을 연장해갔다. 아울

▶▶▶ 현대엘리베이터와 넥스젠캐피탈 간 TRS 계약

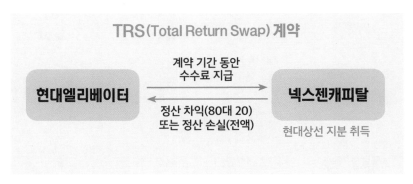

러 2010년부터는 현대건설 인수전을 계기로 국내 증권사들과도 새로 계약을 맺기 시작한다.

현대건설 인수전과 파생상품 계약 확대는 무슨 관련이 있었을까? 2010년 현대건설 대주주였던 채권단은 회사 매각을 추진했다. 인수의 향서를 제출한 곳은 두 곳, 바로 현대자동차그룹과 현대그룹이었다.

현대건설은 현대상선 지분을 8%나 가지고 있었다. 따라서 현대차그룹에 현대건설이 넘어갈 경우 현대상선에 대한 범현대가의 경영권 공격이 재개될 가능성을 현대그룹은 우려했다. 한편 2006년 KCC로부터 현대엘리베이터 지분을 대거 매입한 쉰들러는 지분율을 30%까지 끌어올리며 현 회장 측과 충돌하고 있었다.

다음 표는 현대엘리베이터가 2006~2015년까지 국내외 금융회사들과 맺은 파생상품 계약을 간단하게 정리한 것이다.

▶▶▶ **현대엘리베이터와 국내외 금융회사 간 파생상품 계약**

종류	거래 상대방	계약 성격	수수료율
주식 옵션 계약	케이프포춘	차액 정산	7.5%
주식 스와프 계약	넥스젠캐피탈	TRS 1~9	변동
	NH농협	TRS 1~6	5.4~7.5%
	대신증권	TRS	5.4~7.5%
	메리츠		
	교보		
	자베즈PEF		
풋옵션 계약	대우조선해양	풋옵션 매도	–

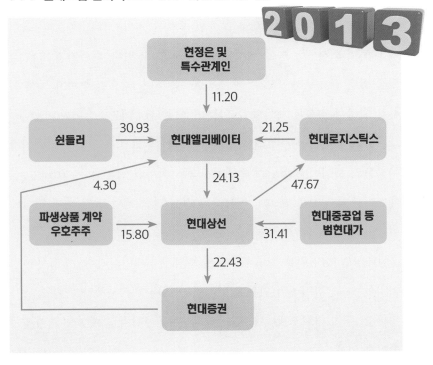

▶▶▶ **현대그룹 출자 구조도** (단위 : %, 2013년 9월 기준)

현 회장 측은 파생상품 계약에 의존하여 그나마 안정적으로 경영권을 유지할 수 있었다. 이러한 사실은 〈그림. 현대그룹 출자 구조도〉에서도 여실히 드러난다.

올라도 시원찮을 현대상선 주가는 해운 경기가 악화하면서 지속해서 하락하였다. 자연스럽게 현대엘리베이터는 대규모 손실을 봐야했다. 쉰들러는 현정은 회장 등 대주주 일가의 그룹 지배권 유지를 위해 현대엘리베이터가 파생상품 계약을 체결하였고, 현대상선 주가 하락으로 현대엘리베이터가 만기 정산금 등 수천억 원의 손실을 보게 되었다면서 2015년 11월 소송을 제기하였다.

발행주식총수의 1% 이상을 보유한 주주는 이사가 회사에 입힌 손실에 대하여 회사에 소송을 제기하라고 요구할 수 있다. 회사가 주주의 청구를 받은 날로부터 30일 안에 소송을 제기하지 않으면 주주가 즉시 회사를 위하여 소송을 제기할 수 있는데, 이를 주주대표소송이라고 한다.

쉰들러가 제기한 주주대표소송에서 현정은 회장 등 현대엘리베이터 이사들의 책임이 인정되면 손해배상금은 회사에 귀속된다. 2016년 1심 재판부는 파생상품 계약이 이사회의 경영 판단 재량 범위 내에 있다며 현 회장의 손을 들어줬다.

현대상선 경영권을 보유함으로써 현대엘리베이터가 얻는 유무형의 이익이 컸고, 경영권이 외부에 넘어가면 현대그룹 자체가 분할될 위기에 처할 수 있다고 재판부는 판단했다. 뿐만 아니라 파생상품 계약에서 이익을 얻을 가능성(실제 이익을 얻은 사례도 있음)도 있었기 때문에 이사들이 선관주의 의무(선량한 관리자로서의 주의 의무)를 위반한 것으로 보기 어렵다는 게 1심 판결의 이유였다.

그러나 2심에서 판결은 뒤집혔다. 재판부는 이사회가 계약의 손실 가능성을 충분히 살피지 않았다고 봤다. 현대상선의 주가가 낮을 때 파생상품 계약을 체결해야 향후 손실 가능성을 줄일 수 있음에도 불구하고 주가가 이상 급등한 시점에 계약을 체결한 것을 문제 삼았다. 현대상선이 제출한 중장기 사업 계획이 지나치게 낙관적으로 작성되었음에도 이를 그대로 신뢰하거나, 불리한 파생상품 계약 조건을 그대로 수용하는 바람에 손실을 키웠다는 게 2심 재판부의 판단이었다.

"
현 회장 등은 계약 체결의 필요성이나
손실 위험 등을 충분히 검토하지 않았거나,
이를 알고도 필요한 조치를 하지 않았다.
대표이사 또는 이사로서
현대엘리베이터에 대한
의무를 다했다고 볼 수 없다.

**현 회장은 현대엘리베이터에
1700억 원을 지급하라.**
"

현 회장의 손해배상금 납부 총력전

2심 판결은 2023년 3월 말 대법에서 그대로 확정되었다. 현 회장이 물어내야 할 손해배상액 원금은 1700억 원이지만 법정 이자까지 포함하면 배상액은 2700억 원에 이르렀다. 현 회장은 2019년 2심에서 패소했을 때 주식 담보 대출을 받아 1000억 원을 현대엘리베이터에 선급하였다. 그리고 200억 원은 법원에 공탁하였다. 대물변제용으로 내놓은 현대무벡스 주식 평가액은 약 900억 원이었다.

2700억 원에서 이 금액들을 다 빼면 600억 원이 남는다. 시장 일각에서는 현 회장이 보유한 계열사 주식은 과거 금융회사로부터 대출받을 때 담보로 제공되었기 때문에 600억 원을 추가로 마련할 방법이 마땅치 않을 것으로 봤다.

그러나 현 회장은 현대네트워크를 활용하여 문제를 해결하였다. 이 회사는 현대엘리베이터의 대주주인데, 현정은 회장 일가가 지분 100%를 보유하고 있다. 2023년 4월 13일 현대엘리베이터가 공시한 내용을 보자.

현대네크워크가 엠캐피탈이라는 금융회사로부터 현대엘리베이터 주식을 담보로 2300억 원을 빌린다. 현정은 회장이 대출에 대한 연대보증을 선다. 현대네트워크와 현 회장은 2300억 원 중 일부를 기존 대출 상환에 사용하여 주식 담보(현대엘리베이터 주식)를 해제한다. 그리고 이 주식들은 엠캐피탈에 다시 담보로 제공된다.

▶▶▶ **현대엘리베이터 주식 등의 대량 보유 상황 보고서** 2023년 4월 13일

* 보유 주식 등에 관한 계약

성명	주식수	계약 상대	계약 종류	계약 체결	계약 기간	비율 (%)	비고
현대 네트워크	433만 1171주	엠캐피탈	주식 담보	4. 13	4. 10. ~8. 11.	10.61	대출금액 2300억 원 주식 담보(신규)
현정은	319만 6209주	엠캐피탈	주식 담보	4. 13	4. 10 ~ 8. 11.	7.83	주식 담보(신규) 현대네트워크에 대한 연대보증

현 회장은 연대보증인이지 차입의 주체는 아니었기 때문에 현대네트워크로부터 돈을 빌려 현대엘리베이터에 손해배상금 잔금을 치렀다. 현대네트워크가 차입한 자금은 4개월 만기에 연 12%의 고금리다. 현대네크워크가 불과 4개월 뒤에 원금을 모두 상환할 가능성은 낮다. 또다른 자금 조달 플랜이 가동되어야 한다는 이야기이다.

2023년 7월 중순까지 현대그룹의 출자 구조는 '현정은 일가 → 현대네트워크 → 현대엘리베이터'가 골격이었다. 7월 말 현 회장은 보유하고 있던 현대엘리베이터 지분 7.83% 전량을 현대네트워크에 매도하였다. 현 회장의 지분 매각으로 현대네트워크가 보유한 현대엘리베이터 지분율은 19.25%까지 늘어났다. 그리고 8월 현대네트워크는 '현대홀딩스컴퍼니(존속회사)'와 '현대네트워크(분할신설회사)'라는 두 개의 회사로 분할하였다.

현대그룹 지배 구조는 '현정은 일가 → 현대홀딩스컴퍼니 → 현대엘리베이터'로 바뀌었다. 현대홀딩스컴퍼니는 사모펀드로부터 3000억

원의 자금 조달을 추진 중이다. 이 와중에 KCGI자산운용이 현대엘리베이터 지분을 2% 남짓 취득한 뒤 현정은 회장의 이사 퇴임, 자본 정책 재검토 등을 요구하고 있다. 현대엘리베이터와 현 회장이 이른바 행동주의 펀드의 타깃이 된 것이다.

▶▶▶ 현대엘리베이터에 대한 KCGI자산운용의 요구 사항

- 대주주(현정은 회장)와 이사회의 분리를 통한 투명한 지배 구조 확립
- 이사회 내 소위원회 위원장 사내이사로 변경
- 해외 적자 사업 전면 재검토 등 중장기 수익성 개선 방안
- 진정한 의미의 독립적인 감사 선임
- 임직원들의 핵심성과지표(KPI) 설정

* 자료 : KCGI자산운용

박삼구 전 금호 회장은
왜 10년 중형을 선고받았나?

2022년 8월 17일 박삼구 전 금호아시아나그룹(이하 금호그룹) 회장에 대한 횡령·배임 사건 재판에서 1심 재판부가 징역 10년의 중형을 선고하였다. 재벌 총수 사건의 경우 선고량이 검찰 구형량의 절반에도 미치지 않았던 관례를 감안하면 상당히 이례적인 선고였다.

검찰은 5개 사건에 대해 「특정경제범죄 가중처벌법」상의 횡령과 배임, 「공정거래법」 위반 등의 혐의를 적용하였다. 재판부는 5개 사건 모두에 대해 유죄를 선고하였다. 다만 「공정거래법」 위반 사건 2개에 대해서는 일부 무죄로 판단하였다.

재판부가 판결문에서 밝힌 양형 이유를 한번 보자.

〈양형 이유(요약)〉

금호그룹 계열회사 이익과 관계없이 피고인 박삼구는 자신과 그 가족의 금호그룹 지배권 회복만을 목적으로 계열회사 자금을 마치 총수 개인 소유인 것처럼 임의로 사용하였다. 계열회사 우량 자산들을 자신이 지배하는 회사 소유로 옮기고 계열회사 손해를 바탕으로 자신이 지배하는 회사의 채무를 변제하거나 자신에게 이익이 되는 거래를 하였다. 피고인은 일련의 범행이 금호그룹을 위한 것이었다는 취지로 항변하나 그 본질은 일부 계열사들의 희생을 무릅쓰고라도 금호그룹 지배권을 회복하겠다는 사익 추구에 지나지 않았다.

박 전 회장은 1심 선고 후 법정구속되었다. 그는 곧바로 항소하였다. 2023년 1월 말 항소심 재판부는 박 전 회장이 신청한 보석을 허가했다.

대우건설과 대한통운을 품에 안은 후 '승자의 저주'에 걸린 금호그룹

이 사건의 배경과 박 전 회장 측의 항변, 그리고 1심 재판부의 판단에 대해 알아보자.

시곗바늘을 2006년으로 돌려본다. 금호그룹은 자산관리공사(캠코)로부터 6조 4000억 원에 대우건설을 인수하였다. 인수자금을 자력으로 다 조달할 수 없었던 금호그룹은 은행, 사모펀드운용사, 자산운용사 등

FI(Financial Investor, 재무적 투자자)들을 끌어들였다. FI는 3조 5000억 원의 자금을 투자하여 대우건설 지분 일부를 인수하였고 의결권을 금호그룹에 위임하였다. 대신 2009년 말까지 금호그룹에 주당 3만 4000원에 주식을 되팔 수 있는 권리(풋옵션)를 확보하였다.

대우건설 주당 인수가격은 2만 6200원으로, 당시 시세 1만 4000원 대비 90% 정도의 프리미엄이 적용되었다. FI에 보장해 준 풋옵션 가격에는 시세 대비 140%의 프리미엄이 반영된 셈이다.

아마 박 회장은 대우건설 주가가 2009년까지 풋옵션 행사가격(3만 4000원)을 크게 초과할 것으로 예상하였을 것이다. 그러나 2009년 들어서도 대우건설 주가는 1만 원 정도에 불과하였다. 이대로 가면 FI가 풋옵션을 행사할 경우 부담해야 할 현금이 4조 원에 육박했다. 풋옵션 가격과 주가 간 차액만 지급한다고 하여도 2조 5000억 원의 현금이 필요한 상황이었다.

대우건설을 사들인 이후 금호그룹은 대한통운도 인수하였다. 이 같은 대형 M&A를 잇달아 진행하면서 그룹은 유동성 위기를 맞게 되었다.

금호그룹의 지주회사나 다름없는 금호산업은 2010년 워크아웃에 들어갔다. 아시아나항공은 산업은행 등 채권단과 자율 협약을 체결하면서 채권단의 관리를 받았다. 금호산업은 대주주 100대 1, 소액주주 및 채권단(대출금 출자전환 지분 보유) 4.5대 1의 차등감자를 실시하였다. 이로써 박삼구 회장은 사실상 경영권을 상실하였다. 금호그룹에는 이후 수년간에 걸쳐 5조 원의 공적자금이 투입되었다.

금호그룹 지배권을 되찾기 위한 박 회장의 밑그림

2014년 11월 산업은행은 박 회장에게 금호산업에 대한 우선매수청구권을 부여한다. 향후 채권단이 금호산업을 매각할 때 박 회장이 우선매수권리를 행사할 수 있게 한 것이었다. 모든 사달은 바로 여기에서부터 비롯되었다.

채권단은 2015년 2월부터 금호산업 매각 절차에 들어갔다. 박 회장은 우선매수권을 행사하였다. 채권단이 보유한 금호산업 주식 46.5%를 6700억 원에 인수하기 위한 자금 조달 계획을 제출하여 채권단의 승인을 받았다. 당시 박 회장은 보유한 계열사 지분을 처분하여도 동원할 수 있는 자금이 2000억 원에 못 미쳤다. 산업은행은 박 회장에게 금호 계열사 자금을 이용해서는 안 된다고 여러 차례 메시지를 보냈다. 그는 외부 인수금융 등을 활용하겠다고 약속하였다. 과연 이 약속은 지켜졌을까?

박 회장은 금호그룹 지배권을 되찾기 위한 플랜을 가동한다. 우선 5000만 원을 출자하여 자신이 100% 지배하는 금호기업을 설립했다. 실제 사업은 없는 SPC(페이퍼컴퍼니)였다.

플랜의 밑그림은 이랬다. '우선매수권자 지위를 금호기업(박 회장이 100% 지배)에 양도하고 인수금융을 활용하여 금호산업을 인수한다. 보유 현금이 많고 금호고속에 대한 콜옵션(미리 정한 가격에 살 권리)을 보유한 금호터미널(아시아나항공의 자회사)을 금호기업이 인수한 다음, 금호터미널이 보유한 현금으로 인수금융 차입금 등을 상환한다. 콜옵션을 행사하여 현금흐름이 좋은 금호고속을 되찾아온다.'

금호기업은 NH투자증권(이하 NH)으로부터 3300억 원의 인수금융을 받으려 하였다. 그러나 2015년 12월 거절 통지를 받았다. 그런데 이게 끝이 아니었다. NH와 박 회장 측은 희한한 플랜을 가동한다.

〈그림. ABCP를 이용한 금호기업의 인수자금 마련 계획〉(148쪽)을 보자. NH는 금호기업에 3300억 원을 대출해주기로 했다. 대출 거절 통보를 하였는데 어떻게 대출을 해준다는 것일까? NH가 금호기업에 약정한 대출채권을 전 금호그룹 임원(투자자문 업체 대표)이 만든 자산유동화회사가 인수한다(①). 물론 이 전직 임원은 박 회장 측이 동원한 사람이다.

이 회사가 유동화할 자산은 금호기업에 대한 NH의 대출채권(아직 집행되지는 않았고 대출을 약정한 채권)이다. 유동화회사는 이 대출채권을 기초자산으로 한 ABCP(Asset Backed Commercial Paper, 자산담보부기업어음) 3300억 원어치 발행을 추진한다. 그리고 이 ABCP를 매수할 투자자를 모집한 것이다(②). 누가 이 ABCP에 투자하였을까?

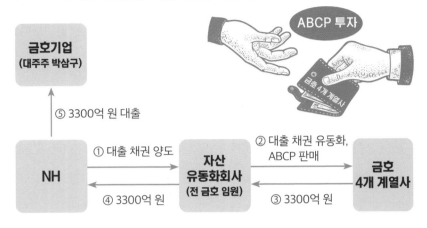

▶▶▶ **ABCP를 이용한 금호기업의 인수자금 마련 계획**

놀랍게도 모두 금호 계열사들이었다. 금호터미널 2600억 원 등 네 군데 계열사가 3300억 원 어치의 ABCP를 인수했다(③). 자산유동화회사는 이 돈을 NH에 넘겼다(④). 그리고 NH는 금호기업에 대출을 하였다(⑤). NH는 결국 금호 계열사로부터 받은 자금을 금호기업에 대출해준 것이다. 나중에 금호기업이 NH에 원리금을 상환하면 이것이 자산유동화회사로 흘러가고, 금호 계열사에 원리금이 지급되는 구조인 셈이다.

ABCP 투자 명목으로 계열사 자금 동원

박 회장은 금호 계열사 자금 동원 금지 약속을 지켰는가, 지키지 않았는가? 검찰은 박 회장 등에게 3300억 원 횡령 혐의를 적용하였고, 1심 재판부는 이를 인정하였다.

박 회장 측은 "NH로부터 돈을 빌릴 때 인수하게 될 금호산업 주식을 담보로 내놓음으로써 사실상 경영권을 담보로 제공하였다"면서 "이는 ABCP에 대한 담보나 마찬가지였다"고 주장했다. 아울러 "NH에 원리금을 다 갚음으로써 결과적으로 ABCP에 투자한 금호 계열사들도 원리금을 다 지급받았다"고 밝혔다.

재판부는 이에 대해 박 회장이 그룹 지배권 확보를 위해 계열사 자금을 'ABCP 투자'라는 명목으로 가져왔고, 계열사들은 박 회장의 지시를 받은 그룹 전략경영실 요청에 따라 ABCP 투자금의 실질 투자처나 수익성, 담보나 원금 회수 방안 등에 대한 별도 검토없이 자금을 제공할 수밖에 없었다고 판단했다.

금호산업 인수자금 3300억 원을 마련할 수 없어 금호그룹 지배권을 영원히 상실할 위기에 처하자 지배권 회복이라는 사적 이익을 위하여 이런 구조를 실행했다는 것이다. 추후 상환 여부와 상관없이 이런 행위 자체가 횡령이 될 수 있다.

판결문에 따르면 ABCP에 투자한 계열사 관계자들은 검찰 조사 과정에서 이런 진술을 했다.

"전략경영실 측으로부터 '돈을 보내면 NH의 투자상품을 구매하게 된다'는 정도의 이야기만 들었다."

"금호산업 인수자금으로 사용될 것이라는 사실은 전혀 알지 못했다."

"구체적인 내용은 나중에 알려줄 테니 일단 돈을 보내라고 전략경영실이 지시하여 그대로 따랐다."

박삼구 회장은 채권단으로부터
금호산업 주식 46.5%를 인수하기 위해
6700억 원이 필요했지만,
박 회장의 자금 동원 능력은 2000억 원에 못 미쳤다.
박 회장은 자산유동화회사를 통해
ABCP 3300억 원어치를 발행한 다음,
ABCP를 금호 계열사 네 곳이 인수하도록 했다.
결국 금호 계열사를 쥐어짜 마련한 자금은
박 회장이 100% 지배하는
페이퍼컴퍼니인 금호기업으로 들어갔다.

"그룹에서 투자 제안서와 계약서까지 전부 다 확정한 상태여서 계열사가 별도 협의를 할 수 있는 상황이 아니었다."

"형식적으로 A4 용지에 기재된 기업어음을 받기는 하였지만, 이 어음이 실제 투자금을 담보할 수 있는 진정한 어음이라고 생각하지는 않았다."

금호터미널을 인수해
자기 채권을 자기 돈으로 상환하는 구조 설계

금호기업은 2016년에 아시아나항공의 자회사인 금호터미널을 인수하고 합병하였다. 금호터미널은 자산유동화회사(실질적으로는 NH)로부터 ABCP 투자금을 상환받아야 했다. 상환 의무는 원천적으로 금호기업에 있었다. 금호터미널과 한 회사가 된 금호기업은 금호터미널의 현금을 이용하여 채무를 갚았다. 금호터미널 입장에서는 결국 자기 채권을 자기 돈으로 상환받은 셈이 되었다. 재판부는 금호기업이 경제적으로 실질적 변제를 하였다고는 볼 수 없다고 판단하였다.

금호기업이 금호터미널을 약 2700억 원에 인수한 것에 대해 검찰은 저가 매각에 따른 배임 행위로 봤다. 금호터미널의 모회사였던 아시아나항공은 2015년 말 기준으로 자본잠식 기업이었다. 부채비율은 거의 1000%에 육박(991%)하였다. 유동비율(유동자산/유동부채)은 32%에 불과

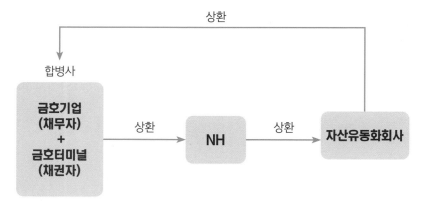

▶▶▶ 금호기업의 ABCP 투자금 상환 구조

상환

합병사

금호기업
(채무자)
+
금호터미널
(채권자)   →상환→   NH   →상환→   자산유동화회사

했다. 1년 내 현금화가 가능한 자산이 1년 내 결제해야 할 부채의 32%밖에 안 됐다는 이야기다. 대개 150%는 되어야 정상 수준으로 본다.

아시아나항공은 2013~2015년까지 계속 적자(별도재무제표 기준)를 내면서 3년간 누적순손실이 3900억 원에 이르렀다. 자본 내에도 이익잉여금은커녕 누적결손금이 4164억 원 쌓여있을 정도로 실적과 재무 상황이 좋지 않은 상태였다.

2016년 초 아시아나항공은 산업은행에 재무 구조 개선 방안을 제출하였다. 여기에는 금호터미널 매각 방안도 포함되었다. 이에 앞서 2015년 7월 산업은행의 의뢰로 금호터미널의 가치 평가를 한 회계법인은 DCF 평가로 5928억 원을 산출하였다. 또 다른 회계법인은 DCF로 5989억 원, 상대가치법(금호터미널과 유사한 상장기업과 비교 평가)으로 5004억 원을 산출하였다.

한참 뒤의 일이기는 하지만 2020년 서울 국세청이 아시아나항공에 대한 세무조사를 하였을 때, 「상속세 및 증여세법(상증세법)」상 평가 방법에 따르면 금호터미널의 2016년 4월 가치는 5816억 원(순손익가치와 순자산가치의 가중평균)에 이른다"고 밝히기도 했다.

금호터미널을 헐값에 인수했으니 배임!

박 회장 측의 주장은 이랬다.

"2016년 당시 아시아나항공의 재무 구조를 개선하기 위해 금호터미널을 신속하게 매각할 필요가 있었다. 2011년 아시아나항공이 금호터미널 지분 100%를 취득(2555억 원)할 때 A회계법인은 금호터미널의 가치를 DCF로 2054억~2590억 원, 유사 상장기업 비교법으로 2440억 원, 조정 순자산법으로 2163억 원으로 평가하였다. B회계법인도 2152억~2519억 원으로 평가하였다. 그때 이후 2016년까지 금호터미널의 영업이익은 감소한 반면 보유 부동산의 공시지가는 거의 변동이 없었기 때문에 금호터미널을 2700억 원에 거래한 것은 합리적 범위 내에 있다."

그러나 재판부는 이를 인정하지 않았다. 박 회장 측이 사전에 금호터미널 거래가격을 적정가치보다 저평가된 가격으로 결정해 놓고, 외부 평가기관(회계법인)에 평가 요소 또는 가이드라인을 전달하여 원하는 평가가 나오도록 유도하였다는 것이다.

우선 박 회장 측은 금호기업이 금호터미널을 인수한 뒤 합병함으로

써 금호터미널이 보유한 임대차보증금 5000억 원 등을 금호기업의 부채 상환자금으로 활용할 계획을 세웠다고 지적하였다. 금호터미널은 2013년 광주 신세계백화점 부지를 20년간 장기임대하기로 신세계 측과 계약하고 임대보증금으로 5300억 원을 수령하였다. 일종의 20년짜리 토지 전세임대계약을 맺은 셈이다.

박 회장 측의 의뢰를 받은 회계법인이 2015년 중에 평가한 금호터미널 가치는 평가 방법에 따라 2500억 원대~5100억 원대로 다양하게 산출되었다. 앞에서 언급한 대로 산업은행이 회계법인으로부터 받은 평가액(5004억~5989억 원)이 있었지만, 박 회장 측은 이를 알고도 반영하지 않았다.

박 회장 측이 의뢰한 회계법인은 금호터미널이 신세계로부터 받은 20년 임대보증금(토지 전세보증금)과 관련하여, 20년 뒤 새 임차인이 다시 들어오지 않으리라고 가정하였다. 즉 20년 뒤에 돌려줄 보증금의 현재가치를 기업가치에서 차감(부채 처리)함으로써 금호터미널 지분의 DCF 평가액을 그만큼 낮췄다. 그러나 다른 회계법인들은 새 임차인이 그 금액 또는 그 이상의 금액으로 들어올 것을 전제하고 평가하였다.

회계 업계에서는 이에 대해 전세보증금 반환을 가정하여 부채로 잡더라도 2033년(광주 신세계백화점 부지 임대계약 종료 시점)부터는 전세가 아닌 임대계약을 맺음으로써 정기적으로 임대료가 들어온다는 사실을 반영해야 한다고 지적했다. 임대료의 영구현금흐름을 추정하여 현재가치로 평가한 금액을 금호터미널 주식 평가에 반영해야 한다는 이야기다.

1심 재판부는 금호터미널 가치는 「상증세법」상의 보충적 평가 방법

(순손익가치와 순자산가치의 3대 2 가중평균)을 적용하는 것이 합당하다고 판시했다. 이에 따르면 금호터미널은 약 5810억 원의 가치가 산출된다고 밝혔다.

재판부가 제시한 논리는 다음과 같다.

〈재판부의 논리〉

금호터미널은 자산 중 부동산 비중이 높다. 영업을 통하여 얻는 이익보다 자산의 가치가 현저하게 큰 회사이며 영업이익의 변동이 큰 회사가 아니다. 미래 수익가치보다 현재 자산가치에 대한 평가가 금호터미널의 실제가치를 더 정확하게 반영할 것으로 보인다. 금호터미널 매각은 특수관계자(금호기업과 아시아나항공) 간의 거래이므로 객관적이고 공정한 기준에 따라 매매가격을 정할 필요가 있다. 특히 세무적인 문제를 고려하면 세법에서 정한 가치 평가 결과를 참고할 필요가 있다.

재판부는 금호터미널에 「상증세법」상 보충적 평가 방법을 적용하여 산출한 기업가치 약 5810억 원은 과대 평가된 수치가 아니라고 판단하였다. 금호터미널은 부동산 자산을 많이 보유하고 있기는 하지만, 이러한 자산에 가중치가 낮게 적용되었기 때문이다. 또한 광주 신세계백화점 부지는 만기 시 재임대될 가능성이 높은데도 불구하고 임대차보증금이 「상증세법」상 평가에서 무이자부 부채(이자를 내지 않아도 되는 부채)로 반영되어 순자산가치가 감액되었다.

2009년 금호터미널은 금호산업의 자회사였다. 당시 금호산업은 금호터미널을 대한통운에 2190억 원에 매각하였다. 이는 금호산업 워크아웃 과정에서 회계법인의 평가 없이 내부 약식평가(「상증세법」)로 산출한 가격이었다. 2011년 대한통운이 다시 금호터미널을 아시아나항공에 매각할 때는 회계법인의 가치 평가에 근거하여 2555억 원에 거래되었다.

1심 재판부는 "당시 가치 평가 결과가 2016년까지 계속 유지되었다고 단정할 근거가 없다"며 "아시아나항공 이사진은 2016년 이사회 하루 전에서야 금호터미널 매각대금 결정 사실을 통보받는 등 공정한 가치 평가가 이루어졌는지 여부를 판단할 여유가 없었던 것으로 보인다"고 밝혔다.

아시아나항공 기내식마저 인수자금 마련에 이용

박 회장에 대한 이 밖의 혐의로는 아시아나항공 기내식 사업권 저가 매각 건도 있다. 박 회장 측은 아시아나항공의 기내식 합작 파트너사에 계약 연장을 조건으로 금호기업에 대한 자금 지원을 요구하였다. 파트너사는 "아시아나항공에 대한 지원은 할 수 있지만 아무 관련이 없는 금호기업에 대한 지원은 배임 등의 이슈가 있기 때문에 불가능하다"고 거부하였다. 그러자 박 회장 측은 금호기업 지원 요청을 받아들인 게이

▲ 2018년 3월 아시아나항공에 기내식을 납품하는 게이트고메코리아 공장에 불이 나며 아시아나항공에 기내식이 대거 공급되지 않는 '기내식 대란' 사태가 발생했다. 아시아나항공 직원들은 집회를 열고 경영진 교체와 기내식 정상화를 촉구했다.

트그룹을 새로운 파트너로 선정하였다. 검찰은 기내식 사업 권리를 실제 가치보다 저가에 게이트그룹 측에 양도하여 아시아나항공은 손실을 본 반면 금호기업은 이득을 본 것으로 봤다. 재판부 역시 배임을 인정하였다.

한편 박 회장 측은 2023년 7월 현재 항소심에서도 무죄를 강력하게 주장하고 있다. 변호인은 3300억 원 횡령 혐의에 대해 "자금 사용 목적만을 이유로 횡령죄 성립 여부를 판단하면 안 된다"며 "적정 이자를 책정하고 담보를 제공하는 등 유효한 약정을 체결하고 실제로 해당 금액을 모두 변제하였기 때문에 배임이 될 수 있을지라도 횡령은 아니다"라고 주장하였다. 불법영득의사 자체가 없었다는 이야기다.

금호터미널 저가 매각과 관련해서도 "2011~2012년 산업은행의 관여하에 여러 외부 평가를 거쳐 금호터미널의 가치가 2500억 원 수준으로 평가되었고, 실제 거래가 있었던 2016년 4월에는 2700억 원 정도가 적정가격이었다"고 주장하였다.

재벌가는 왜 상속 소송이
빈번한가?

2023년 5월 17일 헌법재판소에서는 「민법」상의 '유류분(遺留分) 제도'
에 대한 위헌 여부를 가리기 위한 공개 변론이 열렸다. 유류분이란 고
인(사망자)의 유언 내용과 상관없이 상속권자(배우자, 자녀 등)가 법적으
로 보장받은 상속 재산분을 말한다.

　예를 들어 A씨가 사망하면서 아내에게 재산을 모두 상속한다는 유언
을 남겼다고 하자. 그럼 A씨의 자녀들은 한 푼도 받을 수 없는 걸까? 그
렇지 않다. 유류분 제도에 따라 일정한 재산을 상속받을 수 있다.

　다음과 같은 경우를 보자. B씨는 3억 5000만 원의 재산을 남기고 유
언없이 사망하였다. 유가족으로는 배우자, 아들, 딸이 있다. 유가족들은
협의하여 상속 재산을 나눌 수 있다. 별도의 합의가 없다면 법정 상속
비율대로 나누면 된다. 배우자가 1.5, 자녀들은 1명 당 1의 비율로 재산

을 가진다. B씨 유가족의 경우 1.5대 1대 1로 나누면 각각 1억 5000만 원, 1억 원, 1억 원씩 법에 따라 분배된다.

만약 B씨가 배우자에게 모든 재산을 상속한다는 유언을 남겼어도 아들과 딸은 「민법」상 유류분 제도에 따라 법정 상속분의 1/2에 해당하는 재산을 분배받을 수 있다. 아들과 딸의 법정 상속액은 각각 1억 원이므로, B씨의 유언 내용과 상관없이 각각 5000만 원의 유류분을 받을 권리가 있다. 배우자는 이 금액을 뺀 2억 5000만 원을 상속받게 된다.

재산을 물려주려는 사람의 의사에 상관없이 상속 비율을 강제

만약 B씨의 배우자가 자녀에게 유류분을 주지 않으면 자녀들은 유류분 반환 청구 소송을 제기할 수 있다. 참고로 고인이 배우자나 자녀가 없을 경우 부모나 형제가 법정 상속분의 1/3만큼 유류분 권리를 갖는다.

유류분을 둘러싼 소송은 재벌가 상속 분쟁에서 드물지 않게 볼 수 있다. 최근 이슈인 LG그룹과 BYC의 상속 관련 소송에도 유류분이 등장한다. 이들 재벌가 소송은 뒤에서 자세히 이야기하기로 하고, 유류분 제도가 왜 도입이 되었고 지금은 무슨 이유로 폐지 주장이 제기되고 있는지부터 알아보자.

1977년 「민법」에 유류분 조항이 생기기 전에는 고인의 유언대로 상

▶▶▶ 유류분 상속 예

유류분 제도는 재산을 물려주려는 사람의 의사에 상관없이 배우자·자녀 등의 재산 상속 비율을 강제하는 것이다. 장남 몰아주기식 성차별적이고 불합리한 상속 관행을 법으로 제어하고 유가족의 생존권을 보장하기 위한 목적으로 1977년 「민법」을 개정하며 신설했다.

구분	법정 상속액	유류분 확정 후 실제 상속액
배우자	1억 5000만 원	2억 5000만 원
아들	1억 원	5000만 원
딸	1억 원	5000만 원

"전 재산 3억 5,000만 원을 아내에게 상속한다."

속이 진행되었다. 유류분 조항이 신설된 이유는 가부장적 문화와 남아 선호 사상 때문이다. 대부분의 상속이 장남에게 몰아주기식으로 이뤄지다 보니 법으로라도 성차별적이고 불합리한 상속 관행을 제어할 필요가 있었다. 유가족의 생존권 보장도 큰 이유였다. 어린 자녀들이나 경제적 능력이 없는 배우자가 유가족이 되는 경우 이들에게 일정한 상속 재산을 법으로 보장해 줄 필요가 있었다.

또한 과거에는 한 가정의 재산 형성에 온 가족이 기여하는 경우가 많았다. 예를 들면 농업이나 가내수공업 중심의 사회에서는 가족 구성원 모두가 노동력이었다. 그러다 보니 가족 모두에게 일정한 상속재산권을 인정해 줄 필요가 있었다.

'불효자 조장법' 또는 '반인륜 조장법'

최근 들어 법조계에서는 유류분 제도가 이제 더 이상 사회 실정에 맞지 않아 폐지해야 한다는 주장이 제기되고 있다. 2023년 5월 헌법재판소 공개 변론을 통하여 다뤄졌던 사건은 이렇다.

장학 재단을 설립한 C씨가 2019년 사망하면서 재산을 재단에 유증 (유언으로 재산을 줌)하였다. 그러자 자녀들이 유류분을 반환하여 달라고 재단에 소송을 걸었다. 재단 측은 유류분 제도가 위헌이라며 헌법소원을 청구하였고, 재단 측 법률 대리인과 법부무는 헌법재판소에서 변론

유류분 폐지를 주장하는 사람들은 무엇보다
도입 당시에 비해 지금의 사회상이
크게 변하였다고 주장한다.
상속할 때 남아 선호나 장남 몰아주기 등의 관행이
많이 사라졌다는 것이다.
또한 가족 공동의 노력으로 재산을 형성하던 시절은 지나갔으며,
오히려 빚을 내 자식들을 키워 분가시키면
그 빚을 부모가 갚아야 하는 게 현실이라고 지적한다.

다툼을 벌였다.

유류분 폐지를 주장하는 사람들은 무엇보다 도입 당시에 비해 지금의 사회상이 크게 변하였다고 주장한다. 상속할 때 남아 선호나 장남 몰아주기 등의 관행이 많이 사라졌다는 것이다. 요즘은 자식들과의 교류 정도에 따라 유언 내용이 달라지지, 아들이냐 딸이냐에 따라 달라지진 않는다고 말한다.

또한 전근대적 농경사회처럼 가족 공동의 노력으로 재산을 형성하던 시절은 지나갔다고 지적한다. 과거처럼 부모가 자식들로부터 노동력을 제공받지도 않을 뿐 아니라 오히려 빚을 내 자식들을 키워 분가시키면 그 빚을 부모가 갚아야 하는 게 현실이라는 이야기다. 고인에게 배우자나 자녀가 없으면 장학 재단이나 공익 단체 등에 대한 유증이 가능해야 하는데, 재산 형성에 기여하지도 않은 부모나 형제자매에게까지 유류분을 인정하는 것은 개인의 자유로운 재산 처분권을 지나치게 제한하는 규정이라고 폐지론자들은 강조한다.

유류분 규정은 '불효자 조장법' 또는 '반인륜 조장법'으로 지적받기도 한다. 연을 끊고 살다시피 하던 자녀들이 부모 사후에 갑자기 나타나 자기 몫을 요구해도 재산을 나눠줘야 하는 건 불합리하다는 이야기다. 식물인간이 된 남편과 어린 자녀를 두고 가출하였다가 20여 년이 지나 남편이 죽자 나타난 배우자나, 젊은 연예인 사후에 갑자기 등장한 어머니가 유류분을 주장한 사례를 폐지론자들은 거론한다.

유류분에 대한 위헌 심판은 과거 이미 세 차례나 진행되었고, 헌법재판소는 모두 합헌 판단을 내렸다. 그러나 이번에는 분위기가 좀 다르다는 게 법조계의 평가다. 마지막 판단이 나온 시점이 10년 전이라 그간 사회가 또 많이 변하였고, 유류분과 관련하여 헌법재판소가 처음으로 공개 변론을 진행하는 등 적극적인 모습이어서 과거와는 다른 판단이 나올 가능성이 꽤 있다는 이야기다.

어머니가 두 아들에게
1300억 원 반환 소송을 낸 이유

이제 재벌가 소송으로 돌아가 보자. 2022년 1월 BYC 한영대 창업주 별세 이후 가족들 간 상속 재산 분배가 합의 하에 마무리된 것으로 알려졌다. 그런데 창업주의 배우자이자 한석범 현 BYC 회장의 어머니인 김 모 씨가 그해 12월 유류분 반환 청구 소송을 제기하였다. 김 씨는 한지형 BYC 이사 등 딸 둘과 함께 아들인 한 회장 및 한기성 한흥물산 대표를 상대로 "상속 재산 분배 시 유류분을 제대로 받지 못했다"며 1300억 원을 돌려달라는 소송을 낸 것이다.

이런 사례를 한번 생각해보자. 고인이 생존 시 특정 자녀에게 많은 재산을 증여하였다. 사망 시 남긴 재산은 증여 재산분만큼 크게 줄었을 것이다. 배우자나 자녀는 잔여 상속 재산을 분배받았다. 그런데 상속받은 재산의 크기가 고인이 살아있을 때 대규모 증여를 하지 않았더라면 받을 수 있었을 유류분보다 적다면, 그 차액을 돌려달라는 소송을 제기할 수 있다. 증여를 많이 받아 혜택을 입은 자녀를 상대로 유류분 반환 소송을 낼 수 있는 것이다.

BYC가 이런 사례와 유사하다고 할 수 있다. 고 한영대 창업주는 생존 당시 자녀에게 계열사 지분이나 부동산 등을 계속하여 넘겨왔다(증여). 배우자 김 씨 측은 증여는 물론 창업주 별세 이후 상속 재산 협의 과정에서도 사실상 제외되었다면서 유류분 침해 주장을 펴고 있는 것으로 알려졌다. 이에 대해 한석범 회장 측은 당시 김 씨가 상속포기각서를 냈다며 반박하고 있고, 김 씨 측은 속아서 제출한 것이라며 맞서고 있는 형국이다.

다음과 같은 사례를 한번 보자. 십여 년 전 배우자를 먼저 보낸 D씨에게는 아들과 딸이 있다. 그는 살아 있을 때 딸에게 1억 원을 증여하였다. D씨는 사망하며 예금 1억 2000만 원과 빚 6000만 원을 남겼다. 딸은 아들에게 "순재산 6000만 원(예금 1억 2000만 원 - 빚 6000만 원)을

▶▶▶ **BYC 회장 일가의 유류분 반환 청구 소송 요약**

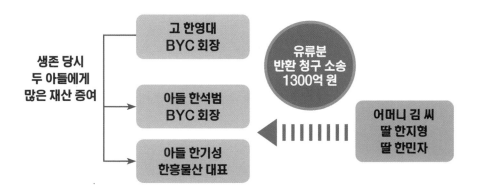

법정 상속 비율대로 3000만 원씩 나누자"고 말하였다. 아들이 이에 동의하고 상속재산분할협의서에 도장을 찍는다면 재산 분배는 이것으로 끝난다.

그러나 아들이 합의하지 않고 유류분 주장을 할 수 있다. D씨가 남긴 재산과 부채에다 기존의 증여분 1억 원을 포함해보자. 그러면 '1억 2000만 원 + 1억 원 - 6000만 원'은 '1억 6000만 원'이 된다. 이 금액의 1/2인 8000만 원이 아들에 대한 법정 상속분이 되고, 이 8000만 원의 1/2은 법으로 보장받는 유류분이 된다. 딸이 나누어주겠다고 한 3000만 원은 유류분 4000만 원에 미치지 못하므로, 아들은 딸에게 1000만 원의 유류분 반환 청구 소송을 낼 수 있다.

이 가상 사례는 매우 간단하다. 그러나 BYC 같은 기업의 경우 만약 김 씨 모녀에게 유류분이 인정된다면, 그 금액을 산정하기 위해서는 창업주가 자녀들에게 증여한 재산 중 유류분 산정에 포함시켜야 할 금액을 산출하는 복잡한 과정을 거쳐야 한다. 김 씨가 제출하였다는 상속포기각서의 효력 여부도 큰 쟁점이 될 것이다.

상속 5년 뒤 '무효'를 주장하는 LG가 세 모녀

고인의 유언이 없다면 상속은 유가족 간 협의가 최우선이다. 가족 중 누군가에게 재산을 몰아주더라도 서로 동의하고 합의서에 도장을 찍으면 유효하다. 그런데 누군가가 나중에 사기나 강박에 따른 합의였다면서 무효를 주장할 수 있다. 이런 경우 상속권이 침해되었으므로 상속 재산 분배를 원점으로 돌려달라는 소송을 낼 수 있는데, 사기나 강박이 있었다는 입증을 소송 제기자가 해야 한다.

LG가(家) 상속 소송이 이런 경우에 해당한다. 2018년 구본무 LG그룹 회장 별세 이후 배우자 김영식 여사와 아들 구광모 현 LG그룹 회장, 그리고 딸 등 유가족들이 상속 재산 분할에 합의하였다. 지주회사 (주)LG 주식 11.28%와 금융투자상품, 부동산, 미술품 등 모두 2조 원가량의 재산이 분배 대상이었다.

LG그룹 측의 설명에 따르면, LG가의 원칙과 전통에 따라 경영권 관련 재산인 (주)LG 지분은 모두 회장직을 승계할 아들 구광모(당시 LG전자 상무)에게 상속되어야 하나, 다른 유가족들의 요청을 받아들여 딸 구연경 LG복지재단 대표 및 구연수 씨에게 각각 2.01%(당시 시가 3300억 원)와 0.51%(830억 원)가 분배되었다. 결과적으로 구광모 회장은 (주)LG 주식 8.76%(당시 1조 5000억 원)를, 김 여사 등 세 모녀는 (주)LG 주식 일부와 금융상품 등 5000억 원가량의 재산을 상속받았다.

그런데 5년쯤 지난 2023년 2월 김 여사 측 세 모녀가 상속권 회복 청구 소송을 제기하였다. 2018년 당시 구광모 회장 측에서 "고인의 유언장이 있으니 유언대로 따르라"고 하여 합의서에 도장을 찍었는데, 2022년 5월쯤에 유언장이 없었다는 사실을 알게 되었다는 주장이었다.

BYC 소송이 유류분을 돌려달라는 것이라면, LG 소송은 상속 재산 분배가 원천무효이니 상속 시점으로 돌아가 법정 비율대로 나누자는 것이다. 김 여사 측은 유언장이 존재한다는 말에 속았기 때문에 사기에 따른 무효가 성립한다고 주장했다.

김 여사 측은 상속권 회복 청구 소송을 주소송으로 하고, 예비적 청구로 유류분 반환을 제기하였다. 재판부가 상속 합의 무효를 받아들이기 어려우면 그 대신 유류분 반환을 인정해달라는 것이다. 유류분에 대한 예비적 청구는 그 후 취하한 상태다.

한편 LG그룹 측은 고인이 사망했을 당시 이미 유언장이 없다고 밝혔으며 유가족 간 충분한 협의를 거쳐 2018년 1월 적법하게 상속이 완료되었다고 맞서고 있다. 또 상속권 침해 소송 제척기간(어떤 종류의 권리에 대하여 법률로 정한 존속기간)은 3년이므로, 2023년 2월에 제기한 소송

▶▶▶ **LG가의 상속권 회복 청구 소송 개요**

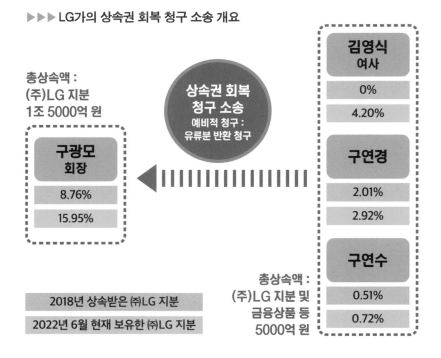

은 이미 제척기간이 경과했다고 강조했다.

　김 여사 측은 유언장이 존재하지 않는다는 사실을 알게 된 시점, 즉 사기와 기망을 인식하게 된 시점이 2022년 5월이므로 제척기간이 경과하지 않았다며 이를 입증할 녹취록 등을 재판부에 제출하겠다고 밝혔다.

　법조계의 전반적 분위기는 구광모 회장 측이 유리하다는 견해다. 유언장과 관련한 기망을 입증하기가 어려울 것으로 보고 있다. 만약 김 여사 측이 승소하고 상속 재산을 법정 비율에 따라 재분배한다면 (주)LG에 대한 구광모 회장 지분은 15.95%에서 9.7%로 낮아진다. 김 여사 측 지분은 6.72%에서 14%로 높아질 것으로 추정된다.

　2023년 6월 초 현재 재판부는 양측의 법률 대리인이 제출한 주장의 서면 자료 등을 통해 제척기간 도과 여부부터 심리 중이다. 재판부의 판단 결과에 따라 재판이 계속 진행될지 중단될지 결정될 것으로 보인다.

CHAPTER 3

위기를 기회로,
기회를 위기로 전환한
사건들

'조각투자'의 대명사 뮤직카우는
왜 문을 닫을 뻔했나?

'조각투자'라는 말이 요즘은 낯설지 않게 들린다. 단돈 5000원이면 강남 건물주가 될 수 있고, 유명 미술품 소유주가 될 수 있다는 광고를 보게 된 것도 몇 년은 되었다.

투자회사가 특정 건물에 투자할 사람들을 공개적으로 모아 건물을 매입한 뒤 이 건물에서 발생하는 임대소득을 정기적으로 배당하는 게 부동산 조각투자 방식이다. 건물을 팔아 매각차익이 나면 이 차익도 투자자들에게 분배된다.

재미있는 것은 건물에서 발생하는 현금흐름에 대한 분배권의 가치가 오르면, 그 권리를 사고팔 수도 있다는 점이다. 투자회사는 권리를 거래할 수 있는 플랫폼을 운영한다. 예를 들어 어떤 투자자가 부동산 조각투자에 참여하여 1개 5000원인 권리 1000개를 500만 원에 샀다고 하자. 부동산 경기 활황으로 임대료가 오르면 배당(임대수익 배분)이 증가할 것이다. 또한 상당한 매각차익도 기대할 수 있다. 이에 따라 플랫폼에서 이 권리의 가격이 상승하여 개당 1만 원에 거래된다면 투자자는 자기 권리를 매도하여 500만 원의 투자차익을 실현할 수 있다. 주식거래와 거의 비슷한 셈이다. 물론 부동산 불황기에는 손실을 볼 수도 있다.

고가의 미술품 역시 이런 방식으로 조각투자가 이뤄지고 있다. 심지어 한우(韓牛)에 대한 조각투자까지 등장하였다. 한우투자회사가 투자자들의 돈을 모아 농가로부터 송아지를 산 뒤 농가에 사육을 위탁한다. 성장한 소를 경매시장에서 팔아 차익이 나면 이를 농가와 투자자에게 일정한 비율로 정산해주는 식이다. 미술품이나 한우는 부동산과 달리 중간에 발생하는 현금흐름이 없기 때문에 자산을 처분해야 투자자들에게 차익을 분배할 수 있다.

BTS 노래가 내 월급이 된다?
음악 저작권 거래 플랫폼, 뮤직카우

2022년 초 조각투자가 자본시장에서 크게 쟁점이 된 적이 있다. 음악 저작권 투자회사 뮤직카우 때문이다. 뮤직카우는 젊은 층을 중심으로 100만 회원을 확보하면서, '음악 저작권'을 새로운 대중 재테크 대상으

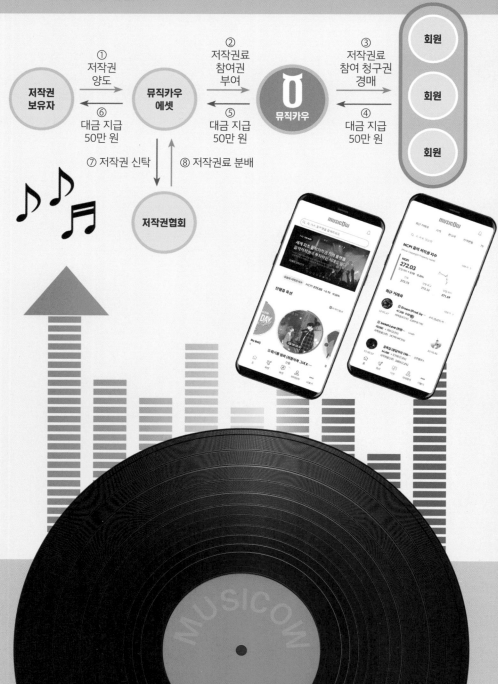

로 키우고 있었다. 그런데 2022년 초에 뮤직카우가 투자자에게 판매한 저작권 조각의 성격이 「자본시장법」에서 규정한 '증권'에 해당하는데도 불구하고 법에서 정한 발행 절차와 투자자 보호 장치를 어기고 있다는 주장이 제기되었다. 금융당국이 조사에 착수하면서 뮤직카우가 문을 닫는 것 아니냐는 말까지 나왔다. 이 회사의 사업 모델이 어떻길래 「자본시장법」 위반 논란에 휩싸이게 되었을까? 왼쪽의 〈그림. 뮤직카우 사업 모델〉을 한번 보자.

저작권 보유자는 크게 두 가지로 나뉘는데, '저작재산권자'와 '저작인접권자'다. 간단하게 말하자면 작곡가, 작사가 등 창작자가 갖는 게 저작재산권이다. 완성된 저작물을 가공하고 전달하여 소비자들이 누릴 수 있게끔 해주는 가수나 연주자, 프로듀서, 음반제작자가 갖는 권리가 저작인접권이다.

이러한 저작권 보유자로부터 저작권을 매입하는 주체는 '뮤직카우에셋'(이하 에셋)이라는 회사다(①). 예를 들어 가수 Z로부터 저작인접권을 산다고 해보자. 에셋은 가수 Z가 앞으로 받을 것으로 예상되는 저작권료를 추정 평가하여 가격을 제시한다. 서로 합의가 되면 거래가 이뤄질 것이다. 합의된 가격을 일단 50만 원이라고 가정해보자.

에셋은 가수 Z와 저작권 양도 계약을 체결하고 나면, 뮤직카우에게 '저작권료 참여권'을 부여한다(②). 쉽게 말해 저작권료 참여권은 에셋에 앞으로 저작권 수입이 생기면 이를 넘겨달라고 요구할 수 있는 권리다.

다음으로 뮤직카우는 개인투자자를 대상으로 '저작권료 참여 청구권'이라고 하는 권리를 경매 방식으로 판매한다(③). 개인투자자들은 이 청구권을 매입함으로써 저작권 수입을 분배받을 권리를 갖게 된다.

뮤직카우는 개인투자자들로부터 저작권 대금을 조달(④)하였으니 50만 원을 에셋에 준다(⑤). 에셋은 저작권 대금 50만 원을 저작권자에게 지급하면 된다(⑥). 원저작권자와의 거래는 이것으로 종료된다.

이제 에셋은 확보한 저작권을 저작권협회에 신탁한다(⑦). 「저작권법」에 따르면 저작권료 징수와 분배는 비영리기관이 수행해야 한다. 따라서 에셋은 저작권협회와 신탁 계약을 맺고, 협회가 징수하여 분배해주는 저작권료를 수령하면 된다(⑧). 협회로부터 받은 저작권 수입은 저작권료 참여권을 가진 뮤직카우로 보낸다. 그리고 다시 청구권을 가진 개인투자자들에게 분배된다.

브레이브걸스의 〈롤린〉 역주행으로 활짝 웃은 뮤직카우

뮤직카우는 저작권료 참여 청구권을 경매로 개인투자자들에게 판매한다고 하였다. 어떤 방법인지 알아보자. 앞에서 가수 Z로부터 저작인접권을 50만 원에 매입하기로 계약하였다고 했다(①). 뮤직카우는 매입한 저작인접권을 예를 들어 50개의 청구권으로 나눈다(②). 청구권 1개의 단위는 1주다. 1주의 경매 시작가격을 1만 원으로 해보자. 가수 Z의 노래에서 저작권 수입(음원유통사, 방송국, 유튜브, 노래방, 공연 등에서 발생)이 앞으로 많이 발생할 것으로 예상하는 투자자라면 경매 시작가격인 1만

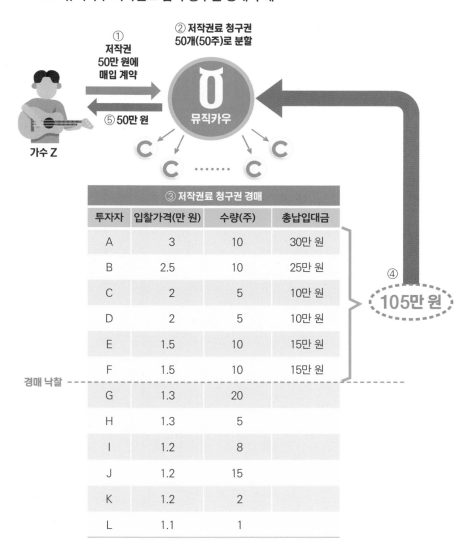

▶▶▶ 뮤직카우 저작권료 참여 청구권 경매의 예

① 저작권 50만 원에 매입 계약

② 저작권료 청구권 50개(50주)로 분할

뮤직카우

⑤ 50만 원

가수 Z

④ 105만 원

③ 저작권료 청구권 경매			
투자자	입찰가격(만 원)	수량(주)	총납입대금
A	3	10	30만 원
B	2.5	10	25만 원
C	2	5	10만 원
D	2	5	10만 원
E	1.5	10	15만 원
F	1.5	10	15만 원
G	1.3	20	
H	1.3	5	
I	1.2	8	
J	1.2	15	
K	1.2	2	
L	1.1	1	

경매 낙찰

원보다 더 높은 가격을 써낼 것이다(③ 저작권료 청구권 경매).

경매 결과는 〈그림. 뮤직카우 저작권료 참여 청구권 경매의 예〉와 같다. A~L까지 12명이 경매에 참여하였다. A는 주당 3만 원에 10주를 주

▶▶▶ 청구권 시세 추이

뮤직카우는 브레이브걸스의 <롤린> 역주행 효과를 톡톡히 봤다. 2020년 말 2만 원대 가격으로 거래를 시작한 <롤린>은 2021년 9월 저작권료 청구권 가격이 120만 원대까지 치솟았다.

▶▶▶ 뮤직카우 손익계산서 (단위 : 억 원)

구분	2022년	2021년	2020년
영업수익(매출액)	82. 3	133. 5	23. 8
영업비용	238. 5	235. 8	77. 5
급여	63. 6	25. 1	105. 5
지급수수료	60. 8	18. 9	12. 1
광고선전비	95. 0	174. 8	46. 4
영업손실	156. 2	102. 3	53. 7

문하였다(30만 원). B는 2만 5000원에 10주를 주문하였다(25만 원). 이런 식으로 높은 가격순으로 순서를 매기면 F까지 50주가 다 채워진다. A~F까지 낙찰받은 투자자들이 입금한 금액을 다 합하면 105만 원이 된다(④). 뮤직카우는 이 가운데 가수와 계약한 저작권 양도대금 50만 원을 제외한 55만 원을 갖는다. 이 가운데 일부는 원저작권자에게 창작 지원금으로 지급된다고 한다(⑤). 낙찰받은 저작권료 청구권은 뮤직카우 플랫폼에서 투자자들이 서로 거래할 수 있다.

왼쪽 그림은 걸그룹 브레이브걸스의 노래 〈롤린〉의 청구권 거래 차트다. 이 노래는 2020년 말 경매를 거쳐 2만 원대 가격으로 거래가 시작되었는데, 갑자기 역주행 대히트를 기록하며 한때 120만 원 가까이 과열급등하기도 했다. 2023년 7월 현재 청구권 거래 가격은 19만 원대로 가라앉았다. 〈롤린〉 사례를 계기로 뮤직카우가 사람들에게 널리 알려지게 되었다. 하지만 이런 차트가 다시 나타날 가능성은 매우 낮다.

2020년 중반부터 2022년 초까지 뮤직카우는 광고와 마케팅에 자금을 대거 쏟아부었다. 왼쪽 표는 2020~2022년 뮤직카우의 손익계산서다. 3개년 모두 광고선전비 지출이 매출액보다 더 컸다. 특히 2021년에는 전년 대비 4배 가까이 늘어나 174억 8000만 원을 광고비로 집행하였다. 벤처캐피털과 사모펀드 등으로부터 여러 차례 받은 투자금이 있었기에 가능했다. 이 무렵 필자는 TV와 인터넷포털에서 뮤직카우 광고를 꽤 자주 접하였는데, 서울 여의도 지하철역 플랫폼에서 IFC(국제금융센터)로 이어지는 통로의 한쪽 벽 전체가 뮤직카우 광고로 가득 채워진 것을 보기도 하였다.

음악 저작권이 왜 금융상품일까?

대대적인 마케팅에 힘입어 뮤직카우 회원이 100만 명을 향해 달려갈 무렵, 질주에 브레이크가 걸리는 사건이 발생하였다. 2022년 초 금융감독원에 뮤직카우의 사업 구조상 문제점에 관한 일종의 민원이 들어갔는데, 내용은 이랬다.

[금융감독원에 들어온 뮤직카우 사업 내용 관련 민원]

① 투자자들이 저작권에 직접 투자하는 것처럼 알려졌지만, 투자자들이 취득하는 권리는 뮤직카우에 대한 청구권에 불과하다. 뮤직카우가 도산하면 청구권도 온전하지 못할 것이다.

② 투자자 권리와 대금이 안전하고 투명하게 보관 · 관리 · 결제되는지 확인하기 어렵다.

③ 청구권 유통시장(뮤직카우 플랫폼)에 대한 시장 감시 체계가 없어

서 시세조종 등 불공정 거래 위험에 노출될 가능성이 크다.

금융당국은 무엇보다도 뮤직카우가 고안해 낸 '청구권'이라는 것이 「자본시장법」에서 규정하고 있는 '증권'에 해당하는지 여부에 주목했다. 이른바 증권성 논란에 불이 붙은 것이다. 만약 증권이라는 판정이 내려진다면 〈증권신고서〉를 금융당국에 제출하지 않고 50인 이상에게 증권 청약을 권유하고, 증권거래소를 허가 없이 개설하여 운영하는 등의 위법을 저지른 셈이 된다.

2022년 4월, 이 사안은 금융위원회 산하 증권선물위원회(이하 증선위) 심의 안건에 회부되었다. 증선위는 업계와 법률 전문가들의 의견을 수렴하여 검토한 결과를 바탕으로 뮤직카우의 청구권이 「자본시장법」상 '투자계약증권'에 해당한다는 판단을 내렸다.

투자계약증권이란 투자자들이 공동 사업에 금전을 투자하고, 주로

▼ 뮤직카우는 2020~2022년 3개년 모두 광고선전비 지출이 매출액보다 더 컸다. 공격적인 마케팅을 통해 회원 수를 빠른 속도로 늘렸지만, 청구권이 증권에 해당하는지를 가리기 위해 증권선물위원회가 심의 안건에 회부하였다.

타인이 수행한 사업의 결과에 따라 발생하는 손익을 얻는 계약을 말한다. 뮤직카우의 청구권은 투자자들이 저작권 수입과 청구권 시세차익을 얻고자 하는 공동 사업에 금전을 투자한 것으로 볼 수 있었다. 저작권에 대한 투자와 관리 및 저작권 수입의 정산과 분배, 청구권 유통 시장의 운영 등을 투자자가 아닌 뮤직카우 측(타인)이 전적으로 수행하고, 이에 따른 손익을 투자자들이 얻게 되는 것도 맞았다. 그래서 투자계약증권에 해당한다는 게 증선위의 결론이었다.

증선위는 다만 뮤직카우 사건이 투자계약증권을 적용한 첫 사례라는 점을 감안하였다. 이전까지는 투자계약증권으로 판정된 권리증서가 없었다. 따라서 「자본시장법」상의 투자계약증권에 대한 회사 측의 인식이 낮을 수밖에 없었다. 증선위는 또한 뮤직카우가 과거 5년여간 영업하며 사업 지속에 대한 많은 투자자의 기대가 형성되어 있는 점, 문화산업 활성화에 기여할 여지가 있는 점 등을 종합적으로 감안하여 「자본시장법」에 따른 제재 절차를 당분간 보류하기로 하였다.

증선위는 대신 투자자 권리와 재산을 뮤직카우의 도산 위험으로부터 법적으로 절연하여 안전하게 보호하라고 주문했다. 투자자 예치금을 외부 금융기관에 별도 예치하는 한편 청구권 발행 시장과 유통 시장을 분리하여 이해 상충 방지 및 시장 감시 체제를 갖출 것 등을 요구하였다.

이후 2022년 9월 금융위원회로부터 뮤직카우는 혁신금융서비스 즉 금융 규제 샌드박스 업체로 지정받았다. 금융 규제 샌드박스란 사업자가 신기술을 활용한 새로운 제품과 서비스를 시장에 우선 출시해 시험·검증할 수 있도록 현행 규제의 전부나 일부를 적용하지 않는(또는 유예하는) 것을 말한다.

뮤직카우는 투자자 재산과 예치금을 금융회사에 신탁하여 수익증권을 발행하는 구조로 전환하는 등 증선위가 주문했던 사안들을 이행했다는 보고서를 그해 11월에 제출하여 승인받았다.

▲금융 규제 샌드박스는 신산업·신기술 분야에서 새로운 제품과 서비스를 내놓을 때 일정 기간 기존 규제를 면제하거나 유예하는 제도이다. 아이들이 모래놀이터(sandbox)에서 안전하게 뛰어놀 수 있는 것처럼 신기술을 촉진하는 동시에 이 기술로 인한 안전성 문제 등을 미리 검증하는 것을 목적으로 하고 있다. 2022년 9월 뮤직카우는 금융 규제 샌드박스 업체로 지정되었다.

2022년 뮤직카우가 발행한 1000억 원 전환사채(CB)를 인수하였던 스틱인베스트먼트는 2023년에는 600억 원을 추가 투자(보통주 인수)하였다. 이 과정에서 뮤직카우의 기업가치는 6000억 원 수준으로 평가되었다.

뮤직카우의 미래에 대해 시장에서는 여전히 희망적 견해와 부정적 견해가 맞서고 있는 듯하다. 증권성 논란으로 한때 휘청하기는 했지만, 사업을 재정비하는 새옹지마의 기회로 삼은 뮤직카우가 새로이 도약할 수 있을지 귀추가 주목된다.

전세 사기 기사에
왜 부동산신탁회사가 나올까?

2023년 5월 〈한국경제〉 신문 부동산면에 "'공사비 쇼크'에 대안으로 뜬 신탁 재건축"이라는 제목의 기사가 실렸다. 내용을 요약하자면 다음과 같다.

'공사비 쇼크'에 대안으로 뜬 신탁 재건축

최근 서울 목동 재건축 단지에 부동산신탁회사 간 영업 경쟁이 한창이다. 특히 건설사의 공사비 인상 요구가 잇따르자 신탁 방식 재건축을 통하여 전문가에게 협상을 맡기는 방안을 검토하는 재건축 단지가 늘고 있다는 분석이다.

서울 목동14단지는 KB부동산신탁과 업무협약(MOU)을 맺었다. 아직 안전진단을 통과하지 못한 목동9단지는 한국자산신탁을 예비신탁사로 선정했다. KB부동산신탁과 하나자산신탁은 목동 재건축 단지를 돌며 매주 설명회를 개최한 것으로 알려졌다.

대규모 재개발 사업에서도 신탁사가 수주에 성공하고 있다. 한국토지신탁은 서울 창신동 창신9·10구역 재개발 추진위원회와 신탁 방식 도시정비사업에 대한 업무협약을 체결했다.

재건축 재개발조합이 신탁 방식 재건축을 검토하는 건 시공사의 공사비 인상 요구로 조합이 난항을 겪는 사태를 막기 위해서다. 전문성이 부족한 조합이 건설사·금융사 출신 인력으로 구성된 신탁사를 공사비(건설사) 및 금융비(대주단) 협상에 내세울 '대항마'로 고르고 있다는 분석이다.

단점도 있다. 신탁사는 분양대금의 1~2%를 수수료로 떼어간다. 사업비 조달 금리와 관련해서도 우려가 나온다.

한 조합 관계자는 "계약서에 금리를 확약하지 않는 경우가 대부분"이라며 "시공사의 공사비 인상이 문제가 된 것처럼 신탁사의 금리 수준이 추후 문제가 될 수 있다"고 말했다.

세입자를 벼랑 끝으로 내모는
전세 사기에도 등장하는 부동산신탁회사

재건축이나 재개발 사업의 시행 주체는 조합이다. 그런데 부동산신탁회사가 시행사 역할을 맡아 사업을 이끌어가게끔 계약하는 조합이 증가하고 있다는 내용의 기사이다. 건설사와 시공비 협상을 할 때 또는 금융회사(대주단)와 이주비 및 중도금 등 대출금리 협상을 할 때 전문성이 떨어지는 조합보다는 부동산신탁회사가 나서는 게 훨씬 효과적이라는 판단에 따른 현상으로 기사는 분석했다.

그런데 2022년 우리 사회를 휩쓸었던 인천시 미추홀구 등 여러 지역의 대규모 전세 사기 이슈에도 이 부동산신탁회사가 등장한다. 젊은이들이 많이 당하는 전세 사기의 유형 중 다음과 같은 사례들이 꽤 많다. 가상의 사례로 구성해보았다.

전셋집을 구하러 돌아다니던 30대 초반의 박순수 씨는 꽤 싸 보이는 빌라를 발견하였다. 부동산 중개업자 김꼼수 씨는 그에게 등기부등본을 보여주며 이렇게 말한다. "보시면 아시겠지만 아주 깨끗해요."

등기부등본의 '을구'를 살펴보니 정말 선순위 대출이 1원도 없는 것처럼 보인다. 그런데 '갑구'를 보니 빌라 소유권이 건물주에서 부동산신탁회사로 넘어간 것으로 기재되어 있다. 박순수 씨는 김꼼수 씨에게 물어본다. "부동산신탁회사라는 곳이 소유주로 되어 있는데 제가 기존 건물주하고 직접 전세 계약을 해도 문제가 없나요?"

중개업자 김꼼수 씨는 대답한다. "전세 계약서에 특약을 기록하면 돼요. 전세 계약 후 3개월 안에 신탁 계약을 해지하는 걸로요. 그렇게 하면 아무 문제가 없어요."

세상 물정 모르는 세입자 박순수 씨는 부동산신탁이 뭔지, 건물주가 왜 신탁회사에 소유권을 넘겼는지 알 수가 없다. 건물주가 신탁회사와 이른바 '담보 신탁'이라는 계약을 체결하면서 은행으로부터 거액의 대출을 받았다는 사실을 상상조차 못 한 것이다. 등기부등본의 갑구에 기재되어 있는 '신탁원부번호'를 가지고 등기소에 가서 신청하면 건물주의 대출 내용을 확인할 수 있다. 그러나 전세 계약 성사에 급급한 중개업자 김꼼수 씨는 세입자에게 이를 전혀 알려주지 않을 뿐 아니라, 선순위 대출이 전혀 없는 것처럼 적극적으로 사기까지 쳤다.

건물주는 은행 대출 원리금을 갚지 못하면 부동산신탁회사로부터 건물 소유권을 다시 넘겨받을 수 없다. 이 경우 부동산신탁회사가 직접 건물을 매각하여 은행 대출을 상환한다. 세입자에게 돌아갈 전세보증금은 거의 없는 경우가 대부분이다. 신탁회사에 알리지 않고 건물주와 세입자 간에 직접 이뤄진 전세 계약은 법적으로 원천무효가 될 수도 있다.

금융·건설 전문성 내세워 부동산 시장 깊숙이 침투

일반적으로 '부동산신탁회사와 나는 전혀 관련이 없다'고 생각하는 사람이 많다. 그런데 알고 보면 우리가 살고 있는 아파트를 부동산신탁 회사가 시행 주체가 되어 건설했다든가, 아파트나 상가, 오피스텔 등을 분양받을 때 부동산신탁회사와 계약을 해야 하는 등 직간접적으로 얽이는 일들이 있을 수 있다. 전세를 구할 때도 마찬가지다.

'신탁'이라는 건 위탁자가 재산(토지·건물·금전·지적재산권 등)의 명의를 수탁자에 이전해주고, 수탁자는 이 재산을 개발·관리·운용·처분하여 그 수익을 위탁자에게 돌려주는 것을 말한다. 신탁업자는 그 대가로 보수(수수료)를 받는다.

부동산신탁회사는 말 그대로 부동산신탁업을 하는 회사다. 가장 대표적인 부동산 신탁의 종류로 토지 신탁(개발 신탁)이 있다. 토지 신탁은 땅 주인이 신탁사에 땅 명의를 이전하면 신탁사가 개발주체(시행사)가 되어 시공사를 선정하고 건물(아파트, 상가, 오피스텔, 주상복합 등)을 지어 분양하거나 임대한다.

건축자금이나 전문지식이 없는 개인이 토지 신탁을 하기도 하지만, 건설 전문 시행 업체가 땅을 확보한 뒤 신탁사와 계약을 체결하기도 한다. 시행사가 사업을 해 나가려면 금융회사(대주단)로부터 PF(프로젝트 파이낸싱 : 자금을 빌리는 사람의 신용도나 다른 담보 대신 프로젝트의 수익성을 보고 자금을 제공하는 것)를 받아야 한다. 그런데 금융회사 입장에서는 시행 업체의 규모가 작거나 신용도가 낮을 경우, 또는 시공사의 도급 순위가 낮거나 역시 신용도가 낮을 경우 PF를 해 주기를 꺼릴 수 있다. 그래서 시행사가 땅을 확보한 뒤에 부동산신탁회사와 계약을 맺어 신탁사를 시행 주체로 내세우는 경우가 있다.

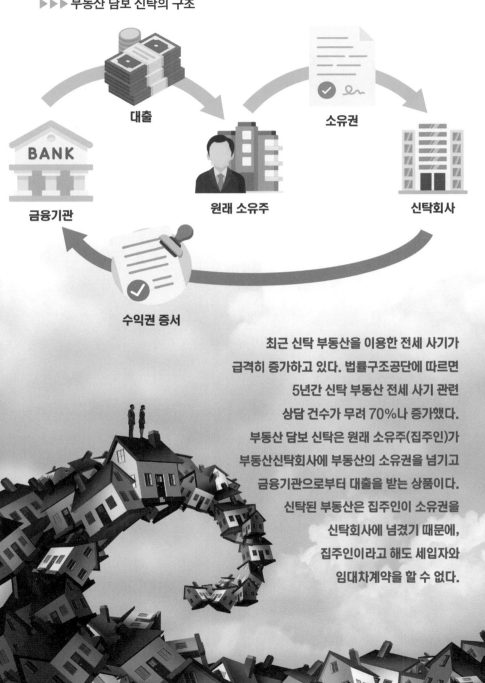

▶▶▶ 부동산 담보 신탁의 구조

대출

BANK
금융기관

원래 소유주

소유권

신탁회사

수익권 증서

최근 신탁 부동산을 이용한 전세 사기가
급격히 증가하고 있다. 법률구조공단에 따르면
5년간 신탁 부동산 전세 사기 관련
상담 건수가 무려 70%나 증가했다.
부동산 담보 신탁은 원래 소유주(집주인)가
부동산신탁회사에 부동산의 소유권을 넘기고
금융기관으로부터 대출을 받는 상품이다.
신탁된 부동산은 집주인이 소유권을
신탁회사에 넘겼기 때문에,
집주인이라고 해도 세입자와
임대차계약을 할 수 없다.

사업비 조달 주체에 따라 나뉘는 토지 신탁의 종류

이러한 토지 신탁(개발 신탁)에는 크게 두 가지 종류가 있다. '차입형 토지 신탁'과 '관리형 토지 신탁'이다. 차입형은 공사비 등의 사업비를 신탁사가 직접 조달한다. 신탁사 입장에서는 사업 리스크가 있지만 높은 신탁보수를 받을 수 있다. 관리형은 사업비를 위탁자 또는 시공사가 조달한다. 신탁사 입장에서 리스크는 거의 없으나 신탁보수 역시 낮다.

관리형 토지 신탁의 경우 대주단은 신탁사에 '책임 준공 확약'을 요구하는 경우가 많다. 시공사에 문제가 생겨도 신탁사가 책임지고 준공을 마무리하겠다는 약속이다. 대주단에 대한 책임 준공 확약은 1차적으로 시공사가 하지만, 시공사마저 무너질 경우에 대비하여 신탁사가 대체 시공사를 찾아 최종 준공 책임을 지겠다고 약속하는 것이다. 이를 '책준형 관리 신탁'이라고 부른다.

다음 그림은 차입형 토지 신탁의 일반적인 사업 구조 예시다. 총분양금액(100%)이 100억 원이라면 사업이익 12억 원은 신탁을 한 시행사의 몫이다. 차입형이건 관리형이건 건설 부지(토지비)는 시행사가 우선 확보한 뒤 신탁을 해야 하므로, 토지비 12억 원 역시 시행사가 챙겨갈 수 있다.

공사비 55억 원과 기타 비용 21억 원은 부동산신탁회사의 몫이다. 차입형 신탁에서는 신탁사가 사업비를 조달하므로 공사비와 관련된 비용은 모두 신탁사가 챙겨간다. 기타 비용에는 신탁보수가 포함되어 있다.

　그림에서 보는 것처럼 공사비와 기타 비용이 선순위다. 즉 분양률이 76%(76억 원 확보)만 된다면 신탁사는 자기 몫을 다 챙겨갈 수 있다는 이야기다. 사업비와 토지비 24억 원은 후순위다. 따라서 신탁사는 리스크 헤지 가능 비율이 24% 정도가 된다. 이 숫자들은 예시이며 사업에 따라 조금씩 달라질 수 있다.

▶▶▶차입형 토지 신탁 사업 구조

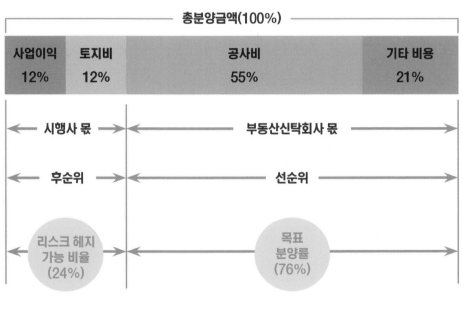

물론 차입형 신탁에서 분양률이 너무 저조하다면 신탁사가 손실을 볼 가능성이 있다. 책준형 관리 신탁의 경우에도 시행사 및 시공사에 문제가 생기고 대체 시공사를 선정하는 과정에서 공사 일정이 크게 지연될 경우 신탁사가 손실을 볼 수도 있다.

앞에서 신문 기사를 통하여 언급한 도시정비사업(재건축·재개발 등)은 차입형 토지 신탁과 방식이 유사하다. 조합이 토지 등을 신탁하면 신탁사는 조합을 대신하여 사업을 수행한다. 인허가 및 시공사 선정, 금융사 대출 협상 등의 사업비 조달, 일반분양 및 입주 등 모든 업무를 신탁사가 맡아 처리한다.

어쩌다 담보 신탁이 전세 사기에 악용되었나?

그런데 단군 이래 최대 전세 사기로까지 불렸던 인천 미추홀구 사건에 왜 부동산신탁회사가 등장하는 것일까? 부동산 신탁의 종류 가운데 '담보 신탁' 때문이다.

예를 들어 건물 소유주가 건물을 담보로 은행 대출을 받고자 한다. 소유주는 먼저 신탁사와 담보 신탁 계약을 체결한다. 건물 명의는 신탁사로 넘어간다. 신탁사가 은행에 '담보 건물 우선수익권'을 설정해주면, 은행은 건물주에게 대출을 해준다. 대출 기간이 만료되었을 때 건물주가 대출금을 갚으면 신탁 계약이 해지되고 건물 명의는 다시 소유주에게 이전된다. 만일 건물주가 대출금을 갚지 못하면 신탁사가 건물을 처분하여 대출금을 은행에 상환한다. 건물주가 직접 건물을 은행에 담보로 맡기는 근저당을 설정하고 대출받을 때와 비교하여 법적으로 담보 신탁 제도가 유리한 점이 많다고 한다.

이렇게 담보 신탁된 건물은 등기부등본 '갑구'를 보면 소유자가 부동산신탁회사라는 것을 알 수 있다.

▶▶▶ **담보 신탁된 건물의 등기부등본**

번호	등기 목적	접수	등기 원인	권리자
[갑구] (소유권에 관한 사항)				
2	소유권 이전	22. 3. 6	22. 3. 5 매매	김영수 서울 서초구*** 거래 금액 금 20,000,000,000원
3	소유권 이전	22. 10. 9	22. 10. 8 신탁	수탁자 한국자산신탁주식회사
	신탁			신탁원부 2022-19호

그런데 중개인 또는 건물주가 나서서 "신탁 계약을 곧 해지할 테니 걱정할 것 없다"는 식으로 전세 계약을 유도한다. 등본의 '을구'만 보고서 문제없다고 생각하고 계약하는 세입자도 있다고 한다. 담보 신탁 계약이 체결된 부동산은 엄연히 신탁회사가 법적 소유주이기 때문에, 신탁회사에 통보하지 않고 건물주가 직접 체결하는 임대차계약은 무효가 될 수 있다. 이런 경우 건물주가 은행 대출금을 갚지 못하면 세입자

는 한 푼도 못 건지는 상황에 처할 가능성도 있다. 미추홀구 등 전국 여러 지역의 대형 전세 사기 사건 중 상당수가 이런 담보 신탁에서 발생한 사례라고 한다.

이밖에 부동산 신탁의 주요 종류로는 관리 신탁, 처분 신탁, 분양 관리 신탁 등을 들 수 있다. 관리 신탁은 신탁사가 소유자를 대신하여 부동산에 대한 임대차 관리, 시설 유지, 세무, 법률, 회계 등의 서비스를 제공하는 것이다.

처분 신탁은 신탁사가 부동산을 매각하거나 임대, 분양 등의 방법으로 처분하는 업무를 대리한다. 분양 관리 신탁은 주로 오피스텔에 해당한다. 상가, 오피스텔 등 상업용 부동산을 선분양하기 위해서는 사업 시행자인 분양 사업자가 부동산을 신탁하고, 신탁사로 하여금 분양 대금 관리, 공정 관리 등을 수행하게 하여야 한다(「건축물의 분양에 관한 법률」).

▶▶▶ **부동산 신탁의 종류별 수탁고 추이** (단위 : 조 원)

구분	2023년 3월 말	2022년	2021년	2020년	2019년	2018년
토지 신탁	98.9	101.5	93.8	77.9	70.7	64.9
관리 신탁	9.3	9.9	10.3	8.9	9.5	10.8
처분 신탁	6.4	6.5	6.2	6.5	6.1	6.1
담보 신탁	277.0	274.1	232.1	183.7	143.7	125.0
합계	391.7	392.0	342.4	277.0	230.1	206.8

2022년 하반기 부동산 경기 냉각과 그해 9월에 발생한 강원도 레고랜드 사태* 등으로 부동산 PF 자금 경색이 심해졌다. 2023년 들어 자본력이 약한 부동산신탁회사 한두 군데가 위기에 처하는 게 아니냐는 전망이 당시 업계 내부에서 나오기도 했다. 그러나 정부가 PF자금 지원 등 부동산 리스크 방지에 나서면서 부동산신탁회사 위기설은 잠잠해지는 분위기다.

* 레고랜드 사태 : 레고랜드는 강원도 춘천시에 세워진 테마파크다. 강원도와 레고랜드 운영사가 합작하여 강원중도개발공사를 설립했다. 강원중도개발공사는 2050억 원 규모의 자산담보기업어음(ABCP)을 발행해 자금을 조달했으며, 강원도가 ABCP의 지급 보증을 섰다. 그런데 2022년 9월 ABCP 만기를 하루 남기고 강원도가 강원중도개발공사의 회생을 신청했다. 회생 신청은 신용등급이 국가에 준하는 지방자치단체가 보증 선 빚을 갚지 않겠다고 선언한 것으로 받아들여지며, 그 여파로 채권 시장이 경색되었다.

허망하게 끝난
'농업계 블룸버그'의 꿈, 그린랩스

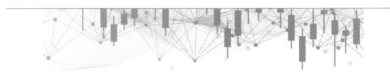

2022년 초 라운드 C*에서 1700억 원을 투자받아 눈길을 끈 '애그테크(농업기술 : agriculture+technology)' 스타트업이 있었다. 당시 이 기업은 기업가치를 8000억 원대로 평가받아 PEF(사모펀드), VC(벤처캐피털) 및 국내 기업 등으로부터 거액의 투자를 유치했다. 이에 따라 유니콘(기업가치 1조 원 이상인 기업) 진입을 눈앞에 둔 듯했다. 스마트팜 솔루션 사업**을 통해 우리나라 농업 혁신과 디지털화를 선도해 나갈 기업으로 주목받아온 이곳의 이름은 그린랩스(2017년 설립).

그로부터 1년여가 지난 2023년

* 라운드 C : 스타트업은 성장 과정에 따라 투자 단계를 구분한다. 시드(seed) 단계는 창업 극초기(대개 창업 1년 이내) 스타트업에 투자하는 것을 말한다. 그다음으로 '시리즈 A, B, C……,'식으로 알파벳 순서에 따라 이름을 붙인다. 시리즈 A(series A)는 일반적으로 시장에 출시할 제품을 제조하는 단계에서 받는 투자를 의미한다. 시리즈 B는 시장에서 인정받은 제품과 서비스로 사업을 확장하여 회사를 빌드업(build-up)하는 단계에서, 시리즈 C 이후는 빌드업한 사업의 시장점유율을 높이고 키우는 단계에서 받는 투자다.

2월 이 회사는 얼마나 성장하였을까? 들려온 소식은 뜻밖에도 법정관리(기업회생)를 검토해야 할 정도로 심각한 유동성 위기에 빠졌다는 것이다. 1년 만에 회사 보유현금은 80억 원 수준으로 쪼그라들었다. 직원의 90%를 퇴

사시켜야 할 거라는 이야기가 돌았다. 실제로 내부 직원들은 직장인 익명 애플리케이션에 어려운 회사 상황과 무능한 경영진을 질타하는 글을 쏟아내기 시작했다.

유니콘 등극을 눈앞에 두고 주저앉은 그린랩스

한 달 뒤인 3월 가까스로 주주사 가운데 두 곳이 500억 원의 추가 투자를 결정하면서 그린랩스는 급한 불을 껐다. 유동성 위기가 밖으로 알려지기 몇 달 전만 해도 그린랩스는 언론을 통해 "농업계의 블룸버그가 되고 싶다"고 밝혔다. "애그테크 플랫폼을 넘어 '글로벌 농업 소셜미디어'가 되는 것이 목표"라는 비전을 쏟아냈다.

지난 1년여간 이 회사 사업에 무슨 일이 벌어진 걸까? 그린랩스가 공시한 2022년도 감사보고서 손익계산서(199쪽)를 보면 매출액 2807억 원에 1019억 원의 영업적자를 냈다. 매출의 92%는 상품매출에서 나왔다.

UNICORN CLUB

유니콘은 신화에 등장하는 이마에 뿔이 하나 달린 말이다.
기업가치 10억 달러(1조 원) 이상이고 창업한 지 10년 이하인
비상장 스타트업 기업을 유니콘 기업이라고 한다.
스타트업이 상장하기도 전에 기업가치가 10억 달러 이상이 되는 것은
마치 유니콘처럼 상상 속에서나 존재할 수 있다는 의미에서
2013년 벤처투자자 에일린 리(Aileen Lee)가 처음 사용했다.
그린랩스는 2022년 1월 1700억 원 규모의 투자를 유치하며,
8000억 원대의 기업가치를 인정받으며 유니콘 진입을 목전에 두었다.
그러나 불과 1년 만에 회사는 심각한 유동성 위기에 빠졌다.

그린랩스 2022년 감사보고서 손익계산서 (단위 : 원)

	2022년	2021년
매출액	280,713,468,726	96,672,095,764
상품매출	259,017,328,286	53,202,575,918
스마트팜매출	20,776,133,358	43,228,215,832
용역매출	920,007,082	241,304,014
매출원가	276,862,169,201	85,165,790,433
상품매출원가	242,764,454,419	50,417,080,816
스마트팜매출원가	34,097,714,782	34,748,709,617
매출총이익	3,851,299,525	11,506,305,331
판매비와 관리비	105,838,717,454	27,202,167,792
영업손실	101,987,417,929	15,695,862,461

회사의 주력 사업으로 알려진 스마트팜 매출은 7%에 불과했다.

그린랩스는 '팜모닝'이라는 농업종사자용 애플리케이션을 운영했다. 국가보조금, 작물 시세, 날씨 등 농사 관련된 정보가 팜모닝에 담겼다. 농부 간 농작법 묻고 답하기, 농산물 직거래 등도 가능해 팜모닝을 다운로드한 농부는 약 70만 명에 이르는 것으로 알려졌다. 팜모닝은 일종의 농부 커뮤니티 플랫폼이기도 했다. 그린랩스는 팜모닝을 활용하여 스마트팜 사업을 키우는 데 전념하겠다고 했지만, 정작 자금 대부분을 온라인 농산물 유통 사업에 쏟아붓고 있었다. 그린랩스의 상품매출은 모두 농산물 유통 플랫폼 '신선하이'에서 발생했다.

팔수록 적자가 쌓이고
현금이 유출되는 기이한 수익 구조

그린랩스의 2022년 전체 사업 매출총이익은 38억 원이었다. 매출총이익률이 1.35%에 불과하였으니 판관비를 차감하면 필연적으로 영업적자가 날 수밖에 없었다. 매출액 대비 판관비 비율은 무려 37.7%에 달했다. 매출총이익률이 1% 남짓인 회사의 판관비 비율이 40%에 육박했다는 이야기다.

스마트팜 매출은 2021년 432억 원에서 2022년 207억으로 반토막이 났다. 더구나 이 사업은 매출액보다 매출원가(340억 원)가 더 컸다. 매출총이익 단계에서부터 적자다. 한마디로 그린랩스는 스마트팜을 거의 접다시피 했고 농산물 유통 플랫폼 운영 업체로 변신했다고 볼 수 있다.

회사는 농산물 유통 플랫폼 신선하이를 운영하기 위해 농가에서 농산물을 직접 매입하였고 바이어(도소매상, 급식 업체, 음식점 등)에게 팔았다. 상품매출은 2021년 532억 원에서 2022년 2590억 원으로 껑충 뛰었다. 매출액 증가는 돋보였지만, 내실은 속 빈 강정 수준이었다.

상품매출액 대비 상품매출원가 비중은 93.7%다. 이 회사의 판관비 내 운반비는 191억 원이다. 농산물 유통에서 발생한 물류비용일 것이다. 상품매출액 대비 운반비 비중은 7.4%다. 상품을 100원에 매출하였다면 매출원가(93.7원)에다 물류비용(7.4원) 하나만 더하여도 100원이 훌쩍 넘었다는 거다. 영업이익이 날 리 없었다.

감가상각비 같은 일부 고정비용은 회계상 원가일 뿐 현금이 빠져나가는 것은 아니다. 그러나 농산물 직매입 비용과 운반비는 매출액과 연동되어 증가하는 변동비용이다. 이러한 변동비용은 현금이 유출되는 캐시 코스트(cash cost : 현금 비용)에 속한다. 이런 회사에서 매출 증가는 곧 현금흐름 악화를 뜻한다. 2개의 변동비용만으로도 매출액을 넘어서는 손익 구조가 쉽게 바뀔 리가 있겠는가. 그린랩스는 생산자와 수요자를 대거 모아 플랫폼을 빨리 키우려고 했던 것 같다. 농부에게서 사들인 농산물 대금은 빨리 주고 이를 사가는 도소매상으로부터 받아야 할 대금결제는 늦춰주는 식으로 영업했다고 한다.

일반적으로 유통 업체는 받을 돈은 빨리 받고, 줄 돈은 늦게 줘서 현금흐름을 유지한다. 매출채권(받아야 할 돈) 회전은 빠르게 유지하면서 재고자산(상품) 증가가 현금흐름에 미칠 수 있는 악영향을 매입채무(지급할 돈) 증가로 상쇄시킨다. 판매용 상품을 사들일 때(재고자산 증가) 현금을 사용하면 곧바로 현금흐름에 영향을 준다. 그러나 외상으로 사고(매입채무 증가), 이 상품을 팔아 확보한 현금으로 결제하면 현금흐름이 악화될 가능성을 차단할 수 있다.

단적으로 쿠팡이 이런 사례에 해당한다. 2020년 쿠팡은 6144억 원의 당기순손실을 기록하였다. 그런데 영업활동 현금흐름은 놀랍게도 6012억 원 순유입이었다. 2021년 당기순손실은 무려 1조 5676억 원에 이르렀다. 이때는 영업활동 현금흐름이 순유출을 기록하였는데, 금액은 690억 원에 불과하였다.

그린랩스는 결제 정산 방식을 이 같은 유통 업체들과 정반대 방향으로 운용했다. 주주사들의 주머니를 화수분으로 생각했던 것일까?

2022년을 투자금 1350억 원으로 시작했는데, 연말에 남은 현금은 고작 82억 원

현금흐름에서 발생하는 불일치를 줄이기 위해 그린랩스는 카드사 등 제2금융권으로부터 매출채권을 할인(팩토링)받아 운전자본을 맞춰나갔다고 한다. 도소매상들이 제때 대금을 결제하고, 매출채권 할인이 무난히 진행되어도 적자 사업 구조 때문에 현금흐름은 계속 악화될 수밖에 없다. 이렇게 취약한 구조에서 결제 대금을 연체하는 업체가 늘었다. 매출채권 회수에 심각한 문제가 생긴 것이다. 대내외 경제 환경이 불안해지면서 제2금융권이 팩토링을 줄이기 시작했다. 그 영향은 현금흐름표에 고스란히 나타난다.

그린랩스의 현금흐름표를 보면 2021년 유상증자를 실시하여 주주사로부터 받은 자금이 850억 원이다. 이 가운데 100억 원은 그해 6월에 유입되어 하반기 회사 운영자금으로 소진되었다.

나머지 750억 원의 유상증자 대금은 2021년 말에 회사로 들어왔기 때문에 소진되지 않고 2022년으로 이월됐다. 그리고 2022년 초 주주사로부터 다시 600억 원의 투자금이 들어와 총 1350억 원이 2022년 영업 활동에 투입되었다.

회사는 2022년에 기존 차입금을 전혀 갚지 않았다. 오히려 새 차입금만 150억 원가량을 조달하였다. 따라서 이것저것 다하여 총 1500억 원의 자금이 영업활동 등에 사용된 것으로 추정된다.

▶▶▶ **그린랩스 현금흐름표** (단위 : 원)

	2022년	2021년
영업활동 현금흐름	(118,625,579,641)	(32,750,418,894)
투자활동 현금흐름	(23,975,102,634)	(9,178,329,949)
재무활동 현금흐름	74,884,637,132	98,367,892,120
유상증자	60,037,588,708	85,019,067,950
단기차입금의 증가	14,847,048,424	14,219,420,000
장기차입금의 증가	–	10,000,000,000
현금의 증가(감소)	(67,716,045,143)	56,439,143,277
기초의 현금	75,994,755,489	19,555,612,212
기말의 현금	8,278,710,346	75,994,755,489

그렇다면 회사는 영업활동으로 현금을 얼마나 벌었을까? 현금 기준으로 그린랩스의 영업활동에서 무려 1186억 원의 현금이 순유출됐다. 투자활동에서는 239억 원의 현금 유출을 기록하였다. 투자활동 유출액 가운데 135억 원은 관계사에 빌려준 것으로 보이는데, 이마저도 대부분 회수하기 어려운 것으로 보인다.

2022년 말 기준으로 이 회사에 남은 현금은 82억 원이다. 재무상태표를 보면 2022년 말 매출채권 잔액 461억 원 가운데 회수가 어렵다고 판단한 금액(대손충당금을 적립한 금액)이 120억 원이다. 단기대여금, 미

▶▶▶ **그린랩스 재무상태표** (단위 : 원)

	2022년	2021년
자산	67,461,408,841	132,854,302,278
현금 및 현금성자산	8,278,710,346	75,994,755,489
단기금융상품	2,550,000,000	50,000,000
매출채권	46,093,306,364	40,625,634,608
대손충당금	(19,076,514,440)	–
단기대여금	14,559,227,100	–
대손충당금	(11,999,488,000)	–
미수금	12,390,083,512	1,421,919
대손충당금	(12,312,390,540)	–
선급금	8,780,594,406	3,066,877,660
대손충당금	(7,995,471,763)	–
재고자산	17,586,386,893	1,128,120,112
상품	19,545,019,970	804,126,135
재고자산 평가충당금	(2,280,426,811)	–
자본		
자본금	1,251,955,000	1,140,700,000
자본잉여금	175,237,816,624	114,589,852,646
결손금	165,336,268,607	20,921,015,444
자본총계	11,153,503,017	94,809,537,202

수금, 선급금 잔액 대비 대손처리한 금액(회수 불가능 추정 금액) 비율은 각각 82%, 99%, 91%에 달한다. 왜 이렇게 대손충당금이 불어났는지는 회사 경영진만이 알 것이다.

이 회사의 자본 구조를 보면 1653억 원의 누적결손금이 있다. 그동안 주식 발행으로 1752억 원의 자본잉여금을 발생시켜, 그나마 자본잠식은 피하고 있다.

'농업계의 구글'이라는 찬사를 받으며 비상하는 듯 보였던 그린랩스는 농업 종사자용 애플리케이션 팜모닝을 기반으로 스마트팜 사업을 키우는 데 전념하겠다고 했다. 그러나 자금 대부분을 팔수록 적자가 쌓이는 수익 구조의 농산물 유통 사업(신선하이)에 쏟아부었다.

▲ 그린랩스는 2023년 들어 신선하이 사업을 접고 회사 인력 대부분을 내보낸 것으로 알려졌다. 주주사로부터 수혈받은 500억 원 중 일부는 직원 퇴직금 등 구조 조정 비용으로 사용될 것이다.

그린랩스는 최근 농산물 유통 플랫폼 신선하이 사업을 접었다. 2023년 7월 현재 회사 인력의 대부분을 내보낸 것으로 알려졌다. 이런 와중에 주주사 가운데 두 곳이 전환사채(CB) 형태로 500억 원을 추가로 투입하기로 하였다. 우선 회사를 살리고 보자는 것이다. 이 자금 중 일부는 구조 조정 비용(퇴직금 지급)으로 사용될 것이다.

SK스퀘어는 그린랩스에 350억 원을 투자하였는데 투자지분가치를 '0'(전액 손실)으로 처리하였다. 향후 회생 가능성도 일단은 낮다고 판단한 것이다.

회사는 이렇게 말해왔다. 많은 농가가 그린랩스 서비스를 이용하면 농업 데이터가 증가하고, 이런 데이터를 가공하여 농가가 필요로 하는 정보를 많이 제공하면 그린랩스 이용 농가가 다시 증가하는 선순환이 발생한다고……. 그래서 이 회사는 유동성 위기 직전까지도 "농업계의 블룸버그가 되겠다"고 했다. 블룸버그는 세계 최고의 경제 미디어로 유명하지만, 엄밀히 말하면 세계 최고의 경제 데이터 회사라고 할 수 있다. 그린랩스는 또 "애그테크 플랫폼을 넘어 '글로벌 농업 소셜미디어'가 되는 것이 목표"라고도 했다. 이 같은 회사의 비전과 농산물 유통업이 어떻게 엮일 수 있고, 시너지를 낼 수 있다고 판단했던 것인지 궁금하기만 하다.

현금흐름 잘 보는 법

달봉이는 서울 동대문에 있는 의류 제조 공장에서 청바지 5벌을 5만 원에 구매하여 동네 사람들을 상대로 청바지 장사를 하기로 하였다.

① 청바지 5벌을 현금 5만 원을 주고 사 와서 8만 원에 현금을 받고 팔았다.

② 청바지 5벌을 현금 5만 원을 주고 사 와서 8만 원에 외상으로 팔았다.

③ 청바지 5벌을 외상으로 사 와서 8만 원에 현금을 받고 팔았다.

④ 청바지 5벌을 외상으로 사 와서 8만 원에 외상으로 팔았다.

네 가지 경우 모두 손익계산서를 만들면 동일하다. '매출액 8만 원 - 매출원가 5만 원 = 매출총이익 3만 원'이다. 그런데 상품을 구매하고 판매하는 영업활동을 통하여 창출한 현금흐름은 모두 제각각이다. 위의 내용에 근거하여 영업활동 현금흐름액을 산출해보면 다음과 같다.

▶ 영업활동 현금흐름액 산출

① 5만 원이 나가고 8만 원이 들어왔다. ➡ 플러스 3만 원

② 5만 원이 나가고 들어온 현금은 없다. ➡ 마이너스 5만 원

③ 나간 현금은 없고 8만 원이 들어왔다. ➡ 플러스 8만 원

④ 나간 현금도 없고 들어온 현금도 없다. ➡ 현금흐름은 0원

시간이 흘러 청바지 매입채무를 현금 결제해주고 청바지 매출채권을 현금으로 회수한다면 결국 이 거래의 현금흐름은 3만 원(유입 8만 원 – 유출 5만 원)으로 같아질 것이다. 달봉이네 회사가 소비자에게 판매하기 위해 청바지를 구매하면 이는 재고자산으로 분류된다. 유통기업에서 재고자산이란 판매용 상품이라고 보면 된다.

① 청바지를 10만 원어치 현금 구매하였다고 해보자. 재고자산이 10만 원 증가하고 현금이 10만 원 감소한다.

② 그러나 청바지를 외상으로 구매한다면 재고자산은 10만 원 증가하지만 현금 보유고에는 변화가 없다. 대신 매입채무가 10만 원 증가한다.

우리는 재고자산과 매입채무의 변동을 이용해 영업활동 현금흐름을 잡아낼 수 있다. 현금흐름을 산출하는 과정에서 재고자산 증가는 마이너스로, 매입채무 증가는 플러스로 처리한다.

①을 보면 재고자산이 10만 원 증가하였으니 현금흐름은 마이너스 10만 원으로 처리한다. 실제 현금흐름과 일치한다. ②를 보면 재고자산 증가는 마이너스 10만 원으로, 매입채무 증가는 플러스 10만 원으로 처리되므로 결국 현금흐름은 0이다. 실제 현금흐름과도 일치한다.

2022년 기업의 현금흐름에 가장 큰 악영향을 미친 원인으로 '재고자산'이 지적되었다. 사실이다. 그런데 어떤 기업의 재고자산 증가를 현금흐름 악화 주범으로 지목하려면 매입채무 변동을 같이 봐줘야 한다. 그렇지 않으면 경우에 따라 오류에 빠질 수도 있다.

다음의 예를 보자. 향수 유통 업체 A사가 있다.

▶ **A사의 재고자산과 매입채무 변동**

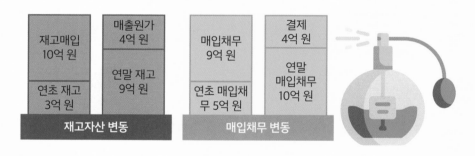

2022년 초 재고자산은 3억 원, 연중 10억 원어치를 새로 매입하였고, 연말 남은 재고자산은 9억 원이다. 2022년 초 매입채무는 5억 원, 연중 매입채무가 9억 원 증가하였고, 연말 매입채무 잔액은 10억 원이다. 이 그림을 보면서 우리는 머릿속으로 암산해 볼 수도 있다. 연중 재고자산을 10억 원어치 매입하였는데 매입채무는 9억 원만 증가하였으니 1억 원만 현금 결제해준 것이다. 현금이 1억 원 감소하였다.

이것을 재고자산 잔액과 매입
채무 잔액의 변동을 이용해 계
산해보자. 연초 대비 연말 재고
자산 잔액이 6억 원 증가하였다.
재고자산의 증가는 영업활동 현
금흐름 산출표에서 '재고자산(증
가) -6억 원'으로 기록된다. 매입
채무는 연초 대비 연말에 5억 원

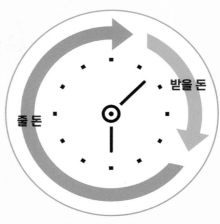

▲ 받을 돈은 빨리 받고 줄 돈은 최대한 늦게 주면 회사의 현금흐름은 좋아진다.

증가하였으니 영업활동 현금흐름 산출표에서 '매입채무(증가) +5억 원'
으로 기록될 것이다. '재고자산 증가의 부정적 영향'과 '매입채무 증가
의 긍정적 영향'을 합산(-6억 원 + 5억 원)해보면 -1억 원이다. 암산한 것
과 일치한다.

A사의 재고자산 증가가 실질적으로 영업활동 현금흐름에 미친 영향
은 결국 -1억 원 밖에 안된다. A사가 매입채무 결제를 짜게 해주었기
때문이다.

쿠팡 같은 회사의 재고자산 증가액만을 보고 현금흐름이 크게 안 좋
을 거로 생각하면 오산이다. 쿠팡이 적자를 엄청나게 내면서도 플러스
영업활동 현금흐름을 보인 경우들이 있었는데, 재고자산 증가액 이상
으로 매입채무와 미지급비용이 증가하기 때문이다. 받을 돈은 빨리 받
고 줄 돈을 최대한 늦게 주면 회사의 현금흐름은 좋아진다.

'단군 이래 최대의 재건축단지'
둔촌주공은 어떻게 정상화되었나?

2023년 7월, 서울 강동구 둔촌주공아파트를 재건축한 '올림픽파크포레온' 입주권 가격이 신고가를 거듭 경신하고 있다는 뉴스가 있었다. 95㎡ 입주권이 20억 3828만 원에 거래되어 하반기에 20억 원을 돌파했다는 내용이었다.

1년여 전인 2022년 4월, '단군 이래 최대의 재건축단지'로 불리던 둔촌주공 재건축 공사가 전면 중단되는 일이 벌어졌다. 4개 건설사로 구성된 시공단(현대건설, HDC현대산업개발, 대우건설, 롯데건설)과 재건축조합이 공사비 인상을 둘러싸고 극한 대립을 이어가던 중이었다. 착공 2년이 넘은 상태에서 조합은 시공사 교체를 검토하겠다고 밝혔다. 시공단은 "조합에는 교체 권한이 없다"며 소송을 불사하겠다고 목소리를 높였다.

시공단의 주장 가운데 한 가지 눈에 띄는 점이 있었다. 2020년 2월 실착공 후 약 2년 동안 공사비를 한 푼도 못 받았다는 이야기였다. 시공단은 "건설사 자체 자금 1조 6000억 원을 들여 '외상' 공사를 해왔다"고 밝혔다. 이런 상황에서 현 조합이 2020년 6월 시공단과 전 조합이 정당하게 체결한 공사비 증액 계약을 부정하고 있어 공사를 더 진행하기 어렵다고 말했다.

"외상 공사를 더는 못하겠다"
건설사 재무제표에서 들리는 곡소리

재건축 조합이 시공사에 공사비(기성공사대금)를 중간 정산해주려면 일반분양을 진행해야 한다. 일반분양 대금이 유입되지 않고서는 조합도 기성공사대금을 지급할 도리가 없다. 둔촌조합은 분양가를 좀 더 올려받겠다며 일반분양을 계속 미루고 있었다.

건설사의 갑갑한 사정은 재무제표에도 여실히 드러났다. 214쪽 표는 2021년 말 대우건설의 사업보고서 중 재무제표 주석에 나타난 둔촌주공 관련 내용이다. 둔촌주공 재건축 전체 도급액은 3조 2000억 원가량이다. 이 가운데 대우건설의 도급 지분은 23.5%, 도급액으로는 7588억 원이다.

대우건설의 둔촌주공 공사 진행률은 26.5%이다. 그런데 표를 보면

▶▶▶ 대우건설 2021년 사업보고서 중 재무제표 주석

도급공사명	지분 해당 도급금액	지분율
둔촌주공 재건축 사업	7588억 원	23.5%

현장명	계약일	계약상 공사기간	진행률	미청구공사		수취채권	
				총액	손상차손	총액	대손충당금
둔촌주공 재건축	16. 10. 31	23. 08. 31	26.5%	2014억 원	-	-	-

▶▶▶ 둔촌주공아파트 배치도

1980년에 완공된 둔촌주공아파트는 2017년 재건축이 확정되었다. 둔촌주공아파트 재건축은 기존 5930가구를 헐고 1만 2032가구를 새로 짓는 사업으로, 완공되면 송파구 헬리오시티(9510가구)를 넘어 단일 단지로는 국내 최대 규모 아파트가 된다.
사진은 둔촌종합상가 안 공인중개사 사무실에 걸려 있었던 아파트 배치도. ⓒ서울기록원.

'미청구공사' 금액으로 2014억 원이 잡혀있다. 도급액(7588억 원)에 진행률(26.5%)을 곱하면 대우건설은 2014억 원의 공사미수금(공사매출채권, 공사수취채권)을 기록해야 한다. 그런데 아직 조합에 지급 청구조차 못하고 있기 때문에 미청구공사로 2014억 원을 기재해 놓은 것이다.

미청구공사는 발주처로부터 받아야 할 돈이기 때문에 공사미수금이기는 하다. 그런데 아직 발주처에 지급 청구를 못 넣은 상태이므로 일반적인 공사미수금과는 분리하여 미청구금액으로 따로 표시한다. 대개 시공사와 조합은 일반분양 전에는 기성공사대금을 청구하지 않는다는 계약을 맺는다.

사정은 나머지 3개 시공사도 마찬가지였다. 다음은 현대건설의 2021년 사업보고서 재무제표 주석의 둔촌주공 재건축 부분이다.

▶▶▶현대건설 2021년 사업보고서 중 재무제표 주석

구분	완성기한	진행률	미청구공사		공사미수금	
			총액	대손충당금	총액	대손충당금
둔촌주공 재건축	19. 12. 01 ~ 23. 08. 14	29%	2592억 원	-	-	-

시공단이 공사를 중단한 시점은 2022년 4월 15일이다. 당시 공사 진행률은 52%정도였다. 그렇다면 시공단의 미청구금액은 대략 1조 6600억 원(총도급액 3조 2000억 원 × 진행률 52%)에 이르렀을 것으로 보인다.

넉 달여에 걸친 공방 끝에 시공단과 조합은 한국부동산원의 검증을

거치는 조건으로 공사비 증액에 합의하였다. 그런데 우여곡절 끝에 공
사가 재개되자마자 새로운 문제가 돌출하였다.

▼ 둔촌주공아파트 재건축을 놓고 시공단과 재건축 조합이 공사비 인상을 둘러싸고 갈등
을 빚다 공사 중단이라는 초유의 사태가 발생하자, '트리마제 사태'가 재연될 수 있다는 우
려가 제기되었다.
서울 성수동 트리마제는 지역주택조합이 2004년 두산중공업을 시공사로 선정해 추진한
재건축 사업이었다. 사업 도중에 분담금과 분양가 등을 두고 조합과 시공사 간 갈등이 빚
어졌고, 사업이 지연되며 금융비용을 감당하지 못한 조합이 부도났다. 사업 부지는 경매에
부쳐졌고, 두산중공업이 인수해 트리마제를 완공했다. 당시 조합원들은 사업 부지와 분양
권리를 모두 잃었다.

갈등을 봉합하자마자 대주단으로부터 날아온 통보
"대출 연장 불가"

둔촌주공 재건축 조합은 23개 금융사로 구성된 대주단에게 2017년부터 사업비 즉 PF 대출로 7000억 원을 빌렸다. 시공단 4사가 여기에 지급 보증을 섰다.

2022년 8월 말 대출 만기가 다가오는데 조합과 시공사는 서로 싸우고 있었다. 조합은 상환할 돈이 없었다. 진작 일반분양을 하여 조합으로 분양대금을 유입시켰어야 했는데, 분양가를 올려보겠다고 일반분양을 계속 미루고 있었던 것이다. 시공단이 2년 동안 기성공사대금을 한 푼도 못 받았던 것도 이 때문이었다.

이렇게 삐걱대는 모습에 대주단이 만기를 연장해 줄 리 없었다. 지급 보증을 선 시공단은 대위변제(채무자가 아닌 다른 사람이 채무자 대신 변제에 나선 뒤 채권자로부터 권리를 넘겨받아 추후에 구상권을 행사하는 방식)를 한 뒤 조합에 구상권을 청구하기로 하였다. 이렇게 되면 재건축 사업은 정말 파국으로 치닫게 된다.

시공단과 조합은 사업비 대출 만기를 보름여 앞두고 극적으로 갈등을 봉합하였다.

▲ 2022년 4월 15일 둔촌주공 시공사업단은 재건축 조합과 공사비 증액을 두고 갈등을 겪다 공사 중단을 선언했다. 시공단과 조합은 서울시가 중재에 나선 뒤에야 4개월 만에 공사 재개 방안에 최종 합의했다.

공사 재개에 합의한 뒤 대주단에 만기 연장을 요청하였다. 그러나 불안한 대주단은 연장 불가 방침을 통보하였다. 시공단과 조합은 이 문제를 어떻게 해결하였을까?

부동산 금융의 대세로 자리 잡은 부동산 PF

여기서 잠깐 일반적인 부동산 PF에 대해 살펴보고 가자. 원래 PF라는 것은 어떠한 사업 프로젝트에서 발생할 미래 현금흐름을 믿고 대출하는 것이다. 과거에는 건설사들이 부지 매입부터 인허가, 시공, 분양 등을 모두 맡아서 진행하다 보니 PF에 대한 개념이 없었다. 그러나 2000년대 들어 시행과 시공이 분리되기 시작하였다. 부지 매입과 인허가, 분양 등을 전문적으로 처리하는 시행사가 등장했고, 건설사는 주로 시공만 하는 식으로 분담이 되었다. 자금력이 부족한 시행사는 "부동산 프로젝트에 대한 사업성을 믿고 자금을 대 달라"고 금융사에 요청한다. 금융사는 프로젝트의 성공 가능성을 검토한 뒤 대출해주는데, 현실에서는 시공사가 보증을 서는 경우가 대부분이다. 어쨌든 프로젝트 파이낸싱은 부동산 금융의 새로운 기법으로 자리를 잡게 되었다.

 PF 방식으로는 '단순 대출(Loan)'과 '유동화'를 구별할 필요가 있다. 부동산 PF 대출은 다음과 같은 구조이다(그림. 부동산 PF 대출 구조). 금융사가 시행사에 대출하고 시공사가 지급 보증을 서는 단순한 구조라고

▶▶▶ 부동산 PF 대출(Loan) 구조

부동산 PF 대출은 금융사가 시행사에 대출하고 시공사가 지급 보증을 서는 단순한 구조이다.

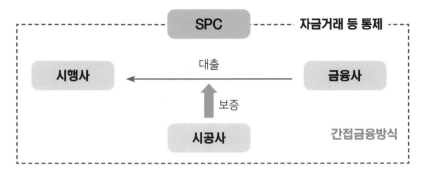

할 수 있다. 부연하자면 그림에서처럼 SPC(페이퍼컴퍼니)를 설립하여 자금 거래 등을 통제한다. 부동산 프로젝트에서 오고 가는 모든 현금흐름을 시행사가 직접 관리하지는 않는다. 시행사와는 법적으로 단절된 SPC를 통해 이루어지는데, SPC는 법적 껍데기이고 실제 업무는 신탁사 등이 맡는다.

이러한 단순 대출에서 한발 더 나아간 것이 유동화이다(그림. 부동산 PF 유동화 구조(1), 220쪽). 금융사가 시행사에 대출하고 시공사가 보증을 선다. 시공사는 직접적인 채무보증을 서기도 하고, 사업에 문제가 생길 경우 책임지고 공사를 마무리하겠다는 이른바 '책임 준공 확약(책준)'을 하기도 한다. 금융사는 이 대출채권을 유동화회사(페이퍼컴퍼니)에 매각한다. 유동화회사는 대출채권을 담보로 제시하여 투자자들을 모은다. 이때 발행하는 투자상품이 ABCP(자산담보기업어음)이다.

대출채권에서 발생하는 현금흐름으로 ABCP 원리금을 갚아나가는 구조다. 유동화회사가 투자자들로부터 확보한 대금은 금융사로 넘어간다.

▶▶▶ 부동산 PF 유동화 구조(1)

부동산 PF 단순 대출에서 한발 더 나아간 것이 유동화이다. 금융사가 시행사에 대출하고 시공사가 보증을 선다. 시공사는 직접적인 채무 보증을 서기도 하고, '책임 준공 확약'을 하기도 한다. 금융사는 이 대출채권을 유동화회사에 매각하고, 유동화회사는 대출채권을 담보로 제시하여 투자자들을 모은다.

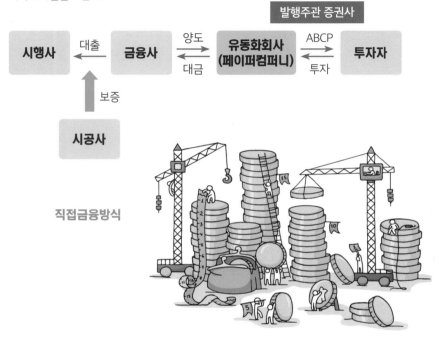

▶▶▶ 부동산 PF 유동화 구조(2)

일반적인 부동산 PF 유동화 구조에서 시행사에 대출을 해주는 금융회사가 빠졌다. 이 구조에서는 유동화회사가 시행사에 직접 대출한다. 유동화회사는 시행사에 대출해주기로 약정한 것을 근거로 ABCP 투자자를 모으고, 투자자로부터 확보한 ABCP 발행대금으로 시행사에 대한 대출을 실행한다.

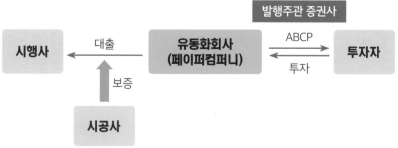

실제 ABCP 발행 업무는 증권사가 주관한다. 자산유동화회사는 기초자산 양수와 ABCP 발행을 위한 법적 주체(페이퍼컴퍼니)일 뿐이다. 주관 증권사가 투자자 확보 업무를 하면서 ABCP의 채무 보증을 서는 경우가 많다. 이런 유동화 구조에서 대출채권은 '유동화자산' 또는 '기초자산'이라고 불린다. ABCP는 '유동화증권'이라고 불린다.

이런 구조는 한동안 PF의 표준처럼 여겨졌다. 그러다가 중간에 금융사가 낄 필요가 있는지에 대한 의문이 생기기 시작했다. 그래서 〈그림. 부동산 PF 유동화 구조(2)〉와 같은 변형된 PF 유동화 구조가 만들어진다. 앞의 구조에서는 금융사가 시행사에게 대출을 했지만 이 구조에서는 유동화회사가 직접 대출하는 형태다. 유동화회사는 시행사에 대출해주기로 약정한다. 그리고 이 약정을 근거로 ABCP 투자자를 모은다. 실제 ABCP 관련 업무는 발행주관 증권사가 한다. 증권사는 상환 보증(채무 불이행 발생 시 ABCP 매입 약정)을 한다. 투자자로부터 확보한 ABCP 발행대금으로 유동화회사는 시행사에 대한 대출을 실행한다.

이 구조는 사실 엄밀하게 말하면 대출채권 유동화라고 말하기가 좀 애매한 부분이 있다. 앞의 구조에서는 금융사가 대출을 해주면서 발생한 대출채권을 유동화하는 것이다. 그러나 이 구조에서는 대출채권이 생긴 것은 아니고 대출을 해주겠다는 약정만 한 것이다. 그리고 이를 근거로 ABCP를 발행하여 자금을 확보한 뒤 비로소 실제 대출을 하는 것이다. 장래 발생할 대출채권을 유동화하는 것이라고 이해하면 되겠다.

만기 2년짜리 PF 대출을 실행하였다고 해 보자. 2년간 시행사는 이자만 물다가 만기 때 원리금을 갚으면 된다. 프로젝트가 잘 진행된다면

▶▶▶ PF 유동화 ABCP(리파이낸싱) 차환발행

ABCP는 대개 3개월 단위로 차환발행된다. 즉 다음 회차 발행금으로 앞의 회차 투자자의 원리금을 갚아나간다. 차환발행이 막히는 상황이 발생하면 ABCP 매입 약정을 한 주관 증권사가 일단 상환을 해줘야 하는 리스크가 있다.

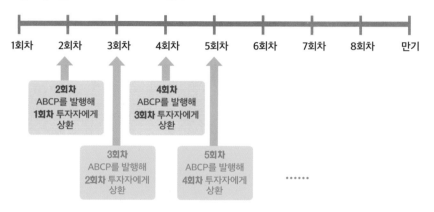

시공사에 대한 기성공사비를 지급해 나가는 것에도 문제가 없다.

그런데 위의 그림에서처럼 PF 유동화에는 리스크가 있다. ABCP는 대개 3개월 단위로 차환발행(이미 발행한 채권의 원금을 상환하기 위하여 새로 채권을 발행)된다.

예를 들어 1회차 ABCP를 발행하여 그 대금으로 시행사에 대해 대출해준다. 3개월 뒤 만기가 오면 2회차를 발행하여 1회차 투자자에게 상환을 해준다. 이런 식으로 다음 회차 발행금으로 앞의 회차 투자자에게 원리금을 갚아나가는 차환발행을 해 나가는 것이다.

그러다가 차환발행이 막히는 상황이 발생하면 ABCP 매입 약정을 한 주관 증권사가 일단 상환을 해줘야 한다. PF 유동화에는 이런 차환발행 리스크가 존재한다는 이야기이다.

정부의 '둔촌주공 구하기'

둔촌주공 재건축 사업으로 돌아가보자. 조합의 재건축 사업비 PF 대출 만기(2022년 8월 말)가 눈앞에 닥쳐오는데도 시공단과 조합의 갈등은 이어졌다. 보증을 섰던 시공단은 상환 능력이 없는 조합 대신 대출을 갚고 구상권을 행사하기로 하였다.

양측은 사업비 대출 만기를 보름여 앞두고 극적으로 공사비 증액 방안 등에 합의해 갈등을 봉합하였다. 조합과 시공단은 대주단에 만기 연장을 요청하였지만 불가 통보를 받았다.

시공단은 조합에 한 가지 제안을 하였다. 전자단기사채(STB)를 발행하여 시장에서 조달한 자금으로 사업비를 상환하라는 것이다. 시공단은 연대 지급 보증을 서 주겠다고 하였다. 조합은 돈이 없고, 시공단 역시 자금 부담이 있으니 일단 자본시장에서 조달한 자금으로 상환을 시

▶▶▶ **둔촌주공 재건축 조합 사업비 PF 1차 유동화**

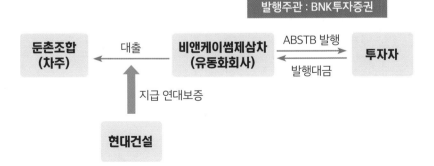

도해 보자는 구상이었다. 현대건설의 예를 들어 간략하게 구조를 설명하자면 이렇다.

223쪽 그림을 보자. 둔촌주공 재건축조합(이하 둔촌조합)은 BNK투자증권이 설립한 자산유동화회사 '비앤케이썸제삼차 주식회사'로부터 1956억을 대출받기로 약정하였다. 비앤케이썸제삼차는 시장에서 자금을 조달하여 조합에 빌려줘야 한다. 이 대출 약정에는 현대건설의 연대보증이 붙어있다. 1군 시공사의 보증까지 붙어있는 대출채권(대출 약정)을 기초자산으로 하여 비앤케이썸제삼차는 만기 두 달짜리 ABSTB(자산담보부 전단채) 투자자들을 모집하였다. 전단채 투자자들에 대한 원리금 상환은 대출채권에서 발생하는 현금흐름을 활용하는 것이다.

나머지 롯데건설, 대우건설, HDC현대산업개발도 현대건설과 똑같은 방식으로 PF 유동화에 참여하였다. ABSTB는 모두 발행일을 2022년 8월 23일, 만기일을 2022년 10월 28일로 하였다.

▶▶▶ 둔촌주공 재건축 관련 ABSTB

대주단이 대출 만기 연장 불가를 통보해오자, 자산유동화회사는 대출채권(대출 약정)을 기초자산으로 하여 시공단이 연대보증하는 만기 두 달짜리 ABSTB(자산담보부 전단채)를 발행해 자금을 모집했다.

자산유동화회사	주관사	연대보증 시공사	규모 (억 원)	유동화증권
비앤케이썸제삼차	BNK증권	현대건설	1959	ABSTB (자산담보부 전자단기사채)
제이부르크제이차	SK증권	롯데건설	1645	
스토크제오차	SK증권	대우건설	4645	
위드지엠제십차	한투증권	HDC현산	1749	

둔촌조합이 만기일에 4개 유동화회사에 대출원금(이자는 발행 시점 선급)을 갚아야 유동화회사가 다시 ABSTB 투자자들에게 원금을 상환하는 것이 가능하다. 그렇다면 만기일에 둔촌조합은 대출원금을 상환할 수 있을까?

만기 시점에 둔촌조합에 그만한 자금이 생길 가능성은 거의 없었다. 그럼 조합은 어떻게 해야 할까? 만기에 차환발행을 할 수밖에 없다. 시공단의 보증하에 다시 유동화증권을 발행한 자금으로 앞서 발행한 유동화증권을 상환해야 한다. 시장 상황에 따라서는 새로운 투자자가 나타나지 않을 수 있다. 이렇게 되면 다시 원점으로 돌아가 연대보증을 선 건설사가 상환할 수밖에 없다.

이런 리스크는 2022년 10월 28일 만기 시점이 다가오면서 현실화되었다. 이른바 '강원도 레고랜드 사태'가 터지면서 금융시장의 신용경색이 급속도로 진행되었다. PF 차환발행이 어렵게 된 것이다.

▶▶▶ 둔촌조합 사업비 PF 2차 유동화(차환발행)

정부 주도로 조성된 채권안정펀드와 시중 은행권이 새로 발행될 ABSTB의 투자자로 나서면서, 둔촌조합은 PF 만기 하루 전에 극적으로 차환발행에 성공하였다.

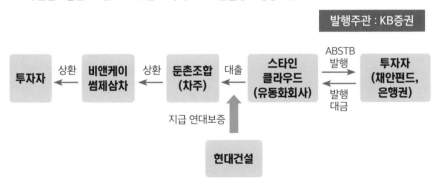

2022년 10월 20일 이후 많은 언론이 둔촌조합의 차환발행 실패 기사를 쏟아냈다. 둔촌주공 뿐 아니라 전국의 PF 사업장 중 상당수가 어려움을 겪을 것으로 예상되었다. 정부가 나서서 시장에 자금을 쏟아부을 수밖에 없는 상황이었다.

둔촌조합은 PF 만기 하루 전에 극적으로 차환발행에 성공하였다. 정부 주도로 조성된 채권안정펀드(이하 채안펀드)와 시중 은행권이 새로 발행될 ABSTB의 투자자로 나선 것이었다.

이번에는 KB증권과 한국투자증권이 PF 유동화 주관사를 맡았다. 다시 현대건설의 예를 보자(그림. 둔촌조합 사업비 PF 2차 유동화(차환발행), 225쪽). 주관사 KB증권은 '스타인클라우드 주식회사'라는 유동화회사를 세운다. 스타인클라우드가 둔촌조합에 대출해주는 돈은 2005억 원인데 역시 현대건설이 연대보증을 선다. 스타인클라우드는 대출채권을 유동화자산으로 하여 ABSTB 투자자를 모았다. 채안펀드와 은행권 자금이 들어왔다.

차환발행 자금은 스타인클라우드를 거쳐 둔촌조합으로 갔고, 다시 비앤케이썸제삼차로 전달되었다. 비엔케이썸제삼차는 ABSTB 투자자들에게 원리금을 상환하였다. 나머지 건설사들도 같은 방법으로 자금을 조달하였다.

2022년 8월 ABSTB 발행금리는 4% 안팎이었는데 10월 발행물은 현대건설이 7%대, 나머지는 12%대까지 치솟았다고 한다. 자금시장 경색으로 그새 금리가 많이 오른 것이었다. 이런 우여곡절 끝에 둔촌주공은 정상화 과정을 밟으며 일반분양에 성공할 수 있었다.

K-9 수출 파이낸싱은
죄가 없다!

2022년 7월 우리나라는 폴란드와 약 20조 원 규모의 무기 공급을 골자로 하는 방위 산업 협정을 맺었다. 러시아-우크라이나 간 전쟁을 보면서 러시아의 위협에 큰 위기감을 느낀 폴란드는 우리나라 K-2 흑표전차, K-9 자주포, FA-50GF 경공격기 등의 무기를 본격적으로 도입하기로 하고 우리 정부와 구매 기본 협정을 체결하였다.

폴란드 측은 "대(對) 우크라이나 지원으로 발생한 지상 공중전력의 공백을 메워야 했는데 기술, 가격, 도입 시기 등을 종합적으로 고려할 때 한국의 무기 체계가 가장 적합하였다"면서 "특히 K-9 자주포는 기술을 인정받고 있어서 빠르게 도입을 결정하였다"고 말했다.

전차와 자주포 초기 물량은 우리나라에서 직접 완제품을 수출하며 나머지 물량은 폴란드 현지에서 라이선스 생산될 예정인 것으로 알려졌다. 우리나라는 수출 계약의 약 70%에 해당하는 12조 원의 금융 지원을 폴란드에 약속하였다. 무기 구매용 자금을 우리나라 국책은행 등에서 대출해주는 것이다.

한국 무기 도입국에 금융 지원, 문제일까?

시곗바늘을 2022년 2월 1일로 돌려보자. 이날 방위사업청은 보도자료를 배포하여 이집트와 2조 원 규모의 K-9 수출 계약을 체결한다는 사실을 알렸다. 이집트가 K-9를 운용하는 9번째 국가가 될 것이라며, 현지 생산 및 기술 이전이 포함된 계약이라고 전했다. 연초 LIG넥스원과 한화시스템 등이 아랍에미리트와 체결한 4조 원 규모의 천궁-Ⅱ(중거리 중고도 지대공 요격미사일)에 이은 대형 방산 계약이었다.

그런데 하루 뒤 한 공중파 방송사에서 이 계약을 비판하는 기사를 내보냈다. 이집트 정부가 계약금액의 80%인 1조 6000억 원을 우리 수출입은행으로부터 빌려 충당하는 조건이 붙었다는 사실을 단독 확인하였다는 것이다. 말하자면, 무기를 수출하기로 계약하였는데 수입국에 우리가 무기 구매대금을 빌려주는 게 말이 되느냐는 식의 비판이었다.

필자는 매우 당황스러웠다. 글로벌 방산 거래에서 너무나 흔한 구매 파이낸싱을 모른다니……. 보도는 K-9 후반부 생산 물량을 이집트 현지에서 생산하기로 하였다든지, 가격을 대폭 깎아줬다는 후문이 있다

2022년 2월 1일 방위사업청은 이집트와 2조 원 규모의 K-9 수출 계약을 체결한다는 내용이 담긴 보도자료를 배포했다. 그러자 몇몇 언론에서 무기를 수출하기로 계약하였는데 수입국에 우리가 무기 구매대금을 빌려주는 게 말이 되느냐는 식의 비판 기사가 나왔다. 사진은 한화에어로스페이스의 K-9 자주포.

K-9 수출 쾌거?
"이집트, 한국 수출입은행 돈 빌려 산다"

K-9 자주포 2조 원 수출 계약
이집트에 돈 빌려주고 맺었다

고 언급하면서 이를 비판하였다.

　무기 수출 계약에서 수입국이 기술 이전 또는 자국에서 라이선스 방식의 생산 체제를 갖추는 것을 원하는 경우는 허다하다. 해당 무기 체계가 오직 한 나라만이 생산할 수 있는 독점 품목이 아니라면, 수출 경쟁국들은 가격 · 기술 이전 · 현지 생산 · 금융 지원 등의 조건을 종합적으로 수입국에 제시하여 수주하기 마련이다.

　예를 들어보자. 무기 체계의 종류에 따라 다르겠지만 대개 하나의 무기 체계를 수입하는 나라는 이를 15~30년 정도 운용한다. 수출국은 이 기간에 무기 체계 유지 · 보수와 관련한 추가 수익을 올릴 수 있다. 경우에 따라서는 수출금액의 5~10배에 이르는 유지 · 보수 수익을 창출하는 경우도 있다.

　따라서 단순히 무기 가격을 얼마나 할인해줬느냐 하는 것만을 두고 불리한 계약을 하였다고 단정할 수 없다는 것은 상식에 속한다. 자동차가 옵션에 따라 가격에 큰 차이가 나듯 무기류도 사양에 따라 수출가격이 얼마든지 달라질 수 있다. 도대체 어느 정도를 깎아주면 보도에서 말하는 '대폭'이 되는 것일까? 그리고 대폭을 결정하는 K-9의 기준가격이란 얼마인가? 이집트에는 대당 얼마에 공급하기로 한 것인가? 보도는 아무런 근거도 제시하지 않았다.

　K-9을 최초로 수출한 대상 국가는 튀르키예였다(2001년). 기술 이전과 현지 생산을 결합한 조건이었다. 인도나 호주도 현지 생산을 요구하였다. 물론 전량 완제품 수입을 원한 나라(노르웨이)도 있었고 심지어 중고품을 구매한 나라(핀란드, 에스토니아)도 있었다.

2016년 노르웨이에서 K-9를 구매하겠다고 하여 한화디펜스(2022년 한화에어로스페이스에 합병됨)팀이 현지 시험을 실시하였다. 이때 이웃 나라인 핀란드와 에스토니아가 참관하였다. 그런데 이 시험 과정을 지켜보고 K-9의 성능에 놀란 핀란드와 에스토니아가 즉각 구매 의사를 밝혔다. 신제품 생산에 시간이 걸린다는 설명을 듣고서 두 나라가 당장 운용할 수 있는 중고품 120대 구매 계약을 한 것은 업계에 잘 알려진 사실이다.

방산 수출의 경쟁력을 높이는 '방산 파이낸싱'

방산 구매 금융에 대해 간단하게 살펴보자. 정책금융기관으로서 수출입은행의 주력 업무는 공적수출신용(Official Export Credit)이다. '수출 촉진'이라는 정책 목표를 달성하기 위해 대출이나 보증 등의 공적 금융 지원을 제공하는 일을 말한다.

어느 나라나 이런 일을 하는 기관이 존재하는데 이를 ECA(Export Credit Agency : 공적수출신용기관)라고 한다. 우리나라의 경우 수출입은행과 무역보험공사가 ECA에 해당한다.

예를 들어보자. 우리나라 업체가 해외 건설이나 플랜트 사업을 수주하면 수출입은행은 해외 발주처에 금융 대출을 해준다. 해외 발주처가 대출을 받을 때 채무 보증을 서 주기도 한다. 해외 발주처가 우리 건설사에 줄 공사대금을 수출입은행이 지원해주는 셈이다. 발주처는 이런 금융 지원을 기대하고서 우리 기업에게 일감을 준다.

수출입은행은 우리 건설사에 직접 금융 지원(계약 이행 보증, 선수금 환급 보증, 제작자금 지원 등)을 하기도 한다. 조선도 마찬가지다. 국내 조선사가 선박을 수주하면 수출입은행이 건조자금을 대출해줄 수도 있다. 해외 선주에게 선박 구매자금을 빌려주기도 한다. 2021년 말 수출입은행 경영진이 그리스 최대 해운사를 방문했다. '한국 조선소에 선박을 발주하면 선박금융을 제공하겠다'는 내용의 '금융협약'을 체결하기 위해서였다. 앞으로 3년 동안 이 해운사가 발주하는 친환경 선박을 한국 조선소가 수주하면 금융 지원을 한다는 내용이다.

2022년 초 수출입은행은 중동지역 국영 에너지 기업 두 곳과 110억 달러 규모의 '기본 여신 약정'을 체결했다. 해외 발주처에 금융 지원 조건을 미리 제시하여 확정한 것이다. 우리 기업이 사업을 수주하면 신속하게 금융을 제공하겠다는 메시지이다. 선 금융 지원 확약으로 우리 건설사들의 수주를 돕기 위한 조치인 셈이다.

방산 무기 체계 개발에는 오랜 시간과 막대한 비용이 투입된다. 개발에 성공하여 양산에 들어가면 방위사업청은 일정한 이윤을 보장해주는 가격으로 구매한다. 안정적이기는 하지만 수익성은 낮다. 방산 업체의 영업이익률은 대개 한 자리 숫자다. 영업이익에 감가상각비를 더한 이른바 '에비타(EBITDA)'의 마진율로도 두 자리 숫자를 보기가 쉽지 않다. 방산은 대규모 자본재 장치 산업이다. 생산 및 판매 규모를 늘리면 고정비 효과에 따라 수익성은 크게 좋아진다. 영업 레버리지 효과가 뚜

▶▶▶ 방산 수출 파이낸싱

수출입은행은 국내 기업으로부터 물품 등을 구매하는 외국 정부와 기업 또는 국내 기업을 대상으로 직접 대출을 해준다. '수입자 앞 금융'은 국내 기업으로부터 물품 등을 구매하는 외국 정부와 기업을 차주로 하는 수입 결제자금 지원이다. '수출자 앞 금융'은 국내 수출 기업이 수출품 제작 및 대금을 회수하는 데까지 필요한 자금을 지원해주는 것이다.

〈수입자 앞 금융(수출기반자금)〉

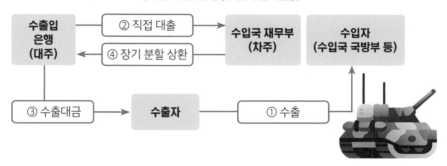

〈수출자 앞 금융(수출성장자금, 수출이행자금)〉

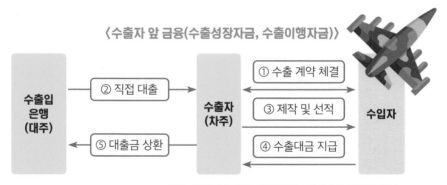

* 자료 : 산업통상자원부 · 방위사업청, 〈방산 수출 종합 가이드북〉

렷하다. 그러자면 방위사업청 납품을 넘어 해외 수출을 해야 한다. 이때 수출입은행과 같은 ECA의 역할이 중요하다.

2019년 산업연구원의 〈주요 선진국의 방산 수출 파이낸싱 정책과 발전 과제〉 보고서를 보면 방산 수출 강국인 프랑스 · 스웨덴 등은 구매

국이 요구하는 수준의 파이낸싱을 제공한다. 품질과 성능이 좋은데 금융 조건까지 구매자 중심이라면 경쟁력은 높아질 수밖에 없다. 우리나라와 글로벌 방산 시장에서 경쟁 관계에 있는 중국·러시아 등은 파격적 장기 파이낸싱(차관 수준의 금리와 25년 상환 조건)을 내세워 후발국 시장을 공략하는 중이라고 보고서는 소개한다. 우리나라 수출입은행이나 무역보험공사도 상환 기간을 20년 이상 늘리는 한편 파이낸싱 한도를 방산 계약금의 100%까지 확대하는 등 인센티브를 부여할 필요가 있다고 보고서는 주장한다.

이러한 파이낸싱에는 당연히 리스크도 따라붙는다. 우리나라 방산 수출은 주로 아시아·중동·중남미권 국가를 대상으로 한다. 신용도가 높지 않은 나라들이지만 5억 달러 이상 대형 방산 거래에서 장기 저금리 파이낸싱을 요구한다. 현지 생산과 이른바 절충교역(기술 이전 및 부품 역수출 등의 조건 요구)을 원하는 것은 물론이다. 그래서 나라마다 방산 거래에서 파이낸싱을 담당하는 것은 정책금융기관의 몫이다.

방산 수출에서도 'K 열풍'이 불까?

우리나라의 계약 기준 방산 수출 수주액은 지난 수년간 연간 25억~35억 달러 수준에 머물렀다. 구체적으로 살펴보면 2015~2020년까지 각각 35.4억 달러, 25.6억 달러, 31.2억 달러, 27.2억 달러, 30.8억 달러,

29.7억 달러를 기록하였다. 그러다가 2021년 72.5억 달러를 기록하며 크게 점프하였다. 2022년에는 역대 최고 수준인 173억 달러를 달성하였다. 폴란드와 K-2 전차, K-9 자주포, FA-50 전투기 등 124억 달러에 이르는 대규모 수출 계약을 체결하였기 때문이다.

▶▶▶ **한국 연도별 방산 수출액(수주 계약 기준) 추이**

우리나라 방산 수출 수주액은 수년간 연간 25억~35억 달러 수준에 머물렀으나 2021년 72.5억 달러를 기록하며 크게 점프했다. 2022년에는 역대 최고 수준인 173억 달러를 달성하였다. 폴란드와 K-2 전차, K-9 자주포, FA-50 전투기 등 124억 달러에 이르는 대규모 수출 계약을 체결하였기 때문이다. 사진은 한국항공우주산업(KAI)에서 개발한 FA-50 경공격기.

억 달러

연도	수출액
2011	23.8
2012	23.5
2013	34.2
2014	36.1
2015	35.4
2016	25.6
2017	31.2
2018	27.2
2019	30.8
2020	29.7
2021	72.5
2022	173
2023(E)	200

• 자료 : 방위사업청

235

하이투자증권에 따르면 최근 들어 방산 수주는 수입국에 줄 수 있는 이익이 무엇인지에 따라 결정된다. 우리나라의 경우 성능, 가격, 신속한 공급 능력, 현지 생산과 기술 이전 등 고객 맞춤형 전략 등의 4박자가 잘 갖춰져 있는 것으로 평가받고 있다고 한다.

한화투자증권에 따르면 2017년 수출 주력 품목은 K-9 자주포와 T-50 초음속 고등 훈련기 등 2개뿐이었다. 2022년에는 천궁-II, K-2 전차, 천무 등 여섯 개로 늘었다. 우리나라의 주력 수출 무기를 해외 경쟁제품과 비교해 본 결과 가격 경쟁력과 운용 대수 등의 측면에서 우위에 있다고 이 증권사는 평가하였다.

▶▶▶ **K-방산 주요 수출 품목의 수출 대상국**

구분	아시아	중동	유럽	중남미	아프리카
K-9	호주(2021) 인도(2017)	이집트(2022)	폴란드(2022) 에스토니아(2018) 핀란드(2017) 노르웨이 (2017, 2022)		
T-50 FA-50	인도네시아(2021) 필리핀(2014) 태국 (2015, 2017, 2021)	이라크(2013)	폴란드 (2022)		
K-2			폴란드(2022)		
천궁-II		UAE(2021)			
천무		UAE(2021)	폴란드(2022)		
기타	인도네시아 (잠수함 2019) 필리핀 (초계함 2021) 베트남 (초계함 2021)	이집트 (초계함 2017) 사우디 (현궁 2017, 비궁 2020)	영국(Tide, 2012)	칠레 (KLTV 2022) 콜롬비아 (초계함 2019) 에콰도르 (경비함 2020) 페루 (초계함 2021)	나이지리아 (KLTV 2020)

* 자료 : SIPRI, 한화투자증권 리서치센터

주가가 오르는데
왜 손익계산서가 망가질까?

표면 처리 강판 제조기업 TCC스틸은 2023년 1분기에 115억 원의 파생
상품 평가손실을 반영했다고 공시하였다.

▶**TCC스틸의 공시 : 파생상품 거래 손실 발생** 2023년 5월 12일

파생상품 거래 종류	파생상품(전환사채) 평가손실 발생
손실 발생 금액	11,466,960,200원
손실 발생 주요 원인	주가 상승으로 전환사채 전환가격과 주가 간 차이

주가 상승으로 전환사채
(CB)의 전환가격과 주가 간
차이가 벌어진 게 손실의
이유라는 설명이다. 이게
무슨 말일까? 우선 1분기
이 회사의 실적을 한번 보
자. 매출액 1425억 원에 7억
9000만 원의 영업이익을 기

▶**TCC스틸 연결 손익계산서(요약)** (단위 : 원)

	2023년 1분기
수익(매출액)	142,497,829,822
영업이익	788,907,433
기타수익	2,323,756,747
기타비용	1,292,307,196
금융수익	846,053,736
금융비용	18,058,970,878
당기순이익(손실)	(19,031,326,619)

록하였다. 금액이 적기는 하지만 영업이익을 내긴 하였다. 그런데 당기

순이익은 190억 원의 대규모 적자로 전환하였다. '영업 외'에서 큰 손실 비용이 발생하였다는 것을 짐작할 수 있다. 영업이익 아랫단을 보면 금융비용 181억 원

▶TCC스틸 주요 금융비용 내역 (단위 : 원)

	2023년 1분기
이자비용	3,021,670,211
통화선물 평가손실	2,159,400,000
파생상품 평가손실	11,466,960,200
합계	18,058,970,878

이 당기순손실에 가장 큰 영향을 주었다. 막대한 금융비용의 주요 원인은 표에서 보는 것처럼 약 115억 원의 파생상품 평가손실이다.

CB는 주식 전환권이 내재된 회사채다. 예를 들어 TCC스틸이 발행한 CB 100만 원 어치(연이자 5%, 2년 만기, 주식전환가격 1만 원)를 달봉이가 매입하였다고 해보자. 이자(보통 3개월마다 지급)를 받다가 만기 때 원리금을 회수할 수도 있지만, TCC스틸 주가가 1만 원을 훌쩍 넘길 때 CB 원금을 주식으로 전환하면 차익을 얻을 수 있다. 예를 들어 주가가 3만 원이 되었다면 달봉이는 주식전환가격인 1만 원에 신주 100주(= CB원금 100만 원 / 주식전환가격 1만 원)를 발행해달라고 회사 측에 요구할 수 있는 것이다.

회사 입장에서 전환권이 내재된 CB를 발행하였을 때 어떻게 회계 처리를 하는지 간단하게 살펴보자. 이러한 CB는 두 가지 부채의 속성을 가지고 있다. 첫째는 원리금 상환 의무다. 이를 '주(主)부채'라고 해보자. 둘째는 투자자가 주식 전환을 요구할 경우 이에 응해야 하는 의무다. 이를 '전환권부채'라고 해보자. TCC스틸이 CB 10억 원을 발행하였다면 우선 전환권부채의 공정가치를 평가해야 한다. 2억 원이라고 해

보자. 그럼 주부채는 10억 원에서 2억 원을 차감한 8억 원이 된다.

사채 발행금액 10억 원 = 주부채 8억 원 + 전환권부채 2억 원

이렇게 최초 회계 처리를 한 뒤 결산 때마다 전환권부채의 공정가치를 새로 측정하고 반영해야 한다. 전환권부채의 공정가치에 가장 큰 영향을 미치는 요소는 '주가'다. 누군가에게 내가 가진 상품을 1만 원에 주기로 약속한 상태다. 그런데 그 상품의 시중 가격이 3만 원으로 오른다면 2만 원의 평가손실을 보고 있는 셈이다. 마찬가지로 전환가격이 1만 원인 상태에서 주가가 3만 원이 되면 회사 입장에서는 그 차액만큼 평가손실을 보고 있는 것으로 회계 처리를 해야 한다.

예를 들어 주가가 상승해 TCC스틸의 전환권부채 가치가 2억 원에서 6억 원으로 올라가면, 회사는 4억 원의 평가손실을 반영해야 한다. 만약 그 뒤 주가가 떨어져 전환권부채 가치가 5억 원이 되었다면 1억 원의 평가이익을 본 것으로 처리하면 된다.

전환권부채는 파생금융상품으로 분류되므로 가치 변동을 당기의 손익으로 인식해야 한다. 이 같은 파생상품 평가손실은 현금 유출과는 무관한 회계적 처리이다.

CHAPTER 4

재무제표 속 숫자에 감춰진 사건들

에코프로의
손익을 움켜쥔 열쇠

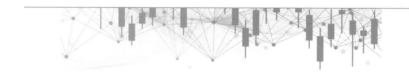

2023년 8월 중순 현재 코스닥시장 시가총액 1위는 에코프로비엠(33조 1500억 원), 2위는 에코프로(28조 4650억 원)이다. 에코프로는 지주회사이며, 2차전지(이하 배터리로 통칭) 소재인 양극재를 만드는 곳이 에코프로비엠이다. 에코프로는 친환경 솔루션 업체 에코프로에이치엔 등을 자회사로 두고 있다.

앞서 2023년 7월 18일 에코프로 주가가 100만 원을 훌쩍 넘었다. 이른바 '황제주'에 등극한 것이다. 이날 에코프로는 전날 대비 11.9% 오른 111만 8000원에 거래를 마쳤다. 증권 업계에서는 에코프로의 기업 가치는 자회사 에코프로비엠이 70% 이상 영향을 미친다고 보고 있다.

에코프로 주가는 2023년 1월 만해도 11만~12만 원을 오르내렸다. 2월 들어 배터리주에 대한 시장의 관심이 급격하게 쏠리면서 급등세를

▶▶▶ **에코프로와 에코프로비엠 주가 추이(2023년 1월 2일~8월 17일)**

2차전지 소재인 양극재를 만드는 에코프로비엠과 그 지주회사 에코프로는 2023년 주가가 급등했다. 에코프로는 2023년 7월 18일 111만 8000원에 거래를 마치며 '황제주'에 등극했다.

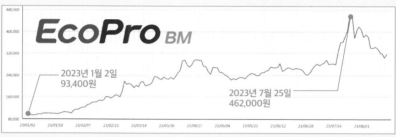

타기 시작했다. 매달 50~70%의 폭풍 상승세를 보였다.

증권사 애널리스트들이 과열에 대한 경계의 목소리를 내면서 에코프로 밸류에이션을 둘러싼 논란이 일었다. 양극재 산업의 성장성이 2025년 이후부터 둔화될 가능성이 크다는 분석이 나오면서 에코프로 주가에 거품이 끼었다는 주장을 제기하는 애널리스트도 나타났다.

에코프로비엠 역시 2023년 들어 7월 말까지 주가가 6배나 뛰었다. 2023년 초 9만 원대 주가가 7월 26일 장중 한 때 58만 원대까지 오르기도 했다. 8월 중순 현재는 밸류에이션 논란에 이어 시장 예상에 못미친

2분기 실적의 영향으로 30만 원대로 주저앉은 상황이다.

메탈 시세에 연동되는 양극재와 배터리셀 판가

이에 따라 배터리 산업에 대한 기본적 이해 없이 친구 따라 강남 가듯 뒤늦게 에코프로를 매수한 투자자들의 불안감도 확산되고 있다. 배터리 산업 전반을 다루는 것은 너무 광범위하므로 관련 기업들의 수익 구조에 대해서만 간단하게 알아보자.

양극재(양극화 물질)는 배터리의 양극(+)을 구성하는 소재로, 배터리 성능과 안전성, 가격 등에 가장 큰 영향을 미친다. 양극재 제조에는 니켈, 코발트, 망간, 리튬 등의 원자재(이하 메탈로 통칭)가 사용된다. 대표적인 양극재 제조 상장기업으로는 에코프로비엠, 포스코퓨처엠, 엘앤에프 등이 있다.

배터리셀 제조에 들어가는 대표적인 소재는 양극재, 음극재, 전해질, 분리막 등이다. 이 가운데 배터리 원가에서 차지하는 비중은 양극재가 가장 큰 데, 약 50%에 이른다. 상장기업 LG에너지솔루션과 삼성SDI, 비상장기업 SK온(상장기업 SK이노베이션의 자회사) 등은 양극재 등의 소재를 공급받아 배터리를 제조하여 전기차 업체에 납품한다.

여기서 한 가지 주목할 점은 양극재나 배터리셀의 판매 가격이 국제 메탈 시세 변동에 연동되어 결정된다는 사실이다. 양극재를 예로 들어

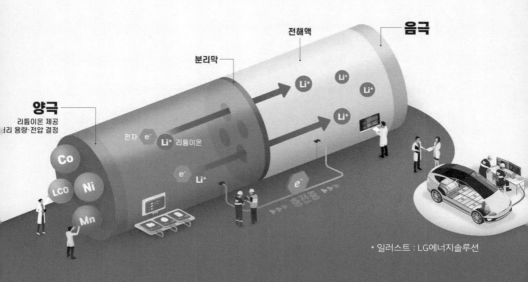

양극
리튬이온 제공
리 용량·전압 결정

분리막

전해액

음극

Li⁺

Li⁺

Li⁺

Li⁺

전자 e⁻   Li⁺ 리튬이온

e⁻ Li⁺

e⁻

충전중 ▶▶▶

Co

LCO Ni

Mn

* 일러스트 : LG에너지솔루션

▶▶▶ 2차전지 관련 기업

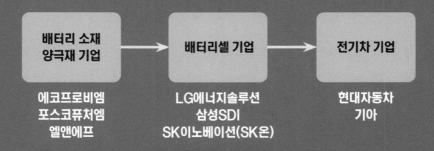

배터리 소재 양극재 기업	→	배터리셀 기업	→	전기차 기업
에코프로비엠 포스코퓨처엠 엘앤에프		LG에너지솔루션 삼성SDI SK이노베이션(SK온)		현대자동차 기아

▶▶▶ 양극재 판매 가격을 구성하는 것

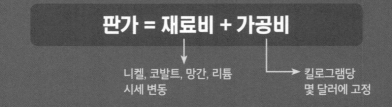

판가 = 재료비 + 가공비

니켈, 코발트, 망간, 리튬
시세 변동

킬로그램당
몇 달러에 고정

245

보자.

판가는 재료비와 가공비를 더한 값이다. 가공비는 양극재 1킬로그램당 몇 달러 식으로 고정 계약을 한다. 가공비 산정에는 인건비, 투자비(투자에 대한 감가상각비) 등이 고려된다. 가공비는 거래 업체별로, 납품 제품별로 달라질 수 있다. 그런데 재료비는 변동비다. 리튬, 니켈 등의 메탈 국제 시세는 늘 변한다. 따라서 재료비와 가공비의 합으로 구성되는 판가는 메탈 시세 변동에 연동되는 것이다. 메탈 가격이 오르면 판가가 오르고 매출액이 증가한다. 메탈 가격이 내리면 그 반대다.

판가 결정의 기준이 되는 메탈 가격은 당연히 과거의 가격이라는 것인데, 어느 시기의 가격을 말하는 것일까? 이는 양극재 기업과 거래처 간 계약에 따라 정해지기 때문에 일률적 기준이 있는 것은 아니다. 예를 들어 판가 결정 월의 전월을 포함한 3개월 치 평균 가격이라고 해보자. 10월 판가는 전월(9월)을 포함한 3개월이므로 '7~9월' 메탈 평균 가격을 기준으로 한다는 이야기이다. 계약에 따라서는 '전월 평균'이 될 수도 있고, '전전월을 포함한 3개월 평균'일 수도 있다.

오른쪽 그림은 2022년 1월 초~6월 말까지 국제 리튬 가격 변동 추이다. 리튬 가격은 2022년 1분기 내내 급격하게 상승하였고, 이후 약간의 등락을 거듭하며 고공행진을 이어갔다. 1분기 리튬 가격 급등은 2분기의 양극재 판가를 끌어올린다. 다음은 그해 2분기 에코프로비엠의 실적이다.

2022년 2분기 매출액은 1분기 대비 79%, 전년 동기보다는 282%나 증가하였다. 영업이익은 각각 150%, 254% 증가하였다. 이 같은 매출액

▶▶▶ **2022년 상반기 국제 리튬 가격 변동 추이**

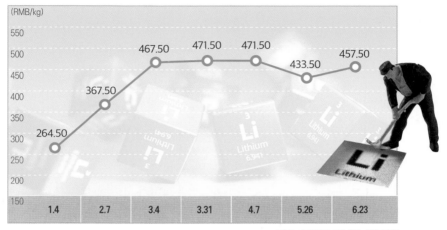

(RMB/kg)

- 264.50 (1.4)
- 367.50 (2.7)
- 467.50 (3.4)
- 471.50 (3.31)
- 471.50 (4.7)
- 433.50 (5.26)
- 457.50 (6.23)

* 기간 : 2022년 1월 4일~6월 30일
* 자료 : 한국자원정보서비스

▶▶▶ **에코프로비엠 2022년 2분기 실적** (단위 : 억 원)

[연결손익계산서]

과목	2021. 2Q	2022. 1Q	2022. 2Q	QoQ	YoY
매출액	3,104	6,625	11,871	+ 79%	+ 282%
매출원가	2,642	5,990	10,476	+ 75%	+ 297%
매출총이익	436	635	1,395	+ 120%	+ 201%
판매관리비	172	224	366	+ 64%	+ 113%
영업이익(%)	290(9.4%)	411(6.2%)	1,029(8.7%)	+ 150%	+ 254%

의 급증은 메탈 시세에 연동된 판가 상승뿐 아니라 판매량의 증가 및 환율 상승 효과도 복합적으로 작용한 것이다.

원재료 도입과 투입 간 시간 차가
제품 마진에 미치는 영향

배터리 관련 기업의 손익 구조를 이해하기 위해서는 재고 래깅(lagging) 효과를 알아둘 필요가 있다. 일반적으로 원자재를 투입하여 제품을 만드는 기업의 손익에는 래깅 효과라는 것이 작용한다.

정유회사를 예로 들어보자. 국내 정유회사가 중동에서 도입한 원유를 정제 설비에 투입하여 제품(휘발유, 디젤유 등)을 생산하기까지 3개월 정도가 걸린다. 이 기간 동안 국제 원유 시세가 계속 상승한다고 가정해보자.

원유 가격과 원유를 정제하여 만드는 제품(휘발유, 디젤유 등) 가격은 같이 움직이는 경향이 있다(늘 그런 것은 아니다). 예를 들어 제품 수요가 급증하면 원유 수요도 증가할 것이고, 제품과 원유 가격은 동반 상승한다.

지금 정제 설비에서 뽑아내는 제품의 가격은 현재의 원유 가격에 연동하여 많이 오른 상태이지만, 이 제품 제조에 투입된 원유는 몇 달 전 가격이 쌀 때 도입한 것이다. 비싼 제품을 싼 원료로 만들었으니 정제 마진은 확대된다. 원재료 시세 상승기에 원재료 도입과 투입 간 시차 때문에 제품 마진이 커지는 현상이 래깅 효과다.

원유 가격이 하락할 경우에는 어떻게 될까? 제품 가격은 원유 가격에 연동하여 많이 떨어졌지만 이 제품 제조에 투입된 원유는 과거 비싼 때 구매한 것이기 때문에 정제 마진은 감소한다. 수익성이 크게 악

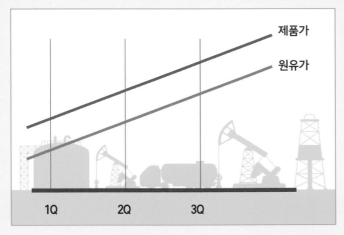

▶▶▶ 래깅 효과

제품가

원유가

원재료 시세 상승기에 원재료 도입과 투입 간 시차 때문에 제품 마진이 커지는 현상을 래깅 효과라고 한다.

1Q 2Q 3Q

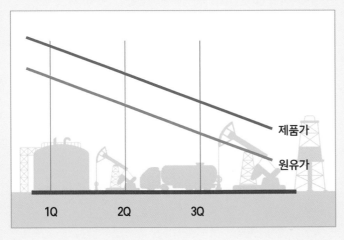

▶▶▶ 역래깅 (래깅의 부정적) 효과

원재료 도입과 투입 간 시차 때문에 제품 마진이 줄어드는 현상을 역래깅 효과라고 한다.

제품가

원유가

1Q 2Q 3Q

화될 수밖에 없는데, 이를 역래깅 또는 래깅의 부정적 효과라고 한다.

특히 이런 경우 정유회사가 저장 탱크에 보관 중인 원유와 제품의 가치가 하락하면서 재고자산평가손실이 발생할 수 있다. 재고자산평가손실은 매출원가에 반영된다. 따라서 원유 가격 하락기에는 정제 마진 감소에다 재고자산평가손실까지 더해져 정유사의 손익에 큰 악영향이 발생할 수 있다.

국제 메탈 시세에 판가가 직접 연동되는 배터리 관련 기업들의 수익성에도 당연히 재고 래깅 또는 역래깅 효과가 강하게 나타날 수 있다.

가상의 예시를 보자. 〈그림. 배터리 관련 기업의 수익성(메탈 가격 상승기)〉에서처럼 메탈 가격은 꾸준하게 상승하고 있다. 10월 판가(①)를 결정할 때의 기준이 직전 3개월(7~9월) 평균이라 하고 그 가격이 70달러라고 해보자(②). 10월에 납품하는 제품의 제조에 투입한 메탈 재고 구매가격은 50달러였다(③).

판가는 메탈 시세 70달러를 기준으로 결정되고 실제 투입된 메탈 재고 구매가격은 50달러라면, 래깅 효과로 그만큼 이익의 폭은 커진다.

그런데 이런 경우를 한번 생각해보자. 메탈 수급의 불균형 때문에 가격이 지속적으로 오르고 있다. 그런데 회사는 메탈 재고를 충분히 확보

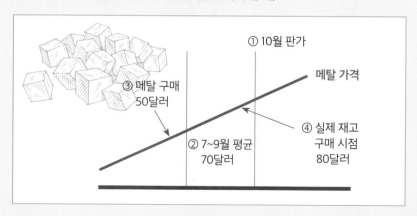

▶▶▶ **배터리 관련 기업의 수익성(메탈 가격 상승기)**

① 10월 판가

메탈 가격

③ 메탈 구매
50달러

④ 실제 재고
구매 시점
80달러

② 7~9월 평균
70달러

하지 못하였다. 시장에서 80달러에 구매한 재고로 제품을 만들어 10월 납품에 대응한다고 해보자(④). 10월 판가 기준이 되는 메탈 가격은 70달러이고 실제 투입된 메탈은 80달러에 구매한 재고라면 수익성은 오히려 악화될 수도 있다.

대체로 메탈 가격 상승기에는 매출액이 증가하고 래깅 효과로 이익의 폭도 커진다. 하지만 재고 구매가 이처럼 원활하지 못했을 경우 래깅 효과의 혜택을 누리지 못하거나 수익성이 나빠질 가능성도 존재한다.

메탈 가격 하락기를 보자. 〈그림. 배터리 관련 기업의 수익성(메탈 가격 하락기)〉에서 보는 것처럼 10월 판가(①)는 메탈 가격 50달러(②)를 기준으로 책정되었다. 10월 납품하는 제품에 투입된 메탈은 60~70달러(③)에 매입했던 물량이다. 메탈 가격이 지속적으로 떨어질 때는 이처럼 역래깅(래깅의 부정적 효과)에 따른 수익성 악화 현상이 일반적이다.

그러나 가격 하락기를 이용하여 시장에서 40달러(④)에 메탈 재고를

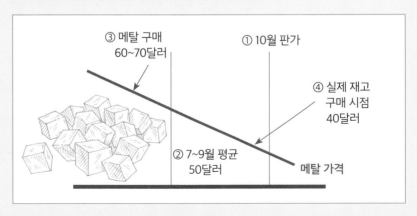

▶▶▶ **배터리 관련 기업의 수익성(메탈 가격 하락기)**

③ 메탈 구매
60~70달러

① 10월 판가

④ 실제 재고
구매 시점
40달러

② 7~9월 평균
50달러

메탈 가격

충분히 확보하였고 이를 10월에 납품하는 제품 제조에 투입하였다면 수익을 방어할 수도 있다.

　메탈 시세의 판가 반영은 양극재 업체뿐 아니라 배터리셀 업체도 마찬가지다. 셀 업체는 메탈 가격 연동 기준으로 양극재를 납품받고, 전기차 기업에는 역시 메탈 시세에 연동한 판가로 배터리셀을 공급한다.

2차전지 관련 기업의 실적 파헤치기

다음은 LG에너지솔루션의 2023년 2분기 실적 설명 자료에 있는 그림이다.

▶▶▶ **LG에너지솔루션 2023년 2분기 실적 설명 자료 중**

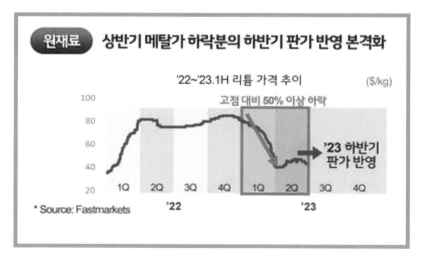

그림처럼 2023년 1분기와 2분기에 리튬 가격이 크게 하락하였다. 회사는 이 같은 상반기 메탈 가격 하락분이 하반기의 배터리셀 판가에 본격적으로 반영될 것이라고 밝혔다. 즉, 판가가 떨어질 거라는 이야기다. 2분기 이익과 관련하여 회사 측은 "재고 래깅에 따른 메탈 재료비의 원가 상승 영향이 있었다"고 설명하였다.

2023년 상반기의 리튬 가격 추이를 보면 다음 그림과 같다. 1분기 내내 리튬 가격은 킬로그램당 500위안에서 200위안 아래까지 하락하였고, 2분기 들어 반등하여 300위안 안팎에서 움직였다.

▶▶▶ **2023년 상반기 국제 리튬 가격 변동 추이**

* 기간 : 2023년 1월 3일~6월 30일
* 자료 : 한국자원정보서비스

양극재 업체 엘앤에프의 2023년 2분기 실적(254쪽)을 한번 보자. 이 회사의 2분기 매출액(1조 3682억 원)은 전분기와 거의 비슷한 수준(1조

▶▶▶ 엘앤에프 실적 설명 자료 중 실적 추이

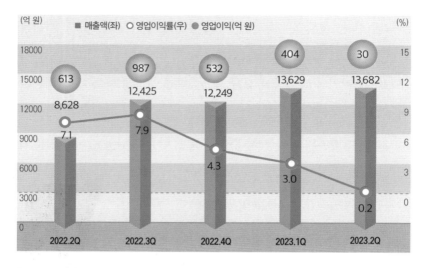

3629억 원)을 유지하였다. 판가 하락에도 불구하고 판매량이 증가하였기 때문으로 보인다. 그런데 영업이익은 어닝쇼크급으로 감소하였다. 전분기 404억 원에 비해 93%나 감소한 30억 원을 기록하였다. 영업이익률도 3.0%에서 0.2%로 뚝 떨어졌다.

이에 대해 엘앤에프는 실적 설명 자료에서 다음과 같이 밝혔다.

▶▶▶ 엘앤에프 2023년 2분기 실적 설명 자료 일부

[실적 분석]

기본 마진 구조는 1Q와 동일 하나, Metal(리튬 등) 가격 급락에 따

라 기존 보유 재고의 영향으로 판가와 매출원가 차이 감소 및 제품
의 순실현가치 마이너스(-) 반영으로 수익성 악화됨.

※ Metal(리튬 등)이 급락하지 않았을 경우 2Q 예상 영업이익은 700억 원 수준임
  (수익률 5%대)

우선, 메탈 가격 급락에 따라 기존 보유 재고의 영향으로 판가와 매출원
가 차이가 감소하였다고 설명하였다. '기존 보유 재고'의 영향이라는 것은
메탈 가격 하락기에 역래깅 영향을 받았다는 것으로 이해하면 된다.

판가가 하락하는 국면(매출액의 감소)에서 과거에 구매해놓았던 비싼
메탈로 제품을 생산·판매(매출원가의 상승)하였기 때문에 판가와 매출
원가 차이 감소로 수익성이 악화되었다.

그 다음으로 눈에 띄는 것은 "제품의 순실현가치 마이너스 반영으로
수익성이 악화되었다"고 밝힌 부분이다. 이 말은 재고자산평가손실이
발생하였다는 뜻이다.

간단하게 예를 들어보자. 엘앤에프가 현재 보유 중인 양극재 재고자
산을 제조하는 데 들인 원가는 1000억 원이다. 양극재 판가가 떨어져
현재 예상하는 판가는 900억 원 정도 된다. 이를 순실현가치라고 한다.
양극재를 판매하여 회수할 수 있는 돈 즉, 순실현가치는 900억 원(물류
비 등 판매 부대 비용은 무시)인데, 제조에 들어간 원가는 1000억 원이다.
순실현가치가 제조원가보다 더 적은 상황이라면 회사는 그 차액 100억
원을 재고자산평가손실로 인식하고, 매출원가에 반영해야 한다. 그만

큼 영업이익은 감소하는 셈이다.

시장 전문가들은 엘앤에프가 2분기에 수백억 원대 재고자산평가손실은 입은 것으로 추정하였다. 회사는 "메탈이 급락하지 않았더라면 2분기 이익은 700억 원 정도가 되었을 것"이라고 실적 자료에 기재해 놓았다.

에코프로비엠도 2023년 2분기 ASP(평균 판매 단가) 하락을 피할 수는 없었다. 매출액이 전분기 대비 5%가량 감소하였다. 그러나 EV(전기차)용 양극재 판매 비중이 증가(1분기 80% → 2분기 87%)하면서 영업이익은 전분기 대비 6.9% 정도 증가하였다. EV용 양극재는 소품종 대량 생산 품목이라 제조비용 절감 효과가 있다.

현대차의
충당금 먹는 하마, 세타2

2020년 3분기에 현대자동차(이하 현대차)는 3140억 원의 영업적자(연결 기준)를 냈다. 전년 동기에는 3790억 원의 영업이익을 기록하였다. 전년 동기 대비 매출액과 매출총이익이 각각 2.3%, 15.7% 증가하였는데도 불구하고 왜 영업손익은 적자로 전환하였을까?

판매비 및 관리비(이하 판관비)가 전년 동기보다 34.3%나 증가하였기 때문이다. 판관비(5조 4390억 원)가 매출총이익(5조 1250억 원)을 3140억 원이나 초과하는 바람에 영업손실이 났다.

판관비를 구성하는 항목 중에는 매출액이 증가함에 따라 같이 늘어나는 변동비용도 있지만, 매출액 증가와 상관없이 일정하게 발생하는 고정비용이 더 많은 편이다. 즉 판관비는 매출액 증가율만큼 늘어나지는 않는다는 이야기다. 그렇다면 당시 매출액은 2.3%밖에 증가하지 않

▶▶▶ **손익계산의 흐름 예**

매출액	100
➖ 매출원가	70

매출총이익	30
➖ 판관비	20

영업이익	10

매출총이익보다 판관비가 더 크면, 매출총이익이 발생하여도 영업손실이 날 수 있다.
2020년 3분기 현대차는 전년 동기보다 매출액과 매출총이익이 2.3%, 15.7% 증가하였지만, 판관비가 34.3%나 증가하며 대규모 영업적자를 냈다.

았는데 판관비는 왜 34.3%나 증가하였을까?

지출 시기와 금액이 불확실한 부채

우선 부채에 관한 이야기부터 해보자. 기업 재무 회계에서 말하는 '부채'란 미래에 현금이나 제품, 용역서비스 등을 제공하여 결제해 줘야 할 의무를 말한다. 부채 금액은 신뢰성 있게 측정할 수 있어야 한다.

그런데 누구에게, 얼마를, 언제 지급해야 할지 명확하지 않아도 지급

258

의무가 발생할 가능성이 높고 지급액 추정이 가능하다면 부채로 반영하여야 한다. 이를 '충당부채'라고 한다. 일반적으로 '충당금'이라는 단어와 혼용하여 사용하는데, 정확한 용어는 충당부채가 맞다.

예를 들어 아파트 건설사가 입주민에게 일정 기간 하자보수를 약속하였다면 하자보수 충당부채를 재무제표에 반영하여야 한다. 과거의 데이터에 근거하여 앞으로 얼마 정도의 하자보수가 발생할지 추정할 수 있다.

자동차회사는 차를 판매하면서 일정 기간 내에 고장이 발생하면 무상수리를 약속한다. 이 역시 마찬가지다. 과거 데이터를 분석하여 미래에 예상되는 무상수리 비용을 충당부채(품질 보증 충당부채 또는 판매 보증 충당부채라고 부름)로 인식해야 한다. 이렇게 충당부채가 발생하면 그 금액만큼 손익계산서에는 비용(품질 보증비)을 반영해야 한다. 예상 비용을 미리 반영해 놓으면 나중에 실제 무상수리가 발생할 때는 비용 처리할 필요가 없다. 품질 관련 비용은 판관비 항목이기 때문에 영업이익에 영향을 준다.

자동차 제조상의 결함이 발견되어 대규모 리콜을 할 때도 마찬가지다. 리콜은 짧게는 몇 개월, 길게는 몇 년에 걸쳐 할 수 있기 때문에 예상되는 비용을 추정하여 리콜 충당부채(리콜 충당금)로 처리한다. 이 금액은 그대로 손익계산서에 품질 비용으로 반영된다.

이쯤 되면 다들 눈치챘겠지만, 2020년 3분기 현대차의 영업적자는 리콜 비용 반영 때문이다. 당시 기아 역시 같은 이유로 부진한 실적을 발표하였다.

현대차그룹의 발목을 잡은 세타2 엔진 리콜 사태

2020년 3분기 기아의 매출액과 매출총이익은 전년 동기 대비 각각 8.2%, 22.8% 증가하였지만 영업이익은 오히려 33%나 감소하였다. 판관비가 전년 동기(2조 1050억 원)보다 30.5%나 늘어난 2조 7470억 원을 기록하였기 때문이다.

다음은 당시 현대차가 제시한 리콜 관련 투자 설명회(IR) 자료이다. 현대차와 기아는 세타2 엔진 결함으로 2015년부터 해마다 리콜 비용을 손익에 반영해왔다. 미국 시장에서 소비자로부터 집단 소송을 당하

▶▶▶ **2020년 3분기 현대차 리콜 관련 IR 자료**

[엔진에 대한 추가 충당금 및 선제적 품질 조치 관련 : 현대 2.3조 원]

기준 환율 W/$: 1,150		⬡ HYUNDAI	
		대상 대수·차종	반영 금액
세타 GDI 11-14MY		1,209천 대 「쏘나타 11-12MY」 「소나타 · 투싼 · 싼타페 13-14MY」	9,460억 원
세타 GDI 15-18MY		1,196천 대 「소나타 · 투싼 · 싼타페 15-18MY」	8,298억 원
기타 엔진	세타 MPI·HEV 감마·누우	1,324천 대 「소나타 · 투싼 · 벨로스터 등」	5,405억 원
3분기 엔진 관련 품질 비용 3분기 손익 반영			2조 3,163억 원
			2조 1,352억 원

자 2019년 10월 회사 측은 엔진 평생 품질 보증 프로그램을 제시하면서 전격적으로 화해 합의에 성공했다.

2011~2019년형 세타 2 엔진 탑재 차량 469만 대 (미국 417만 대, 한국 52만 대)에 대한 품질 보증 및 보상과 관련하여 현대차와 기아는 각각 6000억 원과 3000억 원 등 총 9000억 원을 충당부채와 품질 보증비로 처리하였다.

그러나 이것이 끝이 아니었다. 1년 뒤인 2020년 3분기에

▲ 세타2는 현대차가 2009년 독자 개발한 엔진이다. 현대차 쏘나타, 투싼, 싼타페와 기아 K5, 쏘렌토, 스포티지 등 많은 차량에 세타2 엔진이 장착되었다. 2015년 현대차 차량이 주행 도중 멈추는 사고가 발생하였는데, 세타2 엔진이 시동 꺼짐을 일으킨 원인으로 지목되었다. 현대차그룹은 2019년 10월 집단 소송을 건 미국 소비자들과 합의하면서 2011~2019년 한국과 미국에서 판매한 469만 대의 차량 엔진을 평생 보증해주기로 했다.

현대차는 2조 3163억 원의 추가 충당부채(IR 자료에서는 충당금으로 표현)와 비용을 반영키로 하였다고 발표했다. 현대차가 이 당시 영업적자로 전환한 이유가 판관비 급증 때문이었는데, 바로 이 판관비 안에 2조 원이 넘는 품질 보증 비용 증가액이 포함되어 있었다. 당시 기아가 충당부채와 품질 보증 비용으로 인식한 금액은 1조 3403억 원이었다.

회사 측은 2019년 당시 예상보다 교환율이 상승하였고, 차량 운행 기간을 재산정(12.6년 → 19.5년)함에 따라 품질 보증 비용 추가 반영이 불가피하였다고 설명했다. 평생 품질 보증 프로그램과 관련한 비용을

추정하면서 경험치가 부족하다 보니 상대적으로 비용을 적게 산정하였다고 밝혔다. 그런데 이 역시 세타2 GDI 엔진과 관련한 마지막 충당부채의 반영이 아니었다.

2년 뒤인 2022년 3분기에 회사 측은 또다시 대규모 추가 충당부채를 발표하였다. 다음은 이때 회사 측이 제시한 IR 자료이다.

▶▶▶ 2022년 3분기 현대차 리콜 관련 IR 자료

[엔진에 대한 추가 충당금 관련 현대 1.36조 원, 기아 1.54조 원 반영]

기준 환율 W/$: 1,435	HYUNDAI		KIA	
	대상 대수·차종	반영 금액	대상 대수·차종	반영 금액
세타 GDI 11-14MY	1,209천 대 「쏘나타 11-12MY」 「소나타 · 투싼 · 싼타페 13-14MY」	5,911억 원	705천 대 「K5 · 쏘렌토 · 스포티지 11- 14MY」	5,727억 원
세타 GDI 15-18MY	1,196천 대 「소나타 · 투싼 · 싼타페 15-18MY」	7,691억 원	1,104천 대 「K5 · 쏘렌토 · 스포티지 15- 18MY」	9,715억 원
3분기 엔진 관련 품질 비용	2,405천 대	1조 3,602억 원	1,809천 대	1조 5,442억 원

세타2 엔진과 관련하여 현대차 1조 3602억 원, 기아차 1조 5442억 원의 품질 비용을 반영한 것으로 나타났다. 그러자 "세타2는 충당부채 먹는 하마냐?"는 소리까지 시장에서 나왔다. 2년 만에 또다시 양사 합계

3조 원에 가까운 추가 비용이 발생한 이유는 무엇일까?

세타2 엔진의 충당부채 추가 발생 고리는
언제쯤 끊을 수 있을까?

물론 리콜 예상 비용이 2020년 당시 추정치보다 증가하였기 때문이다. 회사 측이 밝힌 증가의 근거는 이렇다. 우선 교환율이 상승하였다. 차량용 반도체 부족에 따른 신차 생산과 판매 감소로 중고차 사용 연한이 증가하고 폐차율 또한 축소되었다. 이에 따라 운행되는 중고차 대수와 차량 잔존 연수가 증가(2020년 12.4년 → 2022년 13.1년)하여 교환율 또한 상승한 것이다. 고마일리지 차량(16만 킬로미터 이상 운행한 차량)의 비율이 상승하여 클레임도 증가하였다.

2020년 3분기에 품질 비용 추정 시 사용한 데이터는 '2019년 10월~2020년 6월'까지 축적된 것이었으나, 코로나19 이후 시장 회복 시기가 포함된 '2020년 7월~2022년 1월'까지의 데이터를 기반으로 교환율을 새로 추정하였다.

회사 측은 아울러 환율 급등(2020년 1150원 → 2022년 1435원)에 따른 비용 추가분도 영향을 미쳤다고 설명했다.

이렇게 여러 차례에 걸쳐 세타2 엔진 관련 충당부채를 추가 반영하는 일이 되풀이되자 증권가에서는 2022년 3분기가 과연 마지막이 되겠느냐는 우려의 목소리가 나왔다.

증권사 한 애널리스트는 "그동안 회사 측이 충당부채를 보수적으로 (공격적으로) 책정했다는 설명은 설득력이 떨어진다"며 "앞으로 엔진 교체 비중이 이번 가정을 초과한다면 추가 충당부채 적립 역시 불가피할 것"이라고 말했다.

또 다른 애널리스트는 이렇게 말했다. "리콜 비용 추정은 리콜 대상 차량 중 잔존 비율(시간이 지나며 폐차된 차량을 제외한 잔여 리콜 대상 차량

▼ 현대차와 기아차는 세타2 엔진 관련하여 여러 차례에 걸쳐 충당부채를 추가 반영했다. 양사가 2019년 9000억 원 그리고 1년 뒤인 2020년 3분기에 3조 6000억 원, 2022년 3분기에 또다시 3조 원 가까운 금액을 충당부채와 품질 보증비로 인식하였다.

▶▶▶ 현대차가 밝힌 리콜 예상 비용 증가의 근거

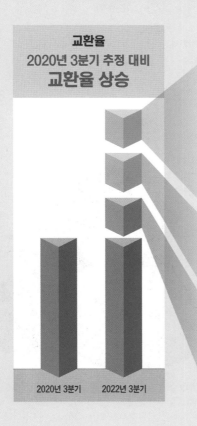

교환율
2020년 3분기 추정 대비
교환율 상승

2020년 3분기   2022년 3분기

2020년 3분기 대비
2022년 3분기 비용 변동 내용

대외 변수 확대에 따른 비용 추정 전제 변경

▶ 반도체 수급 이슈로 중고차 사용 연한 증가 및 폐차율 축소
- 美 차량 잔존연수 증가
  (2020년 12.4년→2022년 13.1년)
- 고마일리지 차량(16만km 이상 운행한 차량) 비율 상승으로 클레임 수 증가

▶ 엔진 교환율 산정 기간 확대 반영
- 교환율 산정 기간 확대 적용
  (기존 : 9개월→확대 : 19개월)

2020년 예측 시 반영한 개선 항목 현실화 미흡

▶ 전례 없는 평생 보증정책 제공에 대한 경험치 부족
▶ 공정 개선에 따른 엔진 개선율 다소 높게 추정

환율 급등에 따른 추가 비용 확대

▶ 2020년 대비 적용 환율 상승으로 추가 비용 반영분 증가
- 비용 적용 환율 : 2020년 1,150원→2022년 1,435원

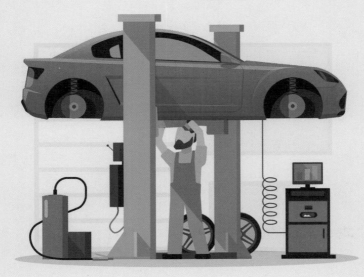

의 수)과 잔여 차량 중 엔진 교체가 필요한 '불량 발생 비율'(차량이 노후화되며 리콜이 필요한 불량 발생 비율의 증가)에 대한 가정에 따라 결정된다. 그런데 이 가정이 계속 증가해왔다. 잔존 비율과 불량 발생 비율에 대한 정확한 예측은 어렵기 때문에 향후 잠재적 신규 비용 발생 가능성이 '0'이라고 단정할 순 없다."

회사 측은 리콜 차량의 대당 조치 비용이 감소 추세에 있다면서, 2022년 비용은 2019년 대비 약 21% 감소하였다고 밝혔다. 물류 프로세스 변경 등 추가 절감 노력이 더해지면 감소 추세는 지속될 것이라고 전망했다. 현대차와 기아는 언제쯤 세타2 엔진의 충당부채 추가 발생 고리를 끊을 수 있을까?

▲ 세타2 엔진 관련하여 현대차와 기아차가 2019년부터 거액의 충당부채를 반영하면서 영업적자가 나자 시장에서는 "세타2는 충당부채 먹는 하마냐?"는 소리까지 나왔다.

엔진 리콜 비용이
대손충당금이라고?

다음은 현대차와 기아가 2020년 10월 3분기 실적을 발표한 뒤 언론에
보도된 내용들이다.

> 현대기아차가 세타2 엔진 결함에 대한 대손충당금으로 3조 3600억 원을
> 반영키로 해 3분기 실적에 빨간불이 켜졌다.
>
> ------------------------
>
> 현대차는 지난 19일 공시를 통해 리콜 대상 세타2 엔진과 그 외 고객 불
> 만 사례를 접수한 다른 엔진(세타2 MPI·HEV, 감마, 누우 등)에 대한 고
> 객 품질 만족도 제고를 위해 선제적으로 2조 1352억 원의 대손충당금을
> 마련했다. 기아자동차 역시 1조 2600억 원의 추가 충당금 마련으로 현대·
> 기아차는 총 3조 4000억 원가량 비용이 발생하게 됐다.
>
> ------------------------
>
> 현대자동차가 올해 3분기 영업적자를 내고, 기아자동차도 전년 대비 영
> 업이익이 감소했다. 하지만 세타2 엔진 대손충당금 등 품질 비용 반영분
> (현대·기아차 합계 3조 3944억 원)을 제하면 현대차는 1조 8000억 원대,
> 기아차도 1조 2000억 원대 영업이익을 올린 셈이 된다. 신종 코로나바이
> 러스 감염증(코로나19) 사태 속에도 선전하고 있는 현대·기아차는 실적
> 반등의 '마지막 퍼즐'에 속하는 중국 시장 경쟁력 높이기에 사활을 건 승
> 부수를 띄울 방침이다.

세 개의 기사는 모두 엔진 리콜 비용(품질 비용)에 대해 '대손충당금' 이라는 표현을 사용하였는데, 잘못된 것이다.

예를 들어보자. A기업 장부에 매출채권이 10억 원 있다. 결산기에 회수 가능성을 평가하였더니 이 가운데 3억 원은 회수할 수 없을 것으로 추정되었다. 그렇다면 이 매출채권의 가치는 10억 원이 아니라 7억 원이 되어야 한다. 매출채권 자산에 3억 원만큼의 가치 손상이 발생한 것이다. 이때 사용하는 것이 대손충당금이라는 계정이다. 회수 불능 추정액 3억 원만큼 매출채권에 대손충당금을 설정하면 재무제표에 기록되는 매출채권은 이제 7억 원이 된다.

손익계산서에는 매출채권 장부가액 하향 조정분 3억 원만큼을 '대손상각비'로 반영한다. 대손상각비는 판관비에 포함되므로 영업이익이 그만큼 감소한다. 대손충당금은 이처럼 자산의 가치를 평가하여 손상이 확인되었을 때 그 장부가액을 감소시키는 데 활용하는 계정이다.

은행이 보유한 대출채권 자산을 결산기 평가하였고 회수 불가능 금액이 추정되었다면, 이 대출채권에 대해 그만큼의 대손충당금을 설정한다. 손익계산서에서는 물론 대손상각비가 반영된다.

이처럼 대손충당금은 자산과 관련한 계정이다. 기업이 리콜에 대응하는 것은 자산과 아무런 상관이 없다.

◀ 대손충당금은 자산의 가치를 평가하여 손상이 확인되었을 때 장부가액을 감소시키는 데 활용하는 계정이다.

우리가 앞에서도 보았듯 현대차나 기아 같은 자동차회사에 리콜이 발생하면 미래에 리콜 관련 지출이 있을 것이므로 그 추정금액을 '충당부채'로 반영한다. 이걸 품질 비용 충당금 또는 리콜 비용 충당금, 무상수리 비용 충당금이라고 부른다. 엄밀하게 말하면 '리콜 비용 충당부채'라는 식으로 표현해야 한다.

다음은 대손충당금 및 대손상각비와 관련하여 2023년 8월 언론에 게재된 참고 기사들이다.

28일 금융감독원이 발표한 상반기 저축은행 영업실적에 따르면 전국 79개 저축은행은 상반기에 962억 원 순손실을 냈다. 작년 상반기(8956억 원 흑자)에 비해 순이익이 1조 원 가까이 급감했다. 대출채권 부실에 대비한 대손충당금 전입액이 전년보다 6292억 원 늘어난 점이 영향을 미쳤다.

대우산업개발 경영진의 횡령과 배임, 분식회계 의혹을 수사하고 있는 검찰이 관련자들을 소환했다. 대우산업개발은 회수 가능성이 낮은 351억 원가량의 매출채권에 대해 대손충당금을 적게 쌓거나 고의 누락하는 방식으로 분식회계를 했다는 의혹 및 경영진의 횡령 등에 대한 수사를 받고 있다.

꿈 같았던
마켓컬리의 7조 원 기업가치,
되풀이되는 공헌이익

2023년 1월 컬리(브랜드명 마켓컬리, 뷰티컬리)가 증시 상장 작업 중단을 선언했다. 2014년 창사 이래 컬리는 한 번도 영업이익을 내지 못했다. 영업활동 현금흐름도 당연히 순유출을 기록해왔다. 영업활동(상품 매입, 배송, 판매 등)을 통해 벌어들인 돈보다 쓴 돈이 더 많다는 이야기이다. 컬리는 VC(벤처캐피털)나 PEF(사모펀드)로부터 끌어들인 투자금으로 물류 시설 등 인프라 투자와 영업자금을 충당해왔다. 기존 주주(투자자)들에게 계속 손을 벌릴 수는 없었기 때문에 2023년 상반기 IPO(기업공개)를 통해 대규모 자금을 확보하려 했다.

그러나 시장이 급속히 냉각되었다. 2022년 하반기부터 본격화한 미국의 급속한 금리 인상 여파로 전 세계 경제와 증시가 위축되면서 국내 대형 비상장사들이 증시 입성을 포기하는 일이 빈번해졌다. 컬리는 적어도 4조 원 이상의 상장 시가총액을 인정받기 원했다. 2022년 초 만해도 회사 측은 자체 평가한 밸류에이션으로 7조 원을 언급하기도 하였다. 그러나 시장 전문가들은 2조 원대의 밸류에이션도 어려울 것으로 평가하였다. 결국 컬리는 시장 여건이 좋아지는 시점에 상장을 재추진하기로 하였다. 대신 기존 주주인 홍콩계 사모펀드 앵커에쿼티파트너스로부터 유상증자로 1200억 원을 수혈받았다.

적자 기업의 레퍼토리(?),
"공헌이익은 흑자를 내고 있다"

컬리는 늘 수익성을 의심받아왔다. 코로나19 시기를 거치며 매출이 크게 증가했지만 그만큼 영업적자도 확대되었다. 그럴 때마다 컬리는 "공헌이익은 계속 흑자를 내고 있다"고 강조해왔다.

▶ 컬리는 2022년 사상 첫 매출 2조 원 (2조 372억 원)을 돌파했다. 그러나 영업적자(2334억 원)는 2021년보다 더 확대되었다. 컬리는 "영업이익 흑자전환의 선행지표라 할 수 있는 공헌이익에서 흑자를 기록하고 있다"며 성장력을 강조하였다.

쿠팡도 한참 영업적자를 내던 시절에 "공헌이익은 흑자"라고 말했다. 쿠팡은 창사 이래 영업적자 행진을 이어가다 2022년 3분기에 처음으로 분기 기준 영업흑자를 냈다. 이어 2023년 2분기까지 4개 분기 연속 흑자를 이어갔다. 전문가들은 2023년에는 연간으로도 영업흑자를 낼 것으로 예상한다.

롯데쇼핑은 2022년 4분기부터 e커머스사업부에서 운영하는 '롯데온(ON)' 플랫폼의 공헌이익을 발표하고 있다. 4분기 실적 자료를 통해 공헌이익이 전년 동기 20억 원 적자에서 132억 원 흑자로 돌아섰다고 밝혔다.

도대체 공헌이익이란 무엇일까? 공헌이익을 원가관리회계 교과서식으로 이야기하면 일반 독자에게는 꽤 복잡하게 느껴질 수 있다. 따라서 이해하기 쉽게 간단한 예를 들어 설명하려 한다.

㈜제빵왕이 만드는 단팥빵 원가가 밀가루와 공장 임차료 두 가지뿐이라고 가정해보자. 단팥빵 1개 제조에는 밀가루 100그램이 들어가고, 밀가루 100그램의 가격은 100원이다. 공장 임차료는 연 20만 원이다.

이 회사가 1년에 단팥빵을 500개 생산할 때와, 1000개를 생산할 때의 이익을 계산해 보자. 판매량은 두 경우 모두 300개다. 개당 판매가격은 600원이다.

몇 개를 생산하든 단팥빵 1개당 밀가루 투입 비용은 100원으로 똑같다. 그런데 단팥빵 1개당 공장 임차료는 단팥빵 생산량에 따라 달라진다. 500개를 생산하면 개당 임차료는 400원(20만 원/500개)이다. 1000개를 생산하면 개당 임차료는 200원(20만 원/1000개)까지 낮아진다.

그렇다면 단팥빵 500개를 생산할 때 개당 제조원가는 '밀가루 100원 + 임차료 400원 = 500원'이다. 1000개를 생산할 때 개당 제조원가는 '밀가루 100원 + 임차료 200원 = 300원'이다.

판매량은 두 경우 모두 300개(개당 판가 600원)로 똑같다고 하였으므로, 손익을 정리하면 다음과 같다.

▶▶▶ (주)제빵왕 단팥빵 500개와 1000개 생산 시 손익계산서

구분	500개 생산 시	1000개 생산 시
개당 제조원가	500원(100원+400원)	300원(100원+200원)
매출액	18만 원(300개×600원)	18만 원(300개×600원)
매출원가	15만 원(300개×500원)	9만 원(300개×300원)
영업이익	3만 원	9만 원

※ 판공비는 생략

이익에 큰 차이가 나는 이유는 공장 임차료 같은 고정비 때문이다. 빵 생산량을 늘리면, 전체 밀가루 비용(변동비)도 증가한다. 그러나 개당 밀가루 비용은 100원으로 변함이 없다. 빵 생산량을 늘려도 전체 임차료(고정비)는 변함이 없다. 하지만 개당 임차료는 낮아진다. 이에 따라 개당 제조원가가 낮아지고 결국 개당 매출원가도 낮아지는 것이다. 재무 회계에서 사용하는 손익계산서는 판매량 증가 없이 이렇게 생산량만 증가(재고자산 증가)시켜도 영업 성과를 좋아 보이게 할 수 있다.

이런 단점을 보완하기 위해 고안된 것이 공헌이익계산서다. 여기서

▶▶▶ 손익계산서

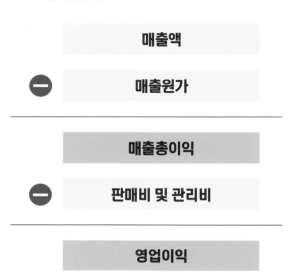

는 영업비용을 매출원가와 판매비 및 관리비라는 두 가지 계정으로 구분하지 않는다. 모든 영업비용을 변동비와 고정비로 나눈다. 예를 들어 급여(인건비)의 상당 부분은 고정비적 성격이 있다. 생산량이나 매출액이 증가한다고 하여 급여도 따라 증가하지 않는다. 임차료나 감가상각비 등도 고정비로 분류한다. 재료비, 운반비, 지급수수료 등은 변동비로 볼 수 있다. 생산량이나 매출액에 연동하여 증감하는 경향이 있기 때문이다.

매출액에서 변동비와 고정비 즉 영업비용을 빼면 영업이익을 구할 수 있다. 좀 세분화하면 매출액에서 변동비를 뺀 값을 공헌이익이라고 한다. 여기서 다시 고정비를 빼면 영업이익이 산출된다.

공헌이익이 고정비보다 커야 영업이익이 난다. 영업이익 창출에 도

▶▶▶ 공헌이익 손익계산서

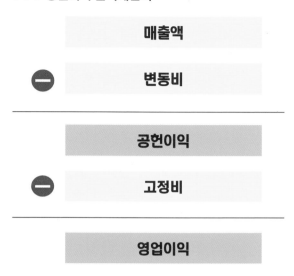

움이 되는 이익이라는 뜻에서 공헌이익(contribution margin)이라는 이름을 붙인 것으로 생각하면 된다. 공헌이익이 고정비와 같으면 영업이익 손익분기점이 된다.

"공헌이익은 흑자"라는 말에 숨겨진 뜻

앞의 ㈜제빵왕 손익계산서를 공헌이익 손익계산서로 바꿔보자. 300개 판매 매출액은 18만 원이다. 매출액에 대한 변동비(판매된 빵에 들어간 밀가루 비용)는 300개 × 100원 = 3만 원이다. 고정비는 20만 원(임차료)이다. 공헌이익 손익계산서에서는 생산량 증가에 따른 개당 고정비 감소 효과를 배제해야 한다. 따라서 고정비(임차료 20만 원)는 통으로 차감한다. 판매량에 개당 임차료를 곱해주는 것이 아니라 고정비 금액을 통째로 비용 처리하는 것이다. 이렇게 하여 공헌이익이 고정비보다 많으면 영업이익, 적으면 영업손실이 나는 것이다. 표로 정리하면 다음과 같다.

▶▶▶ ㈜제빵왕 단팥빵 500개와 1000개 생산 시 공헌이익 손익계산서

구분	500개 생산 시	1000개 생산 시
매출액	18만 원(300개×600원)	18만 원(300개×600원)
변동비	3만 원(300개×100원)	3만 원(300개×100원)
공헌이익	15만 원	15만 원
고정비	20만 원	20만 원
영업이익	(5만 원)	(5만 원)

공헌이익 손익계산서에 따르면 두 경우 모두 영업손실 5만 원을 기록하였다. 우리가 공식적인 회계 기준에 따라 접하는 손익계산서는 재무 회계 손익계산서다. 공헌이익 손익계산서는 기업이 내부적으로 의사결정을 내리는데 필요한 관리회계 목적으로 작성한다.

컬리같은 기업이 "공헌이익은 흑자를 내고 있다"고 말하는 것은, '매출액이 변동비보다는 크다' 정도의 의미로 받아들이면 된다. 과거에는 매출액이 변동비보다 작아 공헌이익 자체가 적자였다. 앞으로 매출액

이 증가하고 공헌이익의 규모가 고정비를 상쇄하고도 남을 정도로 커지면 영업이익이 날 것이라는 점을 강조하는 정도의 이야기로 이해하면 되겠다.

매출액이 100이고, 영업비용이 120이면 20만큼 영업손실이 난다. 영업비용 가운데 변동비는 80이고 고정비가 40이면 매출액 대비 변동비율이 80%인 회사다. 이 회사의 매출액이 2배로 증가하여 200이 된다면 손익은 다음 그림처럼 된다.

▶▶▶ **매출액 증가에 따른 손익 변화 1**

매출액	100		200
변동비	80		160
공헌이익	20	변동비율 80%, 고정비 변화 없음	40
고정비	40		40
영업이익	(20)		0

매출액이 2배가 되는 시점에 영업이익이 손익분기를 맞출 수 있다는 이야기다. 그런데 매출액이 2배가 되는 동안에 고정비가 그대로 있으면 모르겠으나 고정비 역시 증가할 수 있다. 준고정비적 성격의 비용도 있기 때문이다. 생산량이나 매출액이 일정 수준을 넘어서면 인력 추가 고용이나 노동 시간 증가가 있을 것이고, 인건비가 증가할 것이다. 설비투자 역시 추가되면서 감가상각비도 늘어날 수 있다.

앞의 예에서 매출액이 200이 되어도 고정비가 50이 되면 10의 영업
손실이 난다. 영업흑자를 내려면 매출액이 더 증가해야 하고 고정비는
감소하거나 그 수준에서 유지되어야 한다.

다만 매출액이 증가하면서 변동비율을 낮출 수 있다면 손익분기 시
점을 당길 수 있는 측면이 있다. 앞의 예에서 변동비율이 70%로 떨어
지고 동시에 고정비가 50으로 증가한다고 해보자. 매출액이 200으로
증가하면 영업이익이 나는 상황이 된다.

▶▶▶ **매출액 증가에 따른 손익 변화 2**

매출액	100		200
변동비	80	변동비율 70%, 고정비 50으로 증가 ⟹	140
공헌이익	20		60
고정비	40		50
영업이익	(20)		10

따라서 변동비율이나 고정비의 변화가 손익분기 시점에 큰 영향을
미치게 된다. 많은 스타트업이 〈그림. 이상적인 공헌이익과 고정비 관
계〉와 같은 미래를 꿈꾼다. 예를 들어 창업 2년쯤 지나면 공헌이익이
고정비를 능가하여 이익을 내기 시작하고 이익의 폭이 갈수록 커지는
성장 경로를 예상한다.

그러나 현실은 〈그림. 현실적인 공헌이익과 고정비 관계〉처럼 전개

▶▶▶ 이상적인 공헌이익과 고정비 관계

공헌이익이 고정비를 능가하여 손익분기를 돌파하고 이익의 폭이 갈수록 커진다.

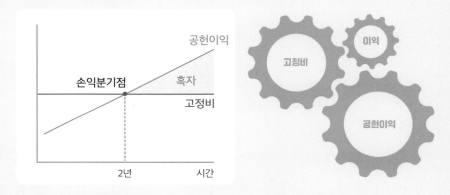

▶▶▶ 현실적인 공헌이익과 고정비 관계

공헌이익과 고정비가 함께 증가해 손익분기 돌파 시점이 늦춰지거나(왼쪽),
공헌이익이 고정비를 능가하지 못해 적자가 지속되는 상황(오른쪽).

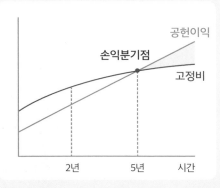
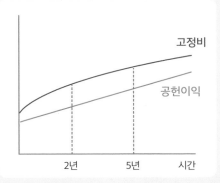

될 수 있다. 공헌이익이 갈수록 커져도 고정비 증가로 인하여 손익분기 돌파 시점이 늦춰지거나, 공헌이익이 고정비를 능가하지 못해 적자가 지속되는 상황이다.

손익분기를 아는 데 필요한 공헌이익

한편, 공헌이익 손익계산서는 손익분기 매출액을 추정하는 데 유용하게 사용할 수 있다. 예를 들어보자. 도시락 생산공장이 있다. 도시락 1개 판매가격은 1만 원이다. 도시락 1개에 들어가는 변동비(재료비 등)는 5000원이다. 고정비(월 공장 임차료 등)는 1000만 원이다. 이 공장은

▶▶▶ **컬리 2020~2022년 매출액과 영영손실** (단위 : 억 원)

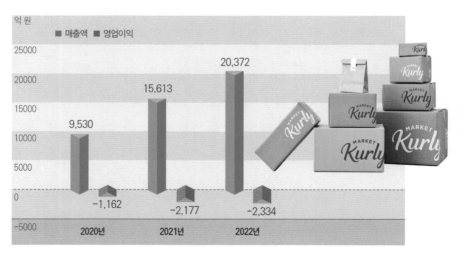

도시락을 월 몇 개 팔아야 영업손익분기점이 될까?

'공헌이익 = 고정비'가 되면 손익분기가 된다. 도시락 1개의 공헌이익은 '1개 매출액 1만 원 - 1개 변동비 5000원 = 5000원'이다. 따라서 '고정비 1000만 원 / 도시락 1개 공헌이익 5000원'을 계산하면 손익분기 판매량은 2000개라는 걸 알 수 있다. 2000개면 매출액으로는 2000만 원이다.

컬리로 돌아가 보자. 회사 측은 공헌이익을 내고 있다는 말만 되풀이할 뿐 구체적인 숫자는 제시하지 않고 있다. 인프라 투자에 따른 감가상각비 등 고정비 증가가 크지 않아 손익이 뚜렷하게 개선될 시점이 온 것 같은데, 시장 예상보다 영업적자 감소세는 더디다.

물류 시스템 개선을 위한 IT 인력 채용을 크게 늘리면서 고정비성 인건비가 증가한 영향으로 보이기도 한다. 컬리가 변동비율을 개선하고 고정비성 비용을 제어하여 언제쯤 영업이익을 창출할 수 있을지 주목된다.

호실적에도 왜
항공사 주가는 날지 못할까?

2023년 4월 중순에서 5월 중순 사이 LCC(Low Cost Carrier : 저비용 항공사) 업계 4개 상장사(제주항공, 티웨이항공, 진에어, 에어부산)가 1분기 실적을 발표하였다. 모두 사상 최대 매출과 영업이익을 낸 것으로 나타났다. 약 2년 반에 걸친 코로나19 시기에 억눌려있던 해외여행 수요가 한꺼번에 폭발한 결과였다. LCC 업계가 공식 자료를 내놓기 전부터 증권사 애널리스트들은 프리뷰(사전 전망) 리포트를 통해 탁월한 실적이 발표될 것으로 예상하였다. 실제 발표치는 이보다 훨씬 좋아 어닝서프라이즈(시장 예상치를 크게 웃도는 실적)로 평가되었다.

그런데 어쩐 일인지 주가는 4월 중순 무렵부터 하락세로 전환하였다. 2023년 이후 오름세를 이어가던 LCC 업계 주가는 1분기 프리뷰 리포트가 나오기 시작하면서부터 오히려 꺾이는 모습을 보였다. 투자자들은 1분기 실적을 정점으로 생각했던 것일까?

전문가들이 호실적을 예측하자 꺾여버린 주가

우선 LCC 업계의 2023년 1분기 실적 발표 자료 가운데 일부를 한번 살펴보자. 제주항공의 1분기 전체 매출액 4223억 원 가운데 여객 부문 매출액 3846억 원을 노선별로 나눠보면 다음 그림과 같다.

일본과 동남아 노선이 압도적이라는 사실을 알 수 있다. 다른 항공사도 제주항공과 별반 다르지 않다. 높은 물가와 환율(원화 약세)을 고려

▶▶▶ **제주항공 여객 부문 노선별 매출 추이** (단위 : 억 원)

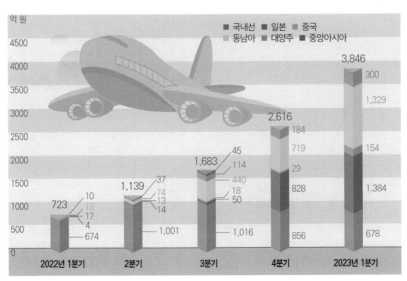

▲ 코로나19로 3년간 이연되었던 여행 수요가 2023년 1분기 겨울 성수기에 폭발하여 LCC 업계는 모두 어닝서프라이즈를 기록했다. 그럼에도 주가가 하락한 이유는 무엇일까?

▶▶▶ **제주항공의 ASK와 RPK 추이**

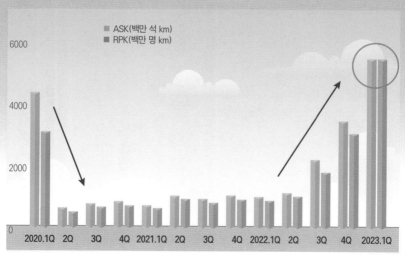

▲코로나19가 본격화하면서 ASK와 RPK가 뚝 떨어졌다가 2022년 3분기부터 차츰 회복하여 2023년 1분기에는 두 지표 모두 뚜렷하게 상승했다. 2023년 1분기에는 ASK와 RPK가 거의 비슷했는데, 이는 비행기마다 좌석을 거의 가득 채워서 운항하였다는 걸 뜻한다.

하면 여행객들의 선호는 장거리보다 중·단거리 지역에 몰릴 수밖에 없었다. 그런데 중국 지역은 비행기 운항이 여전히 여의찮다 보니 일본과 동남아로 여행객이 몰렸다고 전문가들은 분석했다. 이 지역들은 FSC(Full Service Carrier : 대형 항공사)보다 LCC가 취항하는 노선이 많은 곳이다.

다음으로, 제주항공의 ASK와 RPK 추이를 살펴보자. 이 지표에 대해선 뒤에서 자세히 설명하겠지만, 두 막대 높이는 2020년 2분기부터 즉 코로나19가 본격화하면서부터 뚝 떨어졌다. 낮아진 막대는 이후 비슷한 수준을 유지하다가 2022년 3분기부터 점차 높아지기 시작하여 2023년 1분기에는 뚜렷하게 길어진다.

또 하나 두드러지는 점이 있다. 이전 분기들을 보면 ASK보다 RPK가 짧았다. 그런데 2023년 1분기에는 두 막대의 높이가 거의 비슷해졌다.

ASK(Available Seat Kilometer)는 '항공기 공급 좌석수 × 운항 거리'를 의미한다. 예를 들어 좌석이 200석인 항공기 1편이 1000km를 운항하였다면 20만ASK가 되는 것이다. 이 그림에서 ASK의 단위는 '백만 석 km'이다.

RPK(Revenue Passenger Kilometer)는 '유상 승객수 × 운송 거리'이다. 실제 운임을 지불하고 탑승한 승객수에다 운송 거리를 곱한 것이다. 예를 들어 200석 항공기가 손님을 100명만 태우고 1000km를 운항하였다면 10만RPK(100명 × 1000km)가 된다. 이 그림에서 RPK의 단위는 '백만 명 km'이다.

'L/F(Load Factor)'라는 지표도 알아두면 좋다. L/F는 탑승률을 말한

▶▶▶ 항공사 실적 지표 간의 관계

항공기 공급 좌석수 : 200석

운항 거리(운송 거리) : 1000km

유상 승객수 : 100명

- **ASK = 항공기 공급 좌석수 × 운항 거리 = 200,000ASK**
- **RPK = 유상 승객수 × 운송 거리 = 100,000RPK**
- **L/F = RPK/ASK = 50%**

다. 'RPK/ASK'로 계산하면 된다. 200석 항공기가 유상 승객 100명을 태워서 운항하면 L/F는 50%가 된다. 'Yield'라는 지표도 항공사 실적 설명 자료에 자주 등장한다. 쉽게 말해 승객 1명을 1km 수송할 때 항공사가 벌어들이는 순매출을 뜻한다.

제주항공의 ASK와 RPK가 2020년 2분기부터 급감한 이유는 다들 아는 것처럼 코로나19 때문이다. 이 시기 항공사 비행기 상당수가 운행을 중단하였다. 다시 말해 항공사가 공급하는 좌석수인 ASK가 크게 줄었다. 공급 좌석이 줄었다고 하여 탑승률이 높아지진 않았다. ASK가 감소하였지만 RPK가 더 떨어지다 보니 탑승률이 부진했다.

그런데 2023년 1분기는 ASK와 RPK가 많이 증가하였을 뿐 아니라 거의 비슷한 수준이라는 걸 알 수 있다. 비행기 편마다 좌석을 거의 가득 채워서 운항하였다는 뜻이니 탑승률 또한 높아진 것이다.

공급보다 수요가 큰 호시절은 길지 않을 것

다음 그림은 진에어의 실적 설명 자료다.

▶▶▶ **진에어 실적** (단위 : ASK(백만 석 km), RPK(백만 명 km), Yield(원))

		2022년 1분기	2023년 1분기	증감	증감률
국내선	ASK	629	455	△174	△28%
	RPK	493	399	△94	△19%
	L/F	77%	87%	10%p	
	Yield	121	169	48	40%
국제선	ASK	36	2,759	2,723	7,564%
	RPK	13	2,458	2,445	18,808%
	L/F	35%	90%	55%p	
	Yield	138	107	△32	△23%

* △은 감소를 의미함

2022년 1분기와 2023년 1분기를 비교하였을 때, 국제선 ASK와 RPK

는 각각 76배와 189배 증가하였다. 반면 국내선은 ASK가 28%, RPK가 19% 감소하였다. 수요가 몰리는 일본과 동남아 지역 운항에 비행기를 대거 투입하였기 때문으로 보인다. 35% 수준이었던 국제선 L/F는 2023년 1분기에 90%에 이르렀다.

비행기를 국제선으로 많이 돌리다 보니 국내선 공급이 특히 부족하여 운항 요금이 치솟았다. 그 결과 2023년 1분기의 Yield를 보면 국내선(169원)이 국제선(107원)보다 더 높아진 것을 볼 수 있다.

다음 제주항공 자료를 보면 국제선의 2023년 1분기 ASK와 RPK가 코로나19가 본격화하기 직전(2020년 1분기)의 수치를 훌쩍 넘어섰다.

약 3년간 이연되었던 여행 수요가 2023년 1분기 겨울 성수기에 폭발하여 LCC 업계에 사상 최대 매출과 이익을 안겨줬다는 게 지표로 입증된다. 항공기 부족에다 인력 및 인프라의 정상화가 지연되면서 항공사들이 수요를 따라가지 못하였다. 운임이 오르고 국제선 운항 편당 여객

▶▶▶ 제주항공 ASK와 RPK

구분		2020년				2021년	
		1Q	2Q	3Q	4Q	1Q	2Q
국제선	운항횟수(편)	8,985	191	145	137	192	261
	ASK(천 석 km)	4,001,006	55,359	46,822	37,353	30,304	48,558
	RPK(천 명 km)	2,754,264	20,113	14,682	12,550	12,167	19,322
	L/F(%)	68.8	36.7	35.2	39.5	44.1	39.79
	Yield(US cent)	5.86	23.31	22.76	24.26	27.75	23.53

수가 최고치를 찍었다.

　일부 전문가들은 이러한 공급 부족이 구조적이라고 말한다. 적어도 2023년 말까지는 공급 부족이 지속될 것으로 예측한다. 반면 어떤 전문가들은 2023년 1분기가 정점일 가능성이 높다고 보고, 이후 분기별 이익은 줄어들 것으로 전망한다. 이들은 2024년부터는 경쟁 격화에 따른 수익성 악화가 나타날 것으로 본다. 이런 전망 탓인지 LCC 업계 주가는 2023년 4월 중순 이후부터 부진한 모습을 보였다.

　일부 애널리스트들은 단기간에 매출과 이익이 급증하는 등 수익성 반등이 너무 가파르다 보니 지속성을 의심받고 있는 상황으로 평가하였다. 구조적인 공급 부족을 투자자들이 과소평가하고 있기 때문에 주가가 조정받고 있다는 진단도 있었다. 비수기인 2분기에 접어들면서 국제선 수요와 요금도 1분기 대비 하락 조정되면서 투자자들이 심리적으로 더 위축되고 있다는 분석도 제기되었다.

2021년		2022년				2023년	증감률 (YoY)
3Q	4Q	1Q	2Q	3Q	4Q	1Q	
327	343	478	1,907	4,208	6,978	9,870	+1,964.9%
58,882	82,792	8,0476	234,580	1,362,870	2,787,278	4,148,895	+5,055.4%
20,757	36,344	35,512	167,468	1,026,822	2,415,230	3,749,211	+10,457.6%
35.25	45.4	46.2	38.7	74.4	86.60	91.1%	+44.9%
24.22	14.22	11.30	6.60	4.86	5.97	7.3	−35.4%

통상 3분기는 항공 업계 성수기다. 항공사들은 해외여행 극성수기인 3분기에 연간 영업이익의 절반가량을 벌어들인다. LCC 전성시대가 돌아왔다는 언론의 평가처럼 실적뿐 아니라 주가가 다시 상승하는 모습을 보여줄 수 있을까?

막대한 현금이 유출되는 리스료는 왜 비용이 아닐까?

참고로, 항공사의 재무제표상 비용 구조를 한번 살펴보자.

에어부산이 제시한 2023년 1분기의 5대 비용을 보면 '연료유류비 > 감가상각비 > 인건비 > 외주수리비 > 지상조업비'의 순이다. 항공사들은 비행기를 리스하여 운항하는 경우가 많은데, 왜 리스료가 주요 비용 항목에 들어가지 않는지 궁금해하는 독자들이 있을 수 있겠다.

과거 항공사 재무제표를 보면 리스료의 비중이 아주 높았다. 예를 들어 LCC가 비행기를 리스 회사로부터 10년 동안 빌린다고 해보자. 이 항공기는 법적으로나, 회계적으로나 리스 회사의 소유다. 그리고 LCC는 해마다 지급 리스료를 영업비용으로 처리하면 되었다.

그런데 국제회계기준위원회에서 리스 회계를 개정하면서 2019년부터는 항공기나 선박 등을 리스하여 사용하는 기업들이 이전과 회계 처리를 달리하여야 했다.

최대한 간단하게 말하자면 이렇다. 항공사가 항공기 1대를 10년 동

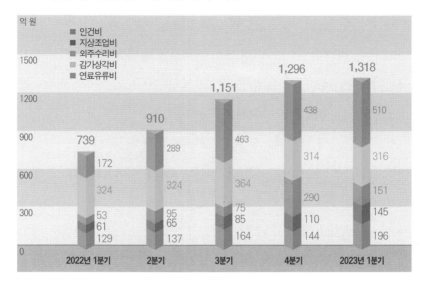

▶▶▶ **항공사(에어부산) 5대 비용** (단위 : 억 원)

안 연 10억 원의 리스료를 내고 임차한다고 해보자. 리스 항공기는 법적으로는 리스 회사 소유이더라도 회계적으로는 항공사의 소유로 처리해야 한다. 10년 동안은 항공사가 리스 항공기를 자기의 자산으로 잡는다는 이야기다.

항공사에는 항공기 자산이 생겼다. 리스 회사에 앞으로 총 100억 원의 리스료를 지급해야 하는 의무(리스 부채)도 발생하였다. 즉 100억 원을 빌려서 항공기를 취득한 것으로 간주하는 셈이다.

항공사는 회계적으로 항공기가 자기의 자산(100억 원)이 되었으므로 감가상각을 해나가야 한다. 10년간 연 10억 원의 감가상각비를 영업비용으로 처리하면 된다. 항공기 장부가격은 해마다 감가상각하는 만큼 (연 10억 원씩) 낮아질 것이다.

항공사는 해마다 리스료를 지급해야 할 것이고, 지급액 만큼을 리스 부채에서 차감하면 된다. 그렇게 하면 리스 부채가 연 10억 원씩 줄어들 것이다. 이러한 방식으로 리스 회계 처리를 하면 영업비용으로 감가상각비만 발생한다(리스 이자비용도 있지만 생략한다). 과거처럼 리스료는 비용으로 회계 처리되지 않는다.

지금 항공사의 재무제표상 비용 구조에서 감가상각비 비중이 높을 수밖에 없는 이유가 여기에 있다. 그러나 한 가지 주의할 점은 실질적으로 막대한 현금 지출을 유발하는 것은 리스료다. 리스료는 손익계산서에 비용으로 반영되지 않으면서 항공사의 현금흐름에 실질적 영향을 미친다. 항공사가 지출하는 리스료가 얼마나 되는지는 현금흐름표의 재무활동 현금흐름에서 '리스 부채의 상환액'을 보면 된다.

포스코그룹의 현금흐름은
왜 착시를 불러왔나?

2022년 7월, 언론에 포스코그룹이 비상 경영에 돌입한다는 기사가 실렸다. 포스코그룹이 계열사 사장단 및 임원이 참석하는 경영 전략 회의를 열고 글로벌 경기 침체 가능성에 대비하기 위한 구매, 생산, 판매 원가 혁신과 함께 투자 계획 조정을 통한 재무 건전성 확보에 주력하기로 했다는 것이다.

최정우 포스코그룹 회장은 이 회의에서 특히 현금흐름을 강조했다. 최 회장은 "수요 위축과 비용 상승, 공급망 위기 등 복합적인 경제 충격을 선제적으로 대비하기 위해 비상 경영에 돌입한다"면서 "각 계열사는 특히 현금흐름 및 자금 상황에 문제가 발생하지 않도록 현금 중심 경영을 한층 강화해야 할 것"이라고 강조했다.

이로부터 한 달쯤 지나 포스코그룹(포스코홀딩스)이 2022년 상반기 재

비상경영 포스코… 매출 늘어도 현금흐름 87% '뚝'

▲ 포스코그룹이 2022년 상반기 재무제표를 공시하자, 1년 전보다 현금흐름이 크게 나빠졌다는 분석 기사가 속속 등장했다.

무제표를 공시하자 현금흐름을 우려하는 보도들이 속속 등장했다. 영업활동 현금흐름이 1년 전보다 크게 나빠졌다는 분석이었다.

포스코홀딩스의 손익계산서(연결 기준)를 보면 2022년 상반기 매출액은 44조 3481억 원이다. 전년 동기 34조 3611억 원 대비 29% 증가하였다. 그런데 현금흐름표를 보면 영업활동 현금흐름이 2836억 원이다. 전년 동기 2조 2151억 원 대비 무려 87%나 감소한 것으로 나타났다.

기사 제목처럼 매출이 늘었지만 현금흐름은 뚝 떨어진 것이 맞다. 그렇다면 포스코그룹의 영업 수익성이나 현금 창출 능력에 큰 문제가 생긴 것일까?

영업활동 현금흐름을 구성하는 것은 무엇인가?

기업의 영업활동 현금흐름은 일반적으로 네 가지로 구성된다.

1. (순수하게) 영업활동에서 창출한 현금

2. 이자의 지급과 수취

3. 배당금 수취

4. 법인세 납부액

어떤 회사가 1만 원의 현금을 투입하여 제품을 만들었다. 이 제품을 현금 1만 2000원을 받고 팔았다. 다른 비용은 고려하지 않는다고 가정하자. 유출된 현금(제조원가에 투입된 현금)은 1만 원, 유입된 현금은 1만 2000원이므로, 이 회사는 영업활동으로 2000원의 현금을 창출하였다. 이것이 순수하게 영업활동으로 창출한 현금이다.

"각 사별로 주요 경영 요소들을
면밀히 체크하고 특히 현금흐름 및
자금 상황이 문제되지 않도록
'현금 중심 경영'을
한층 강화해야 할 것이다."

최정우 포스코홀딩스 회장

POSCO

이자의 지급과 수취는 외부에서 차입한 자금에 대한 이자를 현금으로 지급하였거나, 외부에 빌려준 자금과 투자한 금융상품(예금, 채권 등) 덕분에 이자를 현금으로 수취하였을 때 발생하는 금액을 말한다.

배당금은 회사가 보유한 다른 회사 주식에서 발생한 배당 유입금을 말한다. 사실 이자나 배당을 손익계산에 반영할 때는 영업 외 항목으로 분류한다. 그러나 현금흐름에 반영할 때는 일반적으로 영업활동 현금흐름의 범주에 넣는다(이를 투자활동이나 재무활동 현금흐름에 넣는 기업들도 있다).

마지막으로, 영업활동의 결과물인 이익에 근거하여 산출한 법인세를 세무서에 현금으로 납부하였다면 그 금액도 영업활동 현금흐름의 구성 요소가 된다.

1년 만에 영업활동 현금흐름이 87% 감소한 이유

이제 포스코의 영업활동 현금흐름표를 한번 보자. 영업활동 현금흐름 총액이 크게 감소하였다는 것을 알 수 있다. 그런데 세부 내용으로 들어가 보면 순수하게 영업활동에서 창출한 현금의 감소폭은 그리 크지 않다. 2021년 상반기 2조 3909억 원에서 2022년 상반기 2조 1220억 원으로 줄었으니 감소율이 11%다.

영업활동 현금흐름 총액이 87%나 감소한 이유는 다름 아닌 법인세

	2022년 1~6월	2021년 1~6월
영업활동 현금흐름	2836억 원	2조 2151억 원
영업에서 창출된 현금흐름	2조 1220억 원	2조 3909억 원
이자의 수취	1996억 원	1121억 원
이자의 지급	(2265억 원)	(2432억 원)
배당금의 수취	3690억 원	2767억 원
법인세 지급	2조 1805억 원	(3214억 원)

납부액 때문이다. 2021년 상반기에는 법인세로 3214억 원을 과세당국에 납부하였다. 2022년 상반기 납부액은 2조 1805억 원으로, 7배 가까이 증가했다.

여기서 잠깐! 기업이 법인세를 어떻게 납부하는지를 살펴보자. 기업은 해마다 8월 말까지 상반기 실적에 대한 법인세를 예납한다. 〈그림. 법인세 납부 시점〉(298쪽)에서 A기업은 2021년도 상반기 실적에 대한 법인세를 2021년 8월 말까지 내야 한다. 이때 법인세 납부금액의 기준은 어떻게 정해질까? 상반기 실적을 중간 집계하고 이를 기초로 법인세를 산출할 수 있다. 또 다른 방법으로 전년도(2020년도)에 납부한 법인세의 절반을 낼 수도 있다.

만약 A기업의 2021년 상반기 실적이 매우 좋다고 해보자. 상반기 중간 집계 실적을 기준으로 법인세를 미리 납부한다면, 그 금액이 매우 클 것이다. 기업 입장에서는 큰 금액을 현금으로 미리 세무서에 낼 필요가 없다. 전년도에 납부한 법인세의 절반을 선택하여 납부하는 것이 유리하다는 이야기다.

시간이 흘러 2022년 초가 되면 A기업은 2021년도에 대한 연간 결산을 하면서 법인세 납부액을 산출할 것이다. 연간 결산에서 계산한 법인세에서 전년도 8월 예납분을 차감한 금액을 2022년 3월 말까지 정산 납부하면 된다.

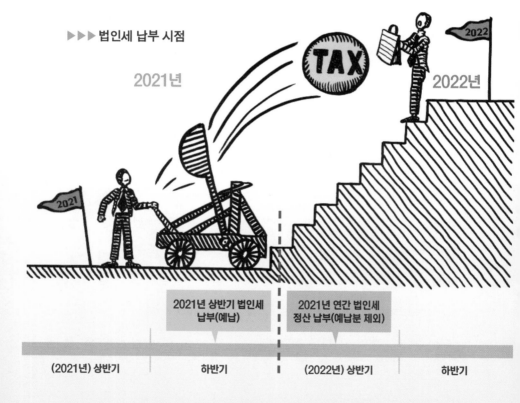

▶▶▶ **법인세 납부 시점**

▲ 12월 결산 법인은 매년 3월 말에 전년도 경영 실적에 근거해 정산한 법인세를 납부한다. 이때 전년도 8월 말에 중간예납한 세액은 제한다. 중간예납 세액은 직전 사업연도에 납부한 법인세의 2분의 1 또는 상반기 영업실적을 중간 결산하여 신고·납부할 수 있다. 법인세는 전년도 실적을 바탕으로 그 다음 해에 납부하기 때문에 전년도 실적이 좋았다면 법인세가 증가해 현금흐름에 영향을 미칠 수 있다.

포스코그룹은 2020년 1조 7881억 원의 당기순이익을 기록하였다. 2021년에는 당기순이익이 7조 1958억 원으로 급증하였다. 2021년 상반기의 당기순이익만 해도 2조 9459억 원이나 된다.

포스코그룹이 2021년 8월에 법인세를 예납할 때는 상반기 실적이 아니라 전년도(2020년) 납부액의 절반을 선택하였을 것이다. 아마 3000억 원 안팎일 것으로 추정된다. 그러다 보니 2022년 상반기 현금흐름에 잡힌 법인세 납부액(2021년 법인세 연간액에서 예납액을 차감하고 정산 납부한 금액)이 2조 1805억 원에 이른 것으로 보인다.

포스코그룹의 실적이 해마다 비슷하다면 법인세 납부액이 현금흐름에 미치는 영향에도 큰 차이가 없을 것이다. 그런데 2021년의 실적이 이전보다 크게 좋다면 2022년에 어떤 영향을 미칠까? 2021년의 탁월한 실적에 기초한 법인세를 2022년 3월 말에 납부하여야 한다. 즉 법인세의 영향으로 2022년 상반기 영업활동 현금흐름이 크게 악화된 것으로 나타난다는 이야기다.

짧은 기간을 비교하는 데서 오는 착시

그렇다면 2022년 상반기 포스코그룹의 현금흐름표를 보면서 수익성이나 현금 창출에 큰 문제가 생긴 것으로 해석해도 될까? 전년도 실적이 너무 좋았기 때문에 이번 해의 상반기 법인세 납부액이 증가하였고, 그 결과로 영업활동 현금흐름이 나빠진 것을 이번 해의 영업현금흐름 창출력이 크게 나빠진 것으로 오해하면 안 된다. 영업활동에 기반한 현금흐름 창출 능력은 '영업에서 창출한 현금'의 변화(2조 3909억 원 → 2조 1220억 원)를 보고 판단할 수 있다. 그 변화는 약 11% 감소에 불과하다.

일반적으로 영업활동에서 어느 정도 현금을 창출할 수 있는지 가늠하는 지표로 '에비타(EBITDA)'를 많이 사용한다. EBITDA는 회계상의 영업이익에 감가상각비와 무형자산상각비를 더하여 구한다.

포스코그룹의 EBITDA를 보면 2022년 상반기에는 6조 1529억 원 (영업이익 4조 3558억 원 + 상각비 1조 7971억 원)이다. 2021년 상반기 5조 5304억 원(영업이익 3조 7530억 원 + 상각비 1조 7774억 원)보다 오히려 11% 증가하였다.

아래 표는 포스코그룹(포스코홀딩스)의 2022년 연간 현금흐름표(연결 기준)이다.

▶▶▶ **포스코그룹 연간 현금흐름표** (연결 기준)

	2022년	2021년
영업활동 현금흐름	6조 1867억 원	6조 2593억 원
영업활동에서 창출된 현금흐름	8조 5138억 원	6조 2205억 원
이자의 수취	2497억 원	2795억 원
이자의 지급	(5607억 원)	(4337억 원)
배당금의 수취	7575억 원	7820억 원
법인세 지급	(2조 7735억 원)	(5889억 원)

◀ 온라인에서 화제가 되었던 스위스 샴푸 광고. 광고 속 남성들은 허리까지 오는 긴 턱수염을 자랑하는 것처럼 보인다. 그러나 자세히 보면 턱수염은 남성을 마주 보고 선 여성의 길고 풍성한 머리칼이다.
광고 속 사진처럼 기업의 재무제표도 비교 시점·기간, 회계 기준 등 다양한 요소에 의해 착시를 일으킬 수 있다.
© Garnier Fructis

2022년의 영업활동 현금흐름 총액은 전년과 비슷하다. 법인세 지급액이 크게 증가하였음에도 감소율은 1.2% 정도에 불과하다. 순수하게 영업활동에서 창출한 현금흐름이 전년보다 37%나 증가(6조 2205억 원 → 8조 5138억 원)했기 때문이다. 영업에서 현금 창출 능력은 훨씬 좋아졌다는 이야기다.

일반적으로 현금흐름을 이야기할 때 분기 또는 반기만 놓고 비교하면 착시가 일어날 수 있다. 분기나 반기 단위는 현금흐름을 비교하기엔 매우 짧은 기간이다. 연간 치를 기준으로 해도 짧게 느껴질 때가 있다. 2~3년간의 트렌드를 보고 비교하는 것이 정확하다. 굳이 분기 또는 반기 기준으로 비교하려면 영업활동 현금흐름의 구성 요소를 잘 살펴야 착시를 막을 수 있다.

UBS가 CS를 인수하는데
왜 한국 조선 업계가 긴장할까?

2023년 3월, 167년 전통의 스위스 은행 크레디트스위스(Credit Suisse, 이하 CS)가 경쟁 은행 UBS에 인수되었다. CS 붕괴의 직간접적 원인으로 여러 가지가 거론되지만, 2021년부터 누적되어온 불신이 가장 큰 이유라는 데는 이견이 없다.

2021년 3월 영국 핀테크 업체 그린실캐피탈(Greensill Capital, 이하 그린실)이 파산했다. 온라인으로 외상매출채권을 할인해주는 회사였다. CS는 그린실이 발행하는 자산유동화증권에 투자하는 펀드를 2017년부터 내놓았는데, 100억 달러어치나 팔았다. 2020년 코로나19가 닥치고 거래 기업이 잇따라 부도를 내자 그린실은 2021년 3월 결국 파산했다. 이 과정에서 CS도 막대한 손실을 입었다. 불과 3주쯤 뒤에는 아케고스캐피탈(Archegos Capital, 이하 아케고스) 사태가 터졌다. 세계적으로 유명한 한국계 펀드매니저 빌 황이 운영하던 아케고스는 골드만삭스, 모건 스탠리, 노무라, CS 등의 자금을 끌어들여 레버리지 파생상품에 투자했다. 아케고스가 투자한 기업들의 주가가 하락하자 글로벌 투자은행들은 아케고스에 '마진콜(증거금 추가 납부 요구)'을 했다. 그러나 아케고스는 눈덩이처럼 불어나는 마진콜을 감당하지 못하고 디폴트(채무 불이행)를 선언했다. CS는 아케고스와의 거래에서 55억 달러 손실을 봤다.

이래저래 얻어터지던 CS의 손익계산서는 적자로 돌아섰다. 2022년에도 몇 가지 스캔들이 터지면서 CS는 신뢰를 잃어갔고 유동성 위기설에 시달렸다. 15억 달러에 CS 지분 9.9%를 사들인 사우디국립은행이 최대주주에 오르며 위기를 헤쳐나가는 듯했으나, 2023년 3월 미국에서 실리콘밸리은행 파산 사태가 터지자 CS에서도 뱅크런(대규모 예금 인출)이 발생했다. 스위스 금융당국은 결국 UBS의 팔을 비틀어 CS 인수를 결정하게 만들었다.

스위스 은행이 파산했는데
왜 한국 조선 업계가 겁에 질렸을까?

머나먼 남의 나라 일 같았던 UBS의 CS 인수 과정에서 뜻하지 않게 한국 조선 업계가 긴장하는 일이 벌어졌다. UBS가 "CS의 선박 금융 비중을 줄여나갈 것"이라는 견해를 밝혔기 때문이다. 선박 가격은 선박 종류나 크기에 따라 차이가 크다. LNG선이나 컨테이너선(2만 3000TEU급)은 새 선박 기준으로 2000억 원이 훌쩍 넘는다.

해운선사가 이 정도 가격의 선박을 발주하려면 선박 금융이 꼭 필요하다. 선박에서 발생할 미래 현금흐름을 담보로 대출을 받는 것이다.

CS의 선박 금융 노출도는 2021년 기준으로 100억 달러. 전 세계 금융회사 중 10위 수준이다. 문제는 그리스 선주들의 CS 의존도가 높아 이 지역 선주들의 선박 발주가 지연되거나 우리 조선 업체가 건조 중인 선박 대금 지급에 차질이 발생할 가능성이 있다는 데 있었다.

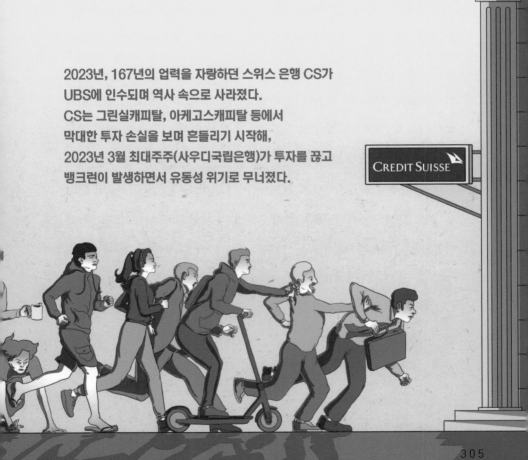

2023년, 167년의 업력을 자랑하던 스위스 은행 CS가
UBS에 인수되며 역사 속으로 사라졌다.
CS는 그린실캐피탈, 아케고스캐피탈 등에서
막대한 투자 손실을 보며 흔들리기 시작해,
2023년 3월 최대주주(사우디국립은행)가 투자를 끊고
뱅크런이 발생하면서 유동성 위기로 무너졌다.

해운회사가 선박 건조 대금을 마련하는 방법

우선 선박 금융의 기본 구조부터 한번 살펴보자. 해운선사가 새 선박을 발주할 때 조선사와 직접 계약하지 않는다. 오른쪽 〈그림. 선박 금융 구조〉에서처럼 특수목적회사(SPC, 페이퍼컴퍼니)를 설립한다. 그리고 이 SPC가 선박 건조 대금을 조달하여 발주한다. SPC는 대개 은행권으로부터 선박 건조 대금의 80%를 선순위로 대출받는다. 나머지 20%는 '선박투자회사(선박투자에 특화된 전문금융회사)'나 자산운용사의 선박펀드로부터 조달한다. SPC는 완성된 선박을 해운회사에 빌려주고(용선), 해운회사로부터 받는 용선료로 대출을 갚아나간다.

이러한 선박 금융 구조에서 법적 선주는 SPC이지만 실선주는 해운회사라고 할 수 있다. 해운회사는 SPC가 갚아야 할 대출금에 대해 지급보증을 서는 경우가 많다.

선박의 법적 소유주는 SPC이고, 따라서 금융회사는 SPC로부터 선박을 담보로 제공받는다. 해운 경기가 악화해 해운회사가 용선료를 지급하지 못하거나 파산하더라도 금융회사는 선박을 처분해 원리금을 회수할 수 있는 장치를 마련해두는 셈이다. SPC를 중간에 끼워 넣어 선박 발주 및 소유, 그리고 차입의 주체로 만드는 이유가 바로 해운회사와의 절연(絶緣)을 위한 것이다.

SPC와 해운회사 간 용선 계약은 일반적으로 나용선(裸傭船 : bareboat

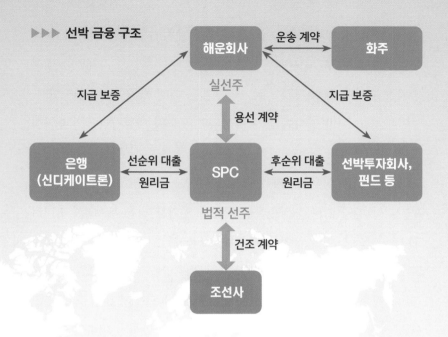

▶▶▶ 선박 금융 구조

해운회사 ── 운송 계약 ── 화주

실선주

지급 보증

용선 계약

지급 보증

은행
(신디케이트론) ── 선순위 대출 / 원리금 ── SPC ── 후순위 대출 / 원리금 ── 선박투자회사, 펀드 등

법적 선주

건조 계약

조선사

charter) 형태로 한다. 말이 어려운데, 선박 운항을 책임질 선장과 선원, 운항에 필요한 부가 설비 장치 없이 용선자는 선박 그 자체만을 빌려 준다는 뜻이다. 용선 기간이 끝나면 선박은 대개 해운회사가 매수한다.

이때 중고 선박 가격이 높게 형성되면 후순위 대출자인 선박투자회사나 펀드는 계약 내용에 따라 매각차익의 일부를 배분받을 수 있다.

여기서 잠깐 '선박투자회사'에 대해 알아보자. 선박투자회사는 「선박투자회사법」에 따라 해양수산부 장관의 인가를 받은 페이퍼컴퍼니라고 할 수 있다. 예를 들어 세계로선박금융(주)는 선박투자회사를 만들고 운용하는 금융회사다. 세계로선박금융이 만든 '바다로22호'가 바로 선박투자회사인데, 기관투자자나 일반투자자들로부터 출자를 받는다. 이 출자금 또는 여기에 은행으로부터 빌린 대출금까지 더하여 선박을 발주하고, 완성된 선박을 해운회사에 용선하여 수익을 창출한다. 선박투자회사는 이익금을 매년 투자자(주주)들에게 배당한다. 만기가 되면 선박을 매각하여 차익을 분배하는 구조다.

선박투자회사는 독자적으로 선박을 발주하여 용선하기도 하고, 앞서 살펴본 〈그림. 선박 금융 구조〉에서처럼 선박 금융에 참여하여 후순위 대출자 역할을 하기도 한다.

자산운용사가 만드는 선박펀드는 선박투자회사와 같은 페이퍼컴퍼니 형태의 독립회사(법인)가 아니다. 우리가 일반적으로 아는 펀드(집합투자기구)라고 할 수 있다.

이제 조금 더 현실적으로 많이 적용되는 선박 금융의 구조를 들여다보자. SPC가 선박 건조자금으로 100억 원이 필요하다고 해보자. 금융

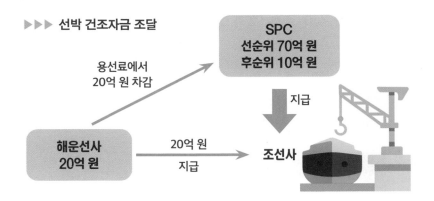

▶▶▶ 선박 건조자금 조달

SPC
선순위 70억 원
후순위 10억 원

용선료에서
20억 원 차감

지급

해운선사
20억 원

20억 원
지급

조선사

회사 대출금을 100% 활용한다면 참여하는 금융회사들도 부담스러울 수 있다. 그래서 해운선사가 일정 금액을 책임진다. 예를 들어 자기자금 20억 원을 조선사에 지급하는 식이다. SPC는 나머지 80억 원만, 예를 들어 선순위로 70억 원 후순위로 10억 원을 조달하면 된다. 해운선사는 조선사에 20억 원을 직접 지급하는 대신 나중에 SPC에 지급해야 할 용선료에서 이 금액을 차감하면 된다. 20억 원이 일종의 선납용선료 역할을 하는 셈이다. 대출금 80억 원은 조선소에 중도금과 잔금으로 지급된다. 결론적으로 선박 금융에서 해운회사도 대개 20% 정도는 자기자금을 발주 초기자금으로 투입하는 것이다.

CS 파산 불똥이 한국 조선 업계에 미칠 영향은 제한적

다시 UBS로 돌아가보자. 과거 글로벌 금융위기 등으로 선박 금융이 경

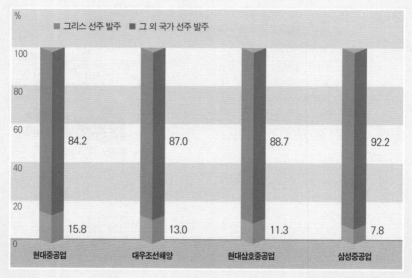

▶▶▶ **국내 대형 조선사 수주잔고 중 그리스 선주들이 발주한 호선 비중** (금액 기준)

2023년 3월 23일 기준
자료 : Clarksons Research, 한국투자증권

▶▶▶ **국내 주요 조선사 수주잔고 중 그리스 선주 발주 비중**

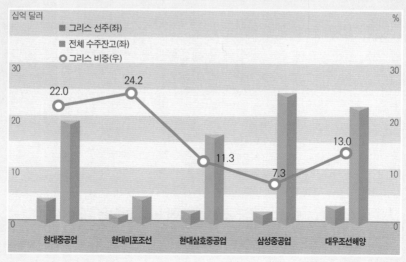

자료 : Clarksons, SK증권

색되었을 때 해운회사들이 발주를 취소하거나 기존에 발주한 선박 대금을 지연시켜 우리나라 조선 업체들이 고전했던 전례가 있다. 해운선사가 선박 금융 없이 발주하려면 사내 보유자금을 쓰거나 유상증자 또는 회사채 발행 등으로 자금을 조달해야 한다. 해운선사가 이런 식으로 자금을 운용하는 경우는 거의 없다. 선박 금융은 거의 필수적이라고 할 수 있다. 애널리스트들은 CS의 선박 금융 비중 감소가 우리 조선 업계에 미칠 영향은 그리 크지 않을 것으로 분석했다.

우선은 2021년 기준 전 세계 선박 금융 규모는 2900억 달러인데, CS가 차지하는 금액(100억 달러)의 비중은 3.4% 정도다. 낮은 편이라는 이야기다.

다음으로 우리나라 대형 조선사의 수주잔고 가운데 CS에 대한 의존도가 높은 그리스 선주 발주분 비중이 그리 높지 않은 것으로 분석되었다. 한국투자증권은 조선사에 따라 7~15%대, SK증권은 7~24%대에 이르는 것으로 집계하였다.

애널리스트들은 CS가 선박 금융 관련 채권을 줄이더라도 채권을 곧바로 회수하지는 않을 것으로 봤다. 즉 기존 채권을 다른 금융회사에 양도할 가능성이 높으며, 선박 가격이 상승세에 있기 때문에 금융회사 간 채권 양수도가 원활하게 이뤄질 것으로 내다봤다.

선박 금융 대출 주체가 다양화됐다는 점도 제한적 영향의 근거로 제시됐다. 과거에는 대출 주체가 거의 은행권 중심이었다. 그러나 2008년 이후 글로벌 금융위기와 유럽 위기 등을 거치면서 일반은행은 선박 금융을 대폭 줄였다. 그 빈자리를 선박 관련 펀드와 정책금융기관들이 메웠다. 우리나라도 수출입은행, 산업은행, 해양진흥공사, 자산관리공사 등이 예전보다 활발하게 선박 금융에 참여하고 있다.

신중론도 없지는 않았다. 미국이나 유럽 지역은행 사태가 끝났다고 단정하기 어렵다는 이야기다. 은행들의 자본 건전성이나 안정성이 이슈로 부각되면 선박 금융 같은 위험가중자산부터 줄이려는 움직임이 동시다발적으로 나타날 가능성이 있다는 분석이 있었다. 그런데 2023년 9월 현재, 이 같은 가능성을 우려하는 분위기는 거의 없다.

기업의 잉여현금흐름(FCF)이
투자자에게 보내는 시그널

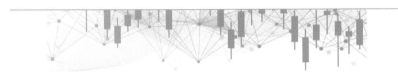

기업들은 주주들에게 연간 배당을 얼마나 할까? 지급 공식 같은 것이 있다. SK하이닉스의 경우 '고정 배당금(주당 1200원) + 연간 FCF의 5%'이다. 여기서 FCF는 'Free Cash Flow' 즉 잉여현금흐름을 말한다. FCF가 마이너스로 산출되는 해에는 주주들은 주당 1200원의 고정 배당금만 받는다. 이 공식은 2022~2024년까지 적용되는데, 그다음 3개년(2025~2027년)에는 산출식이 바뀔 수 있다.

카카오는 연간 FCF의 15~30%를 주주들에게 돌려준다. 2021~2023년까지 주주환원 정책에 적용된다. 이 기업뿐 아니라 삼성전자, 삼성SDI, 네이버 등 많은 기업이 주주환원(배당 또는 자기주식 취득 후 소각)의 기준으로 FCF를 사용한다.

'잉여'라는 단어가 붙기 때문에 얼핏 듣기에 FCF는 현재 회사가 보유하고 있는 여유 현금의 규모를 말하는 듯하다. 과연 그럴까? FCF는 무엇을 의미하며 어떻게 산출하는 것일까?

기업의 유동성을 평가할 수 있는 지표, FCF

예를 들어보자. 직장인 달봉이는 2022년에 2000만 원의 연봉을 받았다. 직장 생활을 열심히 하여 2000만 원의 돈을 벌었다는 이야기다. 이 돈을 벌기 위해 달봉이는 식비, 주거비, 교통비, 건강유지비로 1000만 원을 썼고 세금으로 100만 원을 납부하였다.

▶▶▶ **달봉이의 2022년 FCF는 얼마일까?**

연봉 : 2000만 원
➖ 식비·주거비·교통비 등 : 1000만 원
➖ 세금 : 100만 원
―――――――――――――――――
FCF : 900만 원
➖ 가족 용돈 : 300만 원
➖ 재테크 : 300만 원
―――――――――――――――――
남은 현금 : 300만 원
➕ 연초 현금 : 100만 원
―――――――――――――――――
연말 현금 보유고 : 400만 원

그러고도 여유가 있어 가족들 용돈으로 300만 원을 지출했고, 주식 재테크에도 300만 원을 투자하였다. 2022년 말 기준 달봉이의 현금 보유고는 400만 원으로 계산되었다. 연초에 가지고 있었던 현금 100만 원에다 연중 벌어서 쓰고 남은 현금 300만 원을 더한 값이다.

"달봉이의 2022년 FCF는 얼마인가?"라고 묻는다면 우리는 900만 원이라고 말할 수 있다. 연봉 2000만 원에서 돈을 벌기 위해 투입한 기본 생활비 1000만 원과 세금 납부액 100만 원을 차감하여 FCF를 산출하였다.

달봉이는 2022년에 900만 원의 여유자금을 만들어 냈기에, 이 가운데 600만 원을 가족 용돈과 주식투자에 자유롭게 사용한 것이다. 즉, FCF는 달봉이가 현재 손에 쥐고 있는 여유 현금의 규모를 말하는 것이 아니다. 만약 깨순이의 FCF가 1500만 원이라면 달봉이보다는 잉여현금 창출 능력이 높다는 평가를 받는다.

기업도 마찬가지다. 자동차 제조 업체 A사가 2022년 영업활동(자동차 생산과 판매)으로 500억 원의 현금을 벌었다고 하자. 자동차를 팔아 800억 원의 현금이 들어왔고 생산과 판매 활동으로 300억 원의 현금이 나갔다면 영업활동에서 벌어들인 현금흐름은 500억 원이 된다.

이렇게 A사가 현금을 창출하기 위해서는 영업자산(공장, 기계장치 등의 유형자산과 신차 개발과 관련된 무형자산)을 취득(투자)하고 활용해야 한다. A사는 이러한 영업용 유·무형자산 취득에 200억 원을 지출하였다. 유·무형자산 취득액에는 신규 투자분 외에 기존 사업을 원활하게 유지·가동하기 위한 유지·보수 투자 및 증설 투자액도 모두 포함된다.

영업활동으로 번 현금 : 500억 원
➖ 유·무형자산 취득액 : 200억 원

FCF : 300억 원
➖ 주주 배당 : 50억 원
➖ M&A : 100억 원

남은 현금 : 150억 원
➕ 연초 현금 : 50억 원

연말 현금 보유고 : 200억 원

A사는 주주들에게는 50억 원을 배당하였고, 새로운 사업에 진출하기 위해 유망한 기업을 인수(M&A)하는데 100억 원을 투자하였다.

이 회사의 2022년 FCF는 얼마나 될까? 영업활동에서 창출한 현금(500억 원)에서 유·무형자산 취득액(200억 원)을 뺀 300억 원이라고 할 수 있다. 주주 배당이나 M&A 투자액은 이 FCF의 범위 안에서 이루어졌다.

만약 유·무형자산 취득액이 500억 원이라면 어떻게 될까? FCF는 '0'이 된다. 그렇다면 여유 현금을 창출하지 못하였으므로 주주 배당도 못하고 미래를 위한 M&A 투자도 못 하는 것인가? 그렇지는 않다. 이 회사가 연초에 보유하고 있던 현금이 충분히 많이 있다면 이 자금을 사용하면 된다.

연초에 보유했던 현금이 없다면 어떻게 될까? 외부에서 자금을 빌리면 된다. 원래 가지고 있던 현금과 연중에 창출한 FCF가 부족하다고 하여도 외부 차입이라는 수단을 활용할 수 있다.

가장 바람직한 것은 배당과 M&A 등의 소요 자금을 감당할 만큼 FCF를 충분히 창출하는 회사가 되는 것이다. 이런 회사라면 재무적 유동성이나 안

▲ 가장 바람직한 것은 배당과 M&A 등의 소요 자금을 감당할 만큼 FCF를 충분히 창출하는 회사가 되는 것이다. FCF가 크다는 것은 영업자산 투자 대비 상대적으로 많은 돈을 번 것으로 생각할 수 있다.

정성에서 높은 평가를 받을 수 있다. FCF가 크다는 것은 영업자산 투자 대비 상대적으로 많은 돈을 번 것으로 생각할 수도 있겠다.

A사의 경우 2022년 초에 50억 원의 현금을 가지고 있었다고 하자. 그렇다면 2022년 말 기준 현금 보유고는 150억 원을 더하여 200억 원이 된다. 다시 한번 말하지만, FCF를 기업이 현재 보유하고 있는 여유 현금 규모로 생각하면 안 된다.

네이버가 배당 규모를 정하는 공식

네이버가 분기마다 발표하는 실적 설명 자료를 보면 '조정 EBITDA'라는 용어가 등장한다. 다음 표는 실적 자료 중 한 부분이다.

▶▶▶ **네이버의 2022년 실적 자료 일부** (단위 : 십억 원)

	1Q	2Q	3Q	4Q
조정 EBITDA	419.9	432.6	463.7	486.6
조정 EBITDA 이익률(%)	*22.8%*	*21.1%*	*22.5%*	*21.4%*
영업이익	301.8	336.2	330.2	336.5
영업이익률(%)	*16.4%*	*16.4%*	*16.1%*	*14.8%*

손익계산서의 '영업이익'은 '매출액(영업수익) - 영업비용'으로 계산한다. 그런데 이 영업이익은 영업활동에서 벌어들인 순현금(영업유입현금 - 영업유출현금)과는 차이가 있다. 영업이익을 산출할 때 회계상의 비용(실제 현금이 지출되지 않은 비용, 비현금성 지출)도 반영하기 때문이다.

현금을 기준으로 한 영업이익이 얼마나 되는지를 이야기할 때 일반적으로 'EBITDA(Earnings Before Interest, Taxes, Depreciation and Amortization)'라는 지표를 많이 쓴다. EBITDA는 이자, 세금, 유형자산 감가상각비, 무형자산 상각비 등의 비용을 반영하기 전의 영업이익을 말한다. 이 네 가지 요소 가운데 영업이익을 산출하는 단계에서 적용하는 영업비용은 감가상각비와 무형자산 상각비뿐이다. 거꾸로 말하면 영업이익에다 감가상각비와 무형자산 상각비 같은 비현금성 비용을 더해주면 회사가 영업활동에서 창출하는 현금흐름(EBITDA)을 산출할 수 있다는 이야기다.

네이버는 이렇게 영업이익에 더해주는 비현금성 지출 항목에 상각비 말고도 주식보상비용을 추가한다. 주식보상비용은 회사가 임직원들에

EBITDA
(영업활동에서 창출하는 현금흐름) **=** **영업이익** **+** **감가상각비** **+** **비현금성 비용**

게 부여한 스톡옵션(주식매수선택권) 때문에 회계적으로 발생하는 비현금성 비용이다.

예를 들어 회사가 임직원들에게 3년 뒤 회사 주식을 주당 1만 원에 살 수 있는 권리를 부여했다고 하자. 이게 바로 스톡옵션이다. 3년 뒤 주가를 봐가며 임직원들은 권리 행사 여부를 결정하면 된다. 주가가 2만 원이 되었다면 임직원들은 권리를 행사할 것이고, 회사는 주당 1만 원에 주식을 발행해주면 된다. 이렇게 주식 보상형으로 발행된 스톡옵션은 현금이 유출되지는 않지만 회계적으로는 해마다 비용으로 반영될 수 있다.

네이버는 기존 EBITDA에 주식보상비용을 추가한 것을 '조정 EBITDA'라고 한다. 네이버가 규정하는 FCF는 조정 EBITDA(영업이익 +

▶▶▶ 네이버의 FCF 산출식

조정 EBITDA(영업이익 + 비현금성 비용)

 세금 납부액

 유·무형자산 취득액(CapEx)

FCF

비현금성 비용)에서 세금 납부액을 빼고, 여기서 다시 유·무형자산 취득액(CapEx)을 뺀 것이다.

다음은 네이버가 연결재무제표 기준 FCF를 설명하는 그림이다. 수평선 위의 막대가 조정 EBITDA를 나타낸다. 수평선 아래 막대는 CapEx와 법인세 납부액이다. 위의 막대 길이에서 아래 막대 길이를 뺀 만큼이 연결 FCF(빨간색 선)이다.

2022년 1분기는 위의 막대가 더 길어서 연결 FCF가 2550억 원으로 산출되었다. 2분기는 아래 막대가 더 길어서 연결 FCF가 −1910억 원이다. 2023년 1분기는 연결 FCF가 3250억 원으로 꽤 증가하였다. 위의 막대가 다른 분기에 비해 조금 길어졌는데 아래 막대가 크게 짧아진

▶▶▶ **네이버의 연결재무제표 기준 FCF** (단위 : 십억 원)

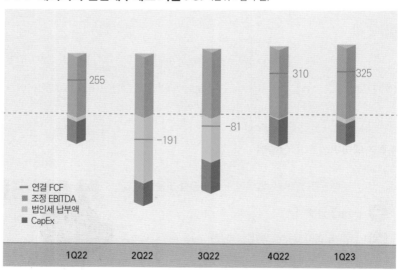

▲네이버의 연결 FCF는 2022년 1분기 2550억 원, 2분기 -1910억 원, 3분기 -810억 원, 4분기 310억 원, 2023년 1분기 3250억 원을 기록했다.

영향으로 보인다. 분기별 FCF에 큰 의미를 둘 필요는 없다. FCF는 연간 기준 또는 2~3개 연도의 추이를 분석하는 것이 중요하다.

연결 FCF는 네이버의 배당 규모와 관련이 있다. 네이버는 당해 연도를 포함한 2개년도의 평균 연결 FCF를 기준으로 15~30%를 현금 배당한다.

▶▶▶ **네이버 수시 공시 의무 관련 사항(공정공시)**

2023년 5월 8일

제목	주주환원 계획
내용	- 주주환원 방법 : 현금 배당(2개년 평균 연결 FCF의 약 15~30%를 지급 ; 경영환경, 차입금 상환 계획 등 감안) * 연결 FCF는 당해 연결 기준 영업이익 + 비현금성 지출 – 법인세 납부액 – CapEx - 기타 : 상기 주주환원 계획과는 별도로 당사는 주주가치 제고를 위해 향후 3년간 매년 발행주식수의 1%를 기보유 자사주를 활용하여 소각할 계획임.

FCF는 회계 기준에 따라 계산하는 것이 아니므로 산출 방식은 회사가 정하기 나름이다. 큰 틀에서 FCF는 영업활동 현금흐름에서 유·무형자산 취득액을 차감하는 것이 기본 구조이나, 세금 납부액과 운전자본의 변화(매출채권, 매입채무, 재고자산의 증감) 등을 기업 실정에 맞게 반영한다.

장부 숫자를 건드리면
진짜로 돈이 증가하는 마법?

2023년 3월 30일 SK스퀘어 정기 주주총회가 열렸다. 눈에 띄는 건 제
4호 의안이었다. 안정적인 주주환원 재원의 확보를 위해 자본준비금
6조 9200억 원 중 1조 원을 감액하여 이익잉여금으로 전입하겠다는 내
용이었다.

▶SK스퀘어 제4호 의안 : 자본준비금 감소의 건

가. 의안 제목 : 자본준비금 감소의 건
나. 의안의 요지
안정적인 주주환원 재원 확보를 위해 회사의 자본준비금 6,920,773,733,632원 중
1,000,000,000,000원을 감액하여 이익잉여금으로 전입.
※ 근거 법령 : 「상법」 제461조의 2(준비금의 감소) 회사는 적립된 자본준비금 및
이익준비금의 총액이 자본금의 1.5배를 초과하는 경우에 주주총회의 결의에 따라
그 초과한 금액 범위에서 자본준비금과 이익준비금을 감액할 수 있다.

회계에는 '자본잉여금'이라는 것이 있다. 액면가보다 높은 가격으로
신주를 발행(유상증자)하였을 때 발생하는 '주식 발행 초과금'이 대표적
인 자본잉여금이다. 「상법」에서는 이러한 자본잉여금 중 일부를 자본

「상법」에 따라 누적된 자본준비금이
일정 범위를 넘어서면
이익잉여금으로 전환할 수 있다.

자본준비금   **이익잉여금**

준비금이라는 이름으로 적립하게 한다. 누적된 자본준비금이 일정 범위를 넘어서면 이익잉여금으로 전환할 수 있다.

이익잉여금은 주주 배당의 재원이다. 따라서 이익잉여금이 증가한다는 것은 회계상 배당가능이익이 증가한다는 말과 같다. 이익잉여금 역시 회계상의 숫자이다. 회사가 창출해 온 당기순이익의 누적치를 보여주는 것이지 회사가 보유한 현금과 일치하는 것은 아니다.

그런데 여기서 한가지 생각해 볼 것이 있다. 앞에서 언급한 자본준비금의 적립이라는 건 회계적으로 적립한다는 것이지 실제 현금으로 적립하는 것이 아니다. 주주총회 의안을 보면 SK스퀘어의 자본준비금 누적액은 6조 9200억 원이라고 되어 있다. 만약 이게 현금이라면 SK스퀘어는 적어도 이 이상의 현금을 가지고 있다는 이야기가 된다. 이 회사의 별도 기준 재무상태표를 한번 보자.

▶**SK스퀘어 재무상태표(별도 기준)** (단위 : 백만 원)

	2022년 말
자산	7,494,079
현금 및 현금성 자산	129,907
단기금융상품	58,077
종속기업 및 관계기업 투자	6,936,539

2022년 말 별도재무제표 기준으로도 현금 및 현금성 자산은 약 1300억 원 밖에 안된다. 자본준비금 누적액이라는 게 현금이 아니기 때문이다. 따라서 자본준비금 중 이익잉여금으로 전환하겠다는 1조 원도 당연히 현금이 아니다. 모든 것이 회계상의 숫자 전환일 뿐이다.

SK스퀘어의 주주총회 결의에 대한 언론 보도 내용을 보자.

회사는 이날 주주총회에서 자본준비금 1조 원을 이익잉여금으로 전환하는 안건도 통과시켰다. 이 같은 재원을 바탕으로 매년 주주환원을 확대함과 동시에 추가 투자를 위한 실탄까지 확보한 것으로 평가된다. 다음 투자처로는 SK하이닉스와 시너지를 만들어 나갈 수 있는 반도체 밸류체인이 지목된다.

자본준비금 1조 원을 이익잉여금으로 전환하는 이유에 대해, 주주환원을 확대하겠다는 의도라고 설명하였다. 맞는 말이다. 그런데 "동시에 추가 투자를 위한 실탄까지 확보한 것으로 평가된다"고 해설하였다. 자본준비금을 이익잉여금으로 전환하는 게 어떻게 추가 투자를 위한 실탄(현금) 확보가 된다는 것일까?

앞에서 말했듯 회계상 이익잉여금 증가는 배당가능이익의 증가로 이어지므로 주주환원 확대(배당 증가)로 이어질 수 있다. 회사가 주주에 대한 배당금 지급을 늘리면 어떻게 되는가? 회사의 현금이 빠져나가니까 보유 현금은 줄어든다. 즉, 실탄은 감소한다는 이야기이다.

예를 들어보자. A기업의 현재 현금 보유고는 1000만 원이다. 이 회사는 해마다 100만 원을 배당해왔다. A기업은 자본준비금 중 300만 원을 이익잉여금으로 전환하였다. 그 결과 배당가능이익도 크게 증가하였다. 회사는 이를 기반으로 주주에게 400만 원을 배당하였다. 회사 보유 현금은 이제 1000만 원에서 600만 원으로 줄어든다.

배당을 늘리면서 투자를 위한 실탄(현금)까지 늘릴 수 있는 마법을 부리는 회사는 세상에 없다. SK스퀘어가 자본준비금을 이익잉여금으로 전환하는 회계상의 조치는 주주환원 확대로 연결될 수는 있어도 투자를 위한 추가 실탄 확보는 될 수가 없다. 장부상의 숫자를 건드린다고 하여 어떻게 진짜 현금이 증가할 수 있겠는가?

CHAPTER 5

덧셈·뺄셈·곱셈의 기적,
M&A 사건들

왜 산업은행은 HMM 영구 CB의 주식 전환을 선택했을까?

2023년 3월 산업은행이 HMM(옛 현대상선) 매각 작업을 공식적으로 시작하였다. '나라장터(공공기관 시행 입찰 정보 시스템)'에 경영권 매각 자문사 선정 공고를 낸 것이다.

M&A(인수·합병)에서 매각 자문사가 해야 할 가장 중요한 업무는 매각 전략 수립이다. 이와 관련하여 산업은행이 매각 용역 공고에서 제시한 자문사 수행 업무 중 눈에 띄는 문구가 있었다.

▶▶▶ 산업은행의 HMM 경영권 매각 자문 용역 공고문의 문구

주식 관련 채권의 처리 방안을 포함한 여러 가지 경영권 매각안에 대한 검토 및 최적안 제시, 매각 방안과 연계한 매각 주체들의 잔여 지분 보유 수준 제시.

어떻게 처분해야 매각이익을 최대화할 수 있을까?

도대체 이게 무슨 말일까? 간단하게 말하자면 이렇다. HMM의 대주주 (매각 주체)는 산업은행과 한국해양진흥공사(이하 해진공)다. 둘을 합친 지분율이 40.64%. 두 곳이 약 20%씩 지분을 나눠 가지고 있다. 이 지분만 매각해야 한다면 매각 구조가 그리 복잡할 것은 없었다.

HMM은 과거 유동성 위기 때 발행했던 2조 6000억 원어치의 전환사채(CB)와 신주인수권부사채(BW) 잔액을 갖고 있었다. CB나 BW는 기본적으로는 원금과 이자를 갚아야 하는 회사채다. 하지만 투자자가 원할 경우 원금을 상환하는 대신 주식을 발행해줘야 한다. 이때 신주 발행가격을 얼마로 할지는 CB나 BW를 최초 발행할 때 미리 정해놓는다. 신주 발행가격보다 주가가 상당히 높을 때 사채 원금을 주식 전환하여 매각하면 시세차익을 볼 수 있다. 이런 특성을 가진 채권을 '주식연계채권' 또는 '메자닌(mezzanine)'이라고 부른다.

HMM이 발행한 CB와 BW를 인수한 기관이 현재 대주주인 산업은행과 해진공이다. 신주 발행가격 대비 HMM 주가가 훨씬 높다면 경영권을 매각할 때 기존 지분(구주)에다 전환 주식을 더하여 매각하면 큰 이익을 볼 수 있다. 하지만 이때 리스크가 있다. 신주 발행으로 인한 발행주식수 증가가 주가에 큰 악재가 될 수 있다는 점이다. 즉, 구주 가치를 떨어뜨릴 가능성이 크다는 이야기다.

그렇다면 2조 6000억 원의 주식연계채권 중 얼마를 주식 전환해야 매각이익을 최대화할 수 있을까? 좀 더 근본적으로는 일부이건 전부이건 주식연계채권을 주식으로 전환하는 게 맞을까? 매각 주관사가 풀어야 할 난제는 바로 이런 것이었다.

결론부터 말하자면 매각 주관사로 선정된 삼성증권은 산업은행과 해진공의 구주에다 주식연계채권 1조 원에 대한 전환 신주를 합하여 매각하는 방안을 제시하였다. 산업은행은 2023년 7월 20일 이 내용을 중심으로 HMM 매각 공고문을 공시하였다. 이 문제를 좀 더 자세히 짚어보자.

영구채라지만 실질은 만기 2~5년짜리 회사채

오른쪽 표는 HMM의 주요 주주 지분 현황이다. 산업은행과 해진공 지분율은 합산 40.64%로, 지분을 거의 반씩 나눠 보유하고 있다. 주식수로는 1억 9879만 주로, 약 2억 주로 보면 된다. HMM의 총발행주식수는 4억 8909만 주에 이른다.

40.64%의 지분은 과거 해운업 침체기에 HMM이 유동성 위기로 워크아웃에 들어갔을 때 대출금을 출자전환하거나 자금 지원(유상증자 등)에 참여하면서 갖게 된 지분이다.

매각 공고 무렵 HMM의 주가가 2만 원 안팎이었으므로, HMM의 시가총액은 약 9조 8000억 원 수준이었다. 만약 산업은행 측이 구주 2억 주만 매각했을 때 얻을 수 있는 수익은, 대략 단순 계산으로 '2만 원 × 2억 주 = 4조 원'에 경영권 프리미엄 30%를 적용하면 5조 2000억 원 정도로 산출된다.

그런데 앞서 언급했듯 HMM이 과거 발행한 CB(일부는 BW)의 7월 현재 미상환잔액이 2조 6000억 원이나 된다는 게 문제였다. 주식 전환권이 부여된 채권인 CB는 잠재 주식이다.

이들 주식연계채권은 모두 영구채 형태로 발행되었다. 일반 영구채는 만기가 대개 30년이다. 만기가 되면 발행회사의 선택에 따라 만기를

▶▶▶ HMM 주요 주주 지분 현황

2023년 7월 7일 기준

기관명	주식수(주)	지분율(%)
산업은행	101,199,297	20.69%
한국해양진흥공사	97,590,859	19.95%
SM그룹	32,060,573	6.56%
신용보증기금	21,971,248	4.49%

주식수 : 198,790,156주
지분율 : 40.64%

* HMM의 총발행주식수는 489,093,496주

331

다시 연장해 나갈 수 있다. 다시 말해 이론적으로는 원금 상환 의무 없이 이자만 갚아나가면 되기 때문에 '영구채'라고 부른다. 상환 의무가 없으므로 회계상 부채가 아닌 '자본'으로 분류할 수 있다. 그래서 공식 용어로는 '신종자본증권'이라는 말이 더 많이 쓰인다.

그런데 말이 영구채이지 사실 만기 2~5년짜리 회사채나 다름없다. 중도 상환을 해야 하기 때문이다. 영구채 발행 계약을 보면 대부분 발행한 지 2~5년이 지난 시점에 금리가 대폭 올라가는 조건이 붙어있다. 금리 인상은 한번 조정으로 끝나지 않는다. 1차 조정 이후 1~2년마다 금리가 계속 조금씩 상승하기 때문에 '스텝업'이라는 용어를 쓴다.

발행회사는 금리 스텝업을 피하기 위해 '콜옵션(조기상환권)'을 행사할 수 있다. 예를 들어 발행 후 5년이 경과하면 스텝업을 적용하는 영구채를 발행했다고 해보자. 스텝업 시점이 도래하기 직전에 발행회사는 콜옵션을 행사할 수 있다. 이렇게 영구채는 원금을 조기 상환하는 게 자본시장의 관행이다. 영구채가 실질적으로는 만기 2~5년짜리 회사채라는 평가를 듣는 이유다.

그런데 HMM이 발행한 것은 일반 영구채가 아니라 영구 CB라는 점에 주목해야 한다. 예를 들어 발행 5년 경과 시점에 발행회사가 콜옵션을 행사하려 한다고 해보자. 일반 영구채라면 발행회사의 조기 상환이 가능하다. 그런데 영구 CB의 경우 투자자가 주식 전환권을 행사하면 발행회사는 조기 상환을 하지 못하고 계약상 정해진 가격(전환가격)으로 주식을 발행해줘야 한다.

코로나19를 기점으로 '미운 오리'서 '백조' 된 HMM

2023년 7월 기준으로 HMM이 발행하고 산업은행과 해진공이 보유한 주식연계채권 현황은 다음과 같다.

▶▶▶ **HMM이 발행하고 산업은행과 해진공이 보유한 주식연계채권**

<주식연계채권 발행 조건>				
• 표면 만기 : 30년(영구채) • 신주 발행가격 : 5000원			• 이자율 : 3% • 발행 5년 뒤 금리 스텝업	

회차	채권의 종류	발행일	금액(억 원)	
			산업은행	한국해양진흥공사
192회	전환사채(CB)	2018. 10. 25	2,000	2,000
193회	신주인수권부사채(BW)	2018. 10. 25	3,000	3,000
194회	전환사채(CB)	2019. 5. 24	500	500
195회	전환사채(CB)	2019. 6. 27	1,000	1,000
196회	전환사채(CB)	2019. 10. 28	3,300	3,300
197회	전환사채(CB)	2020. 4. 23	3,600	3,600
합계			13,400	13,400

2023년 7월 기준

HMM이 2018~2020년까지 발행한 CB나 BW는 만기 30년짜리 영구채다. 총금액이 2조 6800억 원이다. 산업은행과 해진공이 각각 1조

3400억 원씩 보유하고있다. 신주 발행가격은 모두 5000원이다. 발행 5년 뒤 금리 스텝업이 도래하는데, HMM은 이때 콜옵션(조기상환권)을 행사할 수 있다.

주목할 부분은 192회 CB와 193회 BW의 합계인 1조 원 어치다. 산업은행이 5000억 원, 해진공이 5000억 원이다. 2018년 10월에 발행되었기 때문에 5년 경과 시점인 2023년 10월이면 HMM이 콜옵션을 행사할 수 있다. HMM 주주들은 산업은행 측의 주식 전환에 반대하며 회사의 콜옵션 행사를 희망해왔다.

발행주식수가 급증하면 주가가 하락하기 때문이다. 1조 원에 신주 발행가격 5000원을 적용하면 2억 주다. HMM의 현재 발행주식수(4억 8900만 주)를 고려하면 산업은행이 192회 CB와 193회 BW를 주식으로 전환하였을 때 총발행주식수가 40%나 증가한다는 이야기다. 그만큼 주가가 하락할 수 있다.

HMM의 현금 보유고가 충분하다는 점도 주주들이 조기 상환을 강력하게 요구해 온 배경이기도 하다. 다음은 2020~2022년까지 HMM의 연결 기준 재무상태표와 손익계산서의 주요 항목을 나타낸 표다.

회사는 2011~2019년까지 9년 연속 영업적자를 냈다. 2017~2019년 3년 동안의 누적영업손실만 1조 2650억 원에 달했다. 국내 1위, 세계 6위권 해운사였던 한진해운이 파산하여 공중분해가 된 게 2017년 초의 일이다.

그런데 '코로나19'라는 전대미문의 팬데믹 시기에 해운 물동량이 급증하며 HMM의 재무제표는 극적으로 변한다. HMM은 2020년 9807

억 원의 영업이익을 내며 흑자전환하였다. 2021년과 2022년에는 각각 7조 3775억 원과 9조 9515억 원의 눈부신 영업이익을 달성했다. 2020년 말까지만 해도 회사에는 4조 4400억 원이 넘는 결손금이 누적되어 있었으나 2021년 말에는 누적이익잉여금 구조로 전환하였다. 2022년 말 기준 누적이익잉여금은 10조 5432억 원에 달했다. 믿기지 않는 실적이었다.

회사의 현금은 2020년 말 1조 1563억 원에 불과했다. '현금 및 현금

▶▶▶ **HMM의 2020~2022년 주요 재무 지표(연결 기준)** (단위 : 백만 원)

[연결재무상태표]

	2022년 말	2021년 말	2020년 말
자산총계	25,973,455	17,876,100	9,373,360
현금 및 현금성 자산	4,980,161	1,724,952	1,140,700
기타 유동금융자산	6,965,417	4,738,187	15,602
부채총계	5,285,543	7,517,806	7,684,812
자본총계	20,687,912	10,358,294	1,688,548
이익잉여금(결손금)	10,543,289	780,591	(4,443,893)

[연결손익계산서]

	2022년 말	2021년 말	2020년 말
매출액	18,582,770	13,794,148	6,413,270
영업이익(손실)	9,951,555	7,377,522	980,781
당기순이익(손실)	10,085,439	5,337,151	123,966

성 자산'과 '기타 유동금융자산(단기금융상품)'을 더한 수치다. 2022년 말 현금은 11조 9400억 원까지 증가하였다. 2023년 1분기 말 현금은 12조 2400억 원에 이르렀다. 현금 보유고를 감안하면 192~197회차 주식연계채권 전체 잔액(2조 6800억 원)을 한 번에 상환하여도 회사 유동성에는 아무런 문제가 없다.

전량 주식으로 전환하자니 주가 폭락이 우려되고 보유하자니 매각차익이 아쉽고

문제는 두 가지였다. 우선 이 주식연계채권들은 모두 2023년 7월 현재 산업은행 측이 주식 전환 청구를 할 수 있는 시점이 도래해 있었다. 아울러 그 시점의 주가(2만 원 안팎) 대비 채권들의 신주 전환요구가격(5000원)이 매우 낮았다.

산업은행 측이 2조 6800억 원어치 채권을 모두 주식 전환하여 구주와 함께 매각을 추진한다고 해보자. 새로 발행하는 신주는 5억 3600만 주(2조 6800억 원/5000원)나 된다. 기존 HMM의 총발행주식수 4억 8900만 주보다 더 많다. 이론적으로 HMM의 주가는 반토막 이상 날 수도 있다는 이야기다.

산업은행 입장에서도 HMM 주가 폭락은 곧 매각가치 폭락을 의미한다. 이 경우 주가 하락에 따른 일반주주들의 거센 반발까지 감당해야

2021년 산업은행이 9000억 원 규모(6월 28일 3000억 원, 10월 26일 6000억 원)의 전환사채(CB)를 주식으로 바꿔 HMM의 주가가 40% 넘게 빠졌다.

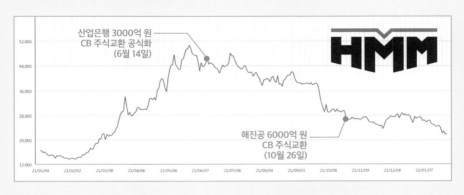

하기 때문에 주식연계채권 전량을 주식 전환하는 것은 큰 부담일 수밖에 없다.

2021년 6월과 10월 당시 산업은행과 해진공이 각각 3000억 원과 6000억 원의 CB를 주식으로 전환하였다가 주가가 급락한 적이 있었다.

산업은행 측은 이번 매각에서 2023년 10월 콜옵션 행사 시점이 돌아오는 1조 원 어치(192회와 193회) CB와 BW를 주식으로 전환(2억 주)하기로 했다. 그렇게 되면 HMM의 총발행주식수는 4억 8900만 주에서 6억 8900만 주로 증가한다. 산업은행 측이 매각하는 주식은 구주 2억 주에 전환 신주 2억 주를 묶은 총 4억 주가 된다. 이 지분을 모두 인수하는 HMM 새 주인의 지분율은 58%가량(4억 주/6.89억 주)이 되는 셈이다.

시장에서는 산업은행 측이 주식 전환 없이 구주 2억 주만 매각한다면 주가가 적어도 2만 원 선은 지킬 것으로 봤다. 이 경우라면 앞에서 언급

337

했듯 경영권 프리미엄까지 고려하면 HMM 매각가격은 5조 2000억 원 정도가 될 수 있다. 그러나 산업은행 측의 선택은 CB(192회)와 BW(193회)를 주식으로 전환한 후 4억 주를 매각하는 것이었다. 당연히 주가는 하락할 수밖에 없었다.

HMM의 새 주인이 될 자가 부담해야 할 비용, 7조 2000억 원

산업은행이 4억 주를 매각할 경우 시장에서 추정하는 주가 하락선은 1만 5000원 정도다. 이 가격을 기준으로 4억 주의 가치를 계산하면 6조 원이 된다. 경영권 프리미엄을 20%만 적용해도 매각가격은 7조 2000억 원까지 올라간다. 업계에서는 이만한 가격에 HMM을 인수할 국내 기업이 있을지 의문이라는 반응이 나왔다.

일각에서는 산업은행 측이 4억 주 전량 매각을 고집하지 않고 입찰 참여 기업들에게 최저선을 제시할 것이라는 이야기가 나오고 있다. 예를 들어 3억 주를 매각 마지노선으로 제시할 수도 있다는 이야기다. 3억 주에 주가 1만 5000원, 그리고 경영권 프리미엄을 20~30%까지 적용하면 대략 5조 4000억~5조 8000억 원이 산출된다. 이렇게 4억 주 가운데 3억 주를 매각한다면 나머지 1억 주는 일단 산업은행 측이 그대로 보유한다. 인수자에 이어 2대 주주 지위를 유지하는 것이다.

그러나 산업은행 측은 매각 대상 지분과 관련하여 일단은 "4억 주를 전량 매각하는 것을 원칙으로 한다"는 입장을 보이고 있다.

　전문가들은 해운 업황이 2022년 정점을 찍었고, 갈수록 악화될 것으로 본다. 그렇다면 산업은행 측은 HMM 매각을 조속히 완료해야 한다는 부담을 안을 수밖에 없다. 신속하게 매각하면서 제값을 받으려면 인수자의 부담을 낮춰줘야 한다. 그러려면 매각 대상 물량을 유연하게 조정할 수밖에 없다는 게 업계의 시각이다.

　2023년 7월 20일 매각 공고 직전 SM그룹의 우오현 회장 인터뷰가 「한국경제」 신문에 실렸다. SM그룹은 HMM의 3대 주주(지분율 6.56%)이며, SM상선과 대한해운 등의 해운 계열사를 보유하고 있다. SM상선은 2016년 청산 절차를 밟고 있던 한진해운으로부터 미주노선과 아주노선(상하이·하이퐁·호찌민·방콕 등을 기항하는 노선)을 인수하여 만든 회사다.

　우 회장은 이 인터뷰에서 이렇게 말했다. "산업은행이 1조 원 영구채를 주식으로 전환하면 입찰에 응하지 않겠다. 1조 원만 전환해도 인수 자금은 4조 원이 뛴다. 그러면 8조 원을 들여야 HMM의 최대주주가 될 수 있다는 얘기다. 그 돈을 들여 HMM을 인수할 국내 그룹은 없을 것이다. 우리는 적정 인수가를 4조 원가량으로 보고 있다. 이 금액도 인수를 희망하는 기업들에겐 부담스러운 규모다. 4조 5000억 원에서 1원이라도 더 써낼 마음은 없다."

　주식연계채권 1조 원을 주식으로 전환하면 주가는 하락한다고 보는 게 상식적이다. 따라서 우 회장의 말처럼 산업은행이 CB와 BW 1조 원

어치를 주식으로 전환하면 인수자금이 4조 원 늘어난다는 추정은 틀릴 가능성이 높다.

예를 들어 경영권 프리미엄 고려 없이 단순 계산을 해보자. 산업은행이 CB와 BW를 주식으로 전환하지 않고 원금을 조기 상환만 받는다면 구주 2억 주의 가치 4조 원에 조기 상환받는 원금 1조 원을 더하여, 5조 원 회수를 기대할 수 있다.

우 회장 주장을 그대로 인용한다면 CB와 BW 1조 원어치(2억 주) 주식 전환에 따른 회수기대액은 단순 계산으로 8조 원(구주 4조 원, 신주 4조 원)이 된다.

전환 시 8조 원, 미전환 시 5조 원! 이런 계산법이라면 산업은행 측이 CB와 BW의 주식 전환을 선택하지 않을 도리가 없다. 산업은행 회장은 2021년 콜옵션이 도래한 CB와 BW 물량을 주식으로 전환할 때 "주가와 전환가격 간 차이가 크기 때문에 전환하지 않으면 배임이 될 수 있다"고 말한 바 있다.

▶ 산업은행과 해양진흥공사가 콜옵션이 도래한 주식연계채권을 주식으로 전환하지 않으면 이익이 있음에도 이를 실현하지 않은 '배임' 논란에 휩싸일 수 있다.

산업은행 측이 이번 경영권 매각 작업에서 일단 2023년 10월 콜옵션 행사 시점이 돌아오는 CB와 BW 1조 원어치까지만 주식으로 전환하기로 한 것은, 주가 하락 폭을 감안하여도 전환하였을 때 매각차익이 더 클 것이라는 계산이 섰기 때문이다.

결국 SM그룹은 HMM 인수전에서 손을 떼었다. HMM 입찰에는 하림그룹, 동원그룹, LX그룹과 독일계 해운사 등 4곳이 참여하였다. 2023년 9월 현재 독일 해운사를 제외한 3곳이 적격 인수 후보(숏리스트)로 선정되었다. 이들은 실사를 거쳐 본입찰 참여를 결정할 것이다.

테슬라를 능가하겠다던
에디슨모터스의 한여름 밤의 꿈

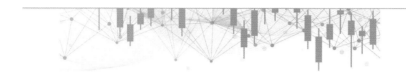

SBS 간판 프로그램 〈그것이 알고 싶다〉의 PD 출신 기업인이 있었다. 전기버스 전문 업체 에디슨모터스 강영권 회장이다. 그는 이제 회장이 아니다. 자본시장 관련 범죄 혐의로 기소되어 2023년 7월 현재 감옥에 수감된 채 재판을 받고 있다.

2020년 그는 tvN의 인기 예능 프로그램 〈유 퀴즈 온 더 블록〉에 출연하여 "테슬라를 뛰어넘는 전기차 업체로 도약하고 싶다"고 말한 적이 있다. 방송을 본 사람들은 웃어넘겼을 수도 있겠다. 그러나 그의 표정이나 어투는 매우 진지하였던 것으로 기억된다.

테슬라를 능가하겠다는 야심 찬 꿈을 꾸었던 강 회장은 그로부터 딱 2년 만에 '자본시장의 사기꾼'으로 추락하였다. 코스닥 기업을 무자본으로 인수한 뒤 주가 조작으로 12만여 명의 소액투자자들에게 피해를

주었고, 1600억 원의 부당이득을 얻은 혐의로 감옥에서 재판정을 오가
는 신세가 된 것이다.

고래를 삼키겠다고 덤빈 새우

2021년 당시 쌍용자동차(현 KG모빌리티, 이하 쌍용차)가 기업회생절차(법
정관리)에 들어가면서 매물로 부상하자 강영권은 쌍용차 인수전에 뛰어
들기로 결심했다.

쌍용차는 2011년 인도 자동차그룹 마힌드라에 인수되었다. 이후 출
시한 '티볼리'의 인기에 힘입어 2016년에는 9년 만에 흑자를 내는 등
상승세를 타는 듯했다. 그러나 이듬해 다시 판매 감소로 적자 전환하면
서 실적은 날로 악화되어갔다.

2020년 들어 마힌드라는 앞으로 3년간 5000억 원을 투입하여 쌍용
차를 정상화하겠다는 의지를 내비쳤다. 그러나 코로나19가 급속도로
퍼지면서 글로벌 경기 침체 조짐이 보이자 쌍용차에서 손을 떼겠다고
공식 선언하기에 이른다.

대주주의 지원 중단으로 외통수에 내몰린 쌍용차는 2021년 4월 기업
회생을 신청하였다. 법원은 기업회생절차를 개시한 뒤 M&A(인수·합
병)로 쌍용차의 새 주인을 찾는 작업을 진행하기로 하였다.

강영권은 이 무렵 쌍용차 인수전에 뛰어들기로 하고 자금 조달을 위

해 자본시장의 이른바 '꾼'들과 손을 잡았다. 검찰 공소장과 당시 언론 보도, 필자의 취재 등을 종합하여 이후의 진행 상황을 간략하게 설명하자면 이렇다.

자본 조달 세력과 강영권은 우선 만만한 코스닥 기업을 인수하여 쌍용차 인수자금 조달 창구로 활용하기로 하였다. 이들은 경차급 전기차 사업 부문을 가지고 있던 '쎄미시스코'를 목표로 정하고 꽤 독특한 인수 구조를 짰다.

강영권의 직접 지배하에 있던 에너지솔루션즈가 쎄미시스코의 제3자 배정 유상증자에 참여하여 지분 20%를 확보한다(①). 쎄미시스코 구주(대주주 지분) 35%는 5개의 투자조합이 나눠서 인수한다(②). 따라

▶▶▶ **강영권의 쎄미시스코 투자 구조**

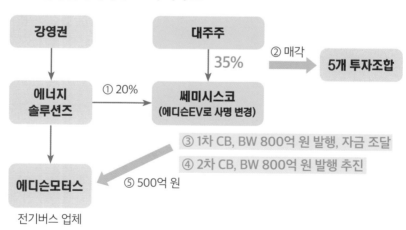

▲ 강영권은 경차급 전기차 사업 부문을 가지고 있던 쎄미시스코를 인수하여, 쌍용차 인수자금 조달 창구로 활용했다. 쎄미시스코로 하여금 CB와 BW를 발행하여 대규모 자금을 조달하게 한 다음, 이 돈으로 에디슨모터스 유상증자에 참여하도록 했다.

서 쎄미시스코(나중에 사명을 에디슨EV로 변경. 이하 에디슨EV)의 새 대주주는 20% 지분을 보유한 에너지솔루션즈가 된다. 왜 이런 모양의 투자 구조를 만들었는지는 뒤에서 좀 더 자세히 설명한다.

강영권은 사모펀드운용사 KCGI 및 키스톤PE와 제휴를 체결하고 쌍용차 인수 컨소시엄을 구성하기로 합의했다. 에디슨EV 이사회를 장악하자마자 강영권 일당은 이 회사를 계획한대로 자금 조달 창구화하기 위해 800억 원 어치의 전환사채(CB)와 신주인수권부사채(BW)를 발행하게 하였다(③). 이어 추가로 800억 원 어치의 CB와 BW 발행을 이사회에서 의결하였다(④).

에디슨모터스는 에디슨EV가 조달한 800억 원 가운데 500억 원을 빼간다. 에디슨EV를 대상으로 에디슨모터스가 제3자 배정 유상증자를 하는 방법이었다.

당시 에디슨EV의 재무 상황은 어떠하였을까? 회사 손익은 2018~2020년까지 3년 연속 영업적자를 내고 있었다. 영업활동에서 들어오는 돈보다 나가는 돈이 더 많아 영업활동 현금흐름 역시 3년 동안 순유출 상태에 있었다. 그러다 보니 회사 운영자금이 부족하였다. 단기차입금이 해마다 증가한 이유다.

자기 앞가림조차 못하고 있던 에디슨EV로서는 800억 원이나 되는 빚을 내어 에디슨모터스 유상증자에 참여할 형편이 아니었다. 명분은 에디슨모터스와의 전기차 사업 확대였지만 정작 500억 원의 유상증자 대금을 받은 에디슨모터스는 이 돈을 모두 기존 채무 상환에 소진한 것으로 검찰 조사 결과 드러났다.

에디슨모터스가 노린 두 번째 타깃

어찌 되었건 에디슨모터스는 쌍용차 인수전에 입찰하였고 2021년 10월 인수 우선협상대상자로 선정되었다. 그러나 이 무렵 외부에서는 잘 모르고 있던 사실이 하나 있다. 자금 조달에 협력하기로 했던 사모펀드운용사 키스톤PE와 KCGI가 손을 떼면서 쌍용차 인수 컨소시엄은 에디슨모터스 측 기업들만으로 구성되어 있었다. 자금 조달에 문제가 생길 수밖에 없는 상황이었다는 이야기다.

강영권 일당은 이 때문에 새로운 자금 조달 창구 역할을 해 줄 '제2의 에디슨EV'가 필요했다. 이번 목표 기업은 의료기기 사업을 하는 코스닥 상장사 유앤아이(현 이노시스)가 됐다. 투자 구조는 에디슨EV를 인수할 때와 판박이 수법을 동원하였다.

에디슨EV가 유앤아이의 제3자 배정 유상증자에 참여하여 경영권을 확보한다. 유앤아이의 대주주 지분은 여러 개의 투자조합이 나눠 인수한다. 따라서 유앤아이의 대주주는 에디슨EV가 된다.

강영권 일당은 유앤아이로 하여금 800억 원 어치의 CB를 발행하게 한다. 이 자금을 에디슨모터스 쪽으로 끌어와 쌍용차 인수대금으로 활용하겠다는 의도다.

그러나 이 CB 발행 계획은 실현되지 않았다. 강영권 일당의 쌍용차 인수 계획이 무산되었기 때문이다. 2022년 1월 에디슨모터스 컨소시엄 (이하 컨소시엄)은 쌍용차 인수 본계약을 체결했다. 쌍용차가 실시하는

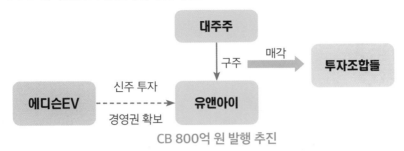

▶▶▶ **에디슨EV의 유앤아이 투자 구조**

```
                    ┌──────────┐
                    │  대주주  │
                    └──────────┘
                         │ 구주    매각    ┌──────────────┐
                         ▼         ──────▶ │  투자조합들  │
        신주 투자   ┌──────────┐           └──────────────┘
┌──────────┐ ─ ─ ─▶│ 유앤아이 │
│ 에디슨EV │       └──────────┘
└──────────┘
        경영권 확보
              CB 800억 원 발행 추진
```

▲ 강영권은 자금 조달 창구로 이용하기 위해 쎄미시스코를 인수할 때와 똑같은 방법으로 유앤아이를 인수했다.

제3자 배정 유상증자에 컨소시엄이 3050억 원을 내기로 했다. 계약상 인수대금은 2022년 3월 25일까지 예치해야 했다. 컨소시엄은 계약금 305억 원은 납부하였지만, 잔금 2745억 원을 시한까지 내지 못했다. 쌍용차는 이에 따라 본계약을 즉시 해지하였다.

'쌍용차 인수 추진' 미끼로 주가 띄운 뒤 먹튀

에디슨모터스의 쌍용차 인수 추진은 '먹튀 사건'으로 불린다. 왜 그럴까? 2021년 5월 에디슨모터스가 당시 쎄미시스코(에디슨EV)를 인수한 뒤 쌍용차 인수와 전기차 사업 확대를 발표하자 쎄미시스코 주가는 천정부지로 치솟았다.

검찰은 이 같은 주가 급등을 의도한 작전으로 본다. 에디슨모터스는

쌍용차
인수

전기차
사업 확대

예상 매출
부풀리기

강영권 일당은 쎄미시스코와
유앤아이 경영권을 인수한 뒤,
쌍용차 인수와 전기차 사업 확대 등의
허위·과장 홍보를 통해 주가를 끌어올렸다.
이 과정에서 쎄미시스코 대주주로부터
지분을 인수하였던 투자조합들은
지분을 대거 정리하면서 막대한 차익을 챙겼다.

핵심 부품을 중국 수입에 의존하는 등 전기승용차 사업을 할만한 기술력이 없었다. 경영 능력이나 재무적 여건 또한 부족한데도 주가 부양을 위해 인터뷰, 블로그, 공시 등을 통하여 허위·과장 홍보를 지속하였다고 검찰은 판단했다. 이 과정에서 쎄미시스코 대주주로부터 지분을 인수하였던 투자조합들은 지분을 대거 정리하면서 막대한 차익을 챙겼다.

이들은 「자본시장과 금융투자업에 관한 법률」이나 「벤처투자 촉진에 관한 법률」상의 투자조합이 아니다. 「민법」상 조합이다. 결성과 해산 절차가 매우 간단하다. 과거 일부 투자자들이 「민법」상 투자조합을 결성하여 대주주 지분이 취약한 코스닥 기업의 경영권을 인수한 뒤 '먹튀'하는 사례들이 있었다. 이들은 호재성 허위 공시(바이오 등 신규 사업 진출)나 허위 사업 계획 공개 등을 통하여 개미투자자들을 유혹하는 수법으로 주가를 끌어올렸다. 「민법」 조합들은 대주주가 된 지 일주일, 한 달도 채 되지 않아 지분을 모조리 매도하고 튀는 일도 서슴지 않았다. 금융당국은 이 같은 일을 막기 위해 「민법」상 투자조합이 상장기업의 최대주주가 되는 경우, 1년 동안 지분을 못 팔게 하는 강제 보호예수를 도입하였다.

강영권 일당과 손을 잡은 자본 조달 세력이 에디슨EV의 구주(대주주 지분)를 인수할 때 다수의 「민법」상 투자조합을 동원한 것은 이 때문이다. 투자조합이 대주주가 되는 것을 피하기 위해서 여러 개의 투자조합을 동원하여 지분을 나눠 인수한 것이라고 검찰은 판단했다. 대주주가 되면 각종 공시 의무와 함께 지분이 1년 동안 묶이기 때문에 주가 급등시 먹튀가 불가능하다.

검찰에 따르면 에디슨EV가 에디슨모터스의 유상증자에 참여할 때 강영권 일당은 에디슨모터스의 주당 가치를 크게 부풀렸다. 2021년 8월 에디슨EV 이사회에 제출한 에디슨모터스 주식가치 평가 보고서를 보면, 에디슨모터스의 2021년 예상 매출액을 3000억 원으로 가정하고 있다. 이날 이사회에서 한 참석자가 평가 결과의 공정성을 문제 삼자, 강영권 회장은 "전기트럭을 팔면 2000억 원 정도 매출이 나오기 때문에 3000억 원을 맞출 수 있다"며 참석자의 의견을 묵살하였다. 실제 2021년 에디슨모터스의 매출액은 817억 원으로 예상치의 27%에 불과했다. 전년(2020년)의 898억 원보다 더 못한 수치였다. 이처럼 의도적으로 부풀린 매출액 등에 기초하여 에디슨모터스의 주당 가치는 6만 원으로 평가되었다.

이 과정에서 평가 담당 회계사가 회사 측이 제시한 5개년 사업계획서와 예상 실적에 의문을 품자, 강영권 일당은 에디슨모터스 기업가치를 최소 4000억 원 이상(주당 6만 원 이상)으로 산출해 줄 것을 회계사에게 종용하였다고 검찰은 밝혔다.

더 놀라운 것은 석달 뒤에 열린 에디슨EV의 2021년 11월 초 이사회였다. 에디슨모터스의 추가 유상증자에 참여하는 것을 의결한 이 이사회에서도 2021년 8월의 주식가치 평가 자료가 활용되었다. 11월 초면 연간 결산을 두 달 정도 앞둔 시점이다. 매출액이 800억 원 남짓이 될지 3000억 원이 될지 모를 수가 없는데도 그대로 밀어붙였다.

비상장주식은 대개 DCF(현금흐름할인법)로 가치를 평가하는데, 일반적으로 5개 연도 예상 실적에 근거하여 현금흐름을 추정한다.

에디슨모터스의 경우 충분히 가늠할 수 있는 1차 연도(2021년)의 매출액을 3배 이상 뻥튀기하였다. 그렇다면 추정 2~4차 연도(2022~2025년)까지 예상 실적을 얼마나 부풀려 날조하였을지 짐작이 간다. 검찰은 강영권 일당이 두 차례에 걸친 유상증자 과정에서 에디슨EV에 약 160억 원의 손실을 끼친 것으로 판단하였다.

▶▶▶ **일반적인 DCF 요약 예시** (단위 : 백만 원)

항목	2021	2022	2023	2024	2025	Terminal
영업이익	4,719	6,432	6,577	6,563	6,766	6,833
법인세비용	1,016	1,393	1,425	1,422	1,466	1,481
세후영업이익	3,703	5,039	5,152	5,141	5,299	5,352
(+)감가상각비	755	1,014	922	971	804	812
(−)순운전자본 증가	(571)	(67)	(55)	(66)	(26)	19
(−)자본적 지출	335	333	363	388	414	812
잉여현금흐름	4,694	5,787	5,766	5,790	5,715	5,333
잉여현금흐름의 현재가치	4,528	5,135	4,652	4,246	3,810	39,507
추정 기간 잉여현금흐름 현재가치(A)						22,372
영구현금흐름의 현재가치 (B)						39,507
영업현금흐름의 현재가치(C = A + B)						61,879
비영업용 자산의 가치(D)						9,720
기업가치(E = C + D)						71,599
이자부부채(F)						12,157
평가 대상 회사 주식가치(H = E − F − G)						59,442

주가 조작과 사기에 악용된 기업의 운명

에디슨EV의 외부감사인(회계법인)은 2021년도 재무제표에 대한 감사 의견으로 '의견 거절'을 주었다. 이유는 다음과 같았다.

▶▶▶ 에디슨EV 2021년도 재무제표에 대한 감사 의견

> *** 의견 거절의 근거**
>
> 회사는 당기 말 현재 유동자산은 52,361백만 원, 유동부채 64,774백만 원으로, 유동부채가 유동자산을 초과하고 있습니다. 당기 중 영업손실 433백만 원, 당기순손실 8,520백만 원이 발생하였습니다. 이러한 상황은 회사의 계속기업으로서 존속 능력에 대한 유의적 의문을 제기할 만한 불확실성이 존재함을 나타냅니다. 회사가 계속기업으로서 존속할 지의 여부는 매출 증대 등을 통한 재무 개선 및 유동성 확보 계획의 성패에 따라 좌우되는 불확실성을 내포하고 있습니다. 그러나 우리는 회사의 매출 증대 등을 통한 재무 개선 및 유동성 확보 계획에 대한 충분하고 적합한 감사 증거를 입수할 수 없었습니다.

이 회사의 유동부채가 유동자산을 초과하게 된 이유는 강영권 일당이 주도하여 800억 원의 CB와 BW를 발행하였기 때문이다. 상장법인이 외부감사에서 의견 거절을 받으면 상장폐지 실질 심사 대상 기업이

되고 주식 거래는 정지된다. 한국거래소는 에디슨EV(2022년 6월 사명을 스마트솔루션즈로 변경)에 대해 일단 기업 개선 기간을 부여하였다. 이 회사는 2022년 3월부터 2023년 9월 현재까지 1년 6개월여 동안 거래 정지 상태를 지속하고 있다.

한편 강영권 일당은 에디슨EV의 분식회계를 주도하기도 했다. 이 회사는 2021년에도 영업적자를 내면서 4년 연속 영업손실 기업이 되어 관리종목으로 지정될 상황에 처했다. 강영권 일당은 이를 해결하기 위해 허위 매출을 만들어냈다. 2021년 9억 원대의 영업이익을 냈다고 공시하였다가 외부감사인에게 허위 매출을 적발당하여 4억 원대 영업적자로 정정공시하기도 했다.

검찰은 2022년 10월 강영권 회장 등 에디슨모터스 측 경영진 4명을 기소했다. 또 12월에는 자금 조달 세력 6명을 추가로 기소하였는데, 자산운용사 대표와 전 임원, 변호사 등이 포함되었다. 이들은 저가에 에디슨EV의 주식 및 CB와 BW를 인수한 뒤 허위의 호재성 정보로 주가를 급등시켰으며 이 기간 주식을 집중 처분해 부당이득을 취한 혐의로 재판에 넘겨졌다.

한편, 쌍용차는 KG그룹에 인수되어 사명을 'KG모빌리티'로 바꾸었다. 강영권 일당의 행각이 검찰 조사로 드러나면서 에디슨모터스는 경영난이 심해졌고, 기업회생(법정관리)을 신청하기에 이르렀다. 법원은 에디슨모터스의 M&A를 추진하였고, 에디슨모터스는 KG모빌리티의 품에 안겼다. 에디슨모터스가 인수하려 했던 회사가 역으로 에디슨모터스를 인수하게 된 것이다.

HDC현대산업개발은
계약금 2500억 원을 돌려받을 수 있을까?

"원고와 피고 사이에는 계약금 반환 채무가 존재하지 않음을 확인한다. 피고들은 질권이 소멸되었다는 취지의 통지를 하라."

2022년 11월 17일 서울중앙지법 제16민사 재판부는 한 사건에 대해, 이 같은 판결을 선고하였다. 원고는 아시아나항공(이하 아시아나)과 금호산업(현 금호건설, 이하 금호건설로 표기), 피고는 HDC현대산업개발과 미래에셋증권이었다.

이들 사이에는 어떤 일이 있었을까? 판결 선고일로부터 약 3년 반 전인 2019년 3월 22일로 되돌아 가본다. 한국거래소가 아시아나에 대해 하루 거래 정지 조치를 내렸다. 시장에서는 아시아나의 2018년 재무제표에 대해 외부감사인(삼일회계법인)이 '비적정 의견'을 줬다는 소문이 돌고 있었다. 한국거래소는 회사에 사실 관계를 공시하라는 명령(조회공시 요구)을 하였다.

감사 의견 '비적정' 풍문에 거래 정지된 아시아나항공

시장에 돌던 소문은 맞았다. 이날 아시아나는 외부감사인으로부터 넘겨받은 감사보고서를 공시하였다. 감사 의견은 '한정'이었다. 일부 계정의 회계 처리를 둘러싸고 아시아나와 삼일회계법인 간 의견 충돌이 있었다. 아시아나가 의견을 굽히지 않자 삼일회계법인이 '적정(재무제표가 회계 기준에 맞게 작성됨)' 의견을 주지 않았다.

재무제표에 문제가 있다고 외부감사인이 판단할 때 주는 비적정 의견은 세 가지 종류가 있다. '한정' '부적정' '의견 거절'이다. 부적정은 재무제표가 회계 기준을 중대하게 위배하여 작성되었을 때 주어진다. 의견 거절은 외부감사인이 회사로부터 감사 자료를 제대로 제출받지 못한 경우다. 한마디로 재무제표에 대해 판단할 근거조차 부족할 때다. 한정은 일부 항목에서 충분한 감사 증거를 입수하지 못하였지만, 그 외 대부분은 적정하게 작성되었다고 판단하는 경우다. 비적정 의견 중에서는 한정이 그나마 가장 낫기는 하다.

> 원고와 피고 사이에는 계약금 반환 채무가 존재하지 않음을 확인한다. 피고들은 질권이 소멸되었다는 취지의 통지를 하라.

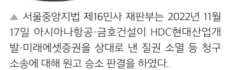

▲ 서울중앙지법 제16민사 재판부는 2022년 11월 17일 아시아나항공·금호건설이 HDC현대산업개발·미래에셋증권을 상대로 낸 질권 소멸 등 청구 소송에 대해 원고 승소 판결을 하였다.

그러나 아시아나 정도의 시가총액을 가진 코스피 기업(유가증권시장 상장기업)이 비적정 의견을 받는 경우는 드물다. 시장에 상당한 파장이 일지 않을 수 없었다.

아시아나는 황급히 재감사를 요청하였다. 회사는 삼일회계법인의 의견을 반영하여 재무제표를 재작성하였다. 그리고 나흘 뒤 적정 감사 의견을 받아냈다. 단 며칠간의 해프닝이기는 했지만 이 사건은 오랫동안 누적되어온 아시아나의 부실한 재무 구조를 상기시키는 계기가 되었다. 아시아나 유동성 위기에 대한 언론의 보도가 연일 이어졌고, 시장의 우려는 커져갔다.

아시아나항공 새 주인이 되겠다고 나선 HDC현대산업개발

결국 금호그룹은 아시아나에서 손을 떼겠다는 의사를 내비쳤다. 산업은행 등 채권단은 아시아나를 직접 관리하면서 매각을 통한 정상화를 추진하기로 하였다.

2019년 7월 아시아나 매각 예비 입찰 공고가 나왔다. 입찰 적격자로 선정된 4개 기업이 7주간 실사를 진행했다. 11월에 HDC현대산업개발과 미래에셋증권으로 구성된 컨소시엄이 우선협상대상자로 선정되었다. 현산컨소시엄(이하 현산컨소시엄을 현산으로 통칭함)은 금호건설이 보유한 구주(31%)를 3200억 원에, 아시아나가 발행할 신주를 2조 1800억 원에 인수하는 등 총 2조 5000억 원을 투입한다는 내용의 계약(주식 매매 계약 + 신주 인수 계약)을 체결하였다. 이렇게 될 경우 아시아나에 대한 현산의 최종 예상 지분율은 약 77%에 이른다.

현산은 거래 금액의 10%인 2500억 원을 계약금으로 납입했다. 여기에는 현산을 1순위자로 하는 질권(質權)이 설정되었다. 아시아나의 귀책 사유로 계약이 무산되었을 경우에 대비하여 현산이 계약금을 담보로 잡아놓은 것이다.

이어 12월 본계약이 체결되었다. 현산은 인수단을 구성하고 정밀실사에 나섰다. M&A의 최종 종결 시한은 2020년 9월로 정해졌다. 그런데 해를 넘겨 2020년 2월 코로나19 팬데믹이 터졌다. 항공 업계는 풍비

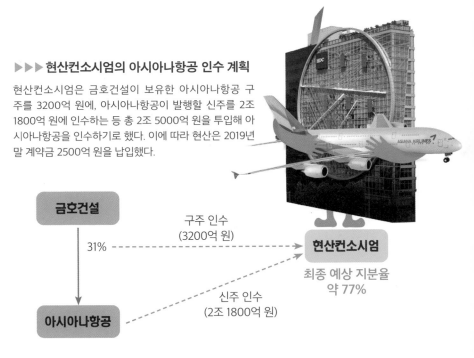

▶▶▶ 현산컨소시엄의 아시아나항공 인수 계획

현산컨소시엄은 금호건설이 보유한 아시아나항공 구주를 3200억 원에, 아시아나항공이 발행할 신주를 2조 1800억 원에 인수하는 등 총 2조 5000억 원을 투입해 아시아나항공을 인수하기로 했다. 이에 따라 현산은 2019년 말 계약금 2500억 원을 납입했다.

금호건설

31%

구주 인수
(3200억 원)

현산컨소시엄

최종 예상 지분율
약 77%

아시아나항공

신주 인수
(2조 1800억 원)

박산이 났다. 2020년 3월 말 아시아나의 2019년 연간 재무제표가 공시되었다. 그러자 현산 측은 "아시아나가 공정하고 투명하게 회계 처리를 해왔는지 의구심이 든다"면서 인수 상황 재점검 및 인수 조건 재협의를 요구하기 시작하였다. 현산이 회계적으로 가장 크게 문제 삼은 것은 부채의 급증이었다.

현산이 실사의 기준으로 삼은 것은 아시아나의 2019년 반기 재무제표(6월 말 기준)였다. 당시 부채는 8조 5600억 원이었다. 2019년 3분기 말 기준으로는 부채가 8조 7900억 원으로 증가하였다. 연말 기준 부채는 11조 3800억 원이었다. 6개월 새 부채가 2조 8200억 원이나 급증한 것이다.

현산은 동의권에 대한 확약 위반도 거론하였다. 아시아나는 2020년 4월 산업은행 및 수출입은행과 특별 차입 약정을 맺기로 이사회에서 결의하였다. 기존의 1조 1000억 원 차입 약정에 더하여 1조 7000억 원의 추가 차입 약정을 맺는다는 내용이었다. 또 6월에는 에어서울에 300억 원을 대여하고 에어부산이 발행하는 영구 전환사채(CB) 500억 원 어치를 취득하는 등 자회사 지원에 나섰다.

이에 현산은 "추가 차입이나 계열사 자금 지원은 사전에 현산의 동의를 받아야 하는데, 이를 지키지 않았다"면서 주식 매매 계약상 동의권에 대한 확약 위반을 주장하였다. 이 과정에서 양측 간 다툼이 본격화되었다. 보도자료 공방전까지 벌어졌다.

아시아나는 그해 7월 주식 매매 계약 및 신주 인수 계약 거래종결에 대한 협조를 현산에 요청하였다. 현산은 거래종결 요건이 충족되지 않았다며 거부하였다. 결국 금호건설과 아시아나는 9월 거래종결일이 되자 계약을 해지하였다. 그리고 계약금은 정당하게 금호건설과 아시아나에 귀속한다면서, 현산을 상대로 "질권 소멸 사실을 통지하여 달라"는 소송을 제기하였다.

3개월 새 부채가 2조 5900억 원 급증한 이유

재판의 쟁점은 아시아나의 부채가 급증한 이유와 사전 동의권 확약 위반 문제에 집중되었다. 좀 더 구체적으로 알아보자.

아시아나의 실사 기준 재무제표(2019년 반기 재무제표) 대비 2019년 말 연간 재무제표상 부채가 급증한 이유는 리스 부채, 항공기 정비·복구 충당부채, 마일리지 부채 때문이었다.

아시아나 항공기는 대부분 일정 기간 임차(리스)해 사용한 뒤 반납하기로 한 것들이다. 매년 지급하는 리스료만큼을 아시아나는 비용으로 처리했다. 많은 항공사나 해운선사들이 임차 항공기나 임차 선박에 대해서 이런 회계 처리를 해왔다. 이런 방식을 '운용리스'라고 한다.

IFRS 국제회계기준위원회에서는 리스료만 비용 처리하는 회계 처리가 합리적이지 않다고 봤다. 예를 들어 아시아나가 10년 뒤 반납하기로 하고 리스 회사로부터 항공기를 임차하였다고 해보자. 연리스료는 10억 원이다. 그렇다면 아시아나에는 총 100억 원의 리스료를 지급해야 하는 의무가 생긴다. 리스 계약은 중도해지가 쉽지 않을 뿐 아니라 해지 시 큰 불이익이 따른다. 그렇다면 리스 계약으로 아시아나에는 100억 원의 부채가 발생한 것으로 볼 수 있다.

2019년부터 적용되기 시작한 개정 리스 회계 기준에 따르면 아시아나는 이 항공기에 대해 리스 계약 기간 동안 지급해야 할 총리스료 100억 원을 한 번에 '리스 부채'로 반영한다. 그 대신 임차한 항공기를 회계상으로 아시아나의 '자산'으로 잡는다. 법적 소유권은 여전히 리스회사에 있겠지만 회계적으로 리스 기간 중에는 아시아나가 소유한 유형자산처럼 처리한다는 이야기다. 이를 리스 회계에서는 '사용권 자산'이라고 부른다.

아시아나는 리스료를 지급할 때마다 그만큼을 리스 부채에서 차감해나가면 된다. 비행기에는 감가상각이 적용된다. 따라서 아시아나는 리스 기간 동안 장부상의 항공기 사용권 자산액에 대해서도 감가상각액만큼 차감해나가면 된다. 이런 방식을 '금융리스'라고 한다.

2018년까지 항공사와 해운사는 임차한 항공기나 선박에 대해 어떤 것들은 운용리스로, 어떤 것들은 금융리스로 혼용하여 회계 처리해왔다. 그러나 2019년부터는 개정 회계 기준에 따라 리스 이용자는 금융리스로만 회계 처리를 하게 되었다.

만약 리스 계약 기간이 10년이 아니라 15년이라고 해보자. 리스 부채도 100억 원이 아니라 150억 원으로 증가할 것이다. 물론 항공기 사용권 자산도 그만큼 증가한다.

아시아나가 운항하는 리스 항공기 대부분은 계약 연장 옵션을 보유

▶▶▶ 개정된 리스 회계 기준에 따른 아시아나항공의 리스료 회계 처리

2018년까지 항공사와 해운사는 임차한 항공기나 선박에 대해 운용리스와 금융리스를 혼용하여 회계 처리하였으나, 2019년부터 리스 회계 기준이 변경됨에 따라 리스 이용자는 금융리스로만 회계 처리를 하게 되었다. 운용리스에서 금융리스로 회계 처리를 변경하면 회계상 부채가 증가한다.

* 독자의 이해를 돕기 위해 수치를 단순화하여 예시함.

· 리스 기간 : 10년(2011년 초~2020년 말)
· 총리스료 : 100억 원(연리스료 10억 원)

운용리스

리스료=비용
손익계산서 매출원가에 해마다 리스료 10억 원 반영

2019

**2019년부터
금융리스로 통일**

금융리스

리스료=부채, 임차한 항공기=자산

리스 자산(항공기 사용권 자산) 100억 원

➡ 연감가상각 적용으로 자산 장부가액 감액,
  회계상 감가상각비는 손익계산서에 반영.

리스 부채(총리스료) 100억 원

➡ 해마다 리스료를 지급할 때 부채 감액,
  회계상 리스 이자는 손익계산서에 반영.

ASIANA AIRLINES

하고 있지 않았다. 리스 부채 역시 계약 기간을 기준으로 계상되었다. 2019년 3분기 결산까지는 그랬다. 그런데 2019년 연간 결산 즈음 국제회계기준위원회의 새로운 리스 해석 지침이 공개되었다. 재계약으로 리스 연장이 예상된다면 그 '예상 기간'을 모두 리스 기간에 포함시켜야 한다는 것이었다. 애초의 계약 기간을 초과하여 항공기를 계속 사용할 경제적 유인이 있고, 이에 따라 리스 기간이 연장될 가능성이 있다면 연장 예상 기간을 모두 리스 기간으로 처리하라는 이야기다. 현재 운항 중인 항공기의 리스 기간을 이 기준에 맞춰 새로 정하면, 즉 연장 예상 기간을 추가하면 리스 부채 인식액은 증가할 수밖에 없다. 그래서 아시아나의 2019년 말 기준 리스 부채는 리스 항공기 대수의 변화 없이도 1조 5685억 원 늘어났다.

현산과 아시아나 간 주식 거래 계약을 보면 현산에 거래종결 의무가 발생하는 선행 조건은 아시아나의 진술 및 보장이 중요성 측면에서 진실하고 정확해야 한다는 것이다. 정확하지 않더라도 중대하게 부정적인 영향을 초래하지 않아야 한다. 다만, 회계 정책이나 회계 추정의 변경에 따라 재무제표에 발생한 변화는 중대한 부정적 영향을 초래하는 사유에서 배제된다.

현산은 실사의 기준인 2019년 반기 말 재무제표가 항공기 리스 등과 관련한 부채 규모를 적정하게 반영하고 있지 못하므로 아시아나가 진술하고 보장한 내용은 중요성 측면에서 진실하지 않거나 정확하지 않다고 주장하였다.

그러나 1심 재판부는 리스 부채 증가는 회사의 '회계 정책 변경'의 결과물로 판단하였다. 리스 부채 증가로 부채비율이 높아진다고 하여도 아시아나가 연간 지불해야 할 리스료가 달라지는 것이 아니며, 기업 가치에 부정적인 영향을 초래하는 것도 아니라고 판단하였다.

증가한 정비 · 복구 충당부채 5782억 원의 정체

항공사가 리스했던 항공기를 반납할 때는 항공기 엔진을 정비하는 한편 기체를 원상태로 복구하여야 한다. 이와 관련하여 미래에 발생할 지출 예상액을 부채(정비 · 복구 충당부채)로 잡는다.

아시아나는 원래 리스 항공기를 반납하기 5년 전부터 정비 · 복구 충당부채를 반영하기 시작했다. 실제 반납 시점까지 매월 균등 분할하여 인식하는 방법을 썼다.

예를 들어 2016년 초 임차하여 2025년 말까지 10년 동안 리스하는 A항공기가 있다. 반납 시 정비 · 복구 지출액이 50억 원으로 예상된다고 하자. 반납 5년 전인 2021년부터 연 10억 원씩(분기마다 2억 5000만 원)을 정비 · 복구 충당부채로 반영하면 된다는 이야기다.

아시아나는 2019년 말 결산부터는 리스 항공기를 최초 도입한 시점부터 정비 · 복구 충당부채를 인식하는 것으로 바꿨다. 예전 같으면 A항공기에 대해 2019년 말 결산에서 인식할 정비 · 복구 충당부채는 없다. 그러나 바꾼 회계 정책을 적용하면 아시아나는 20억 원(연 5억 원

▶▶▶ 아시아나항공 정비·복구 충당부채 회계 처리

아시아나항공은 2019년 말 결산부터 리스 항공기를 최초 도입한 시점부터 정비·복구 충당부채를 인식하는 것으로 회계 정책을 변경했다. 아시아나항공은 정책 변경으로 2019년 말 결산 시 정비·복구 충당부채를 5782억 원 인식했다.

· 리스 기간 : 10년(2016년 초~2025년 말)
· 정비·복구 지출액 : 50억 원

[과거 정책 적용]

2016년 초
(리스 시작)

2021년 초
(반납 5년 전 시점)

2025년 말
(리스 만료 예상 시점)

2019년 말 결산 시
정비·복구 충당부채 반영 없음

5년간 균등 분할 반영
(연 10억 원 씩)

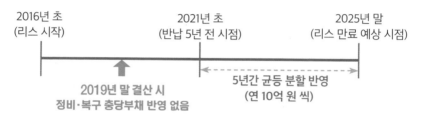

[2019년 말 결산 시 회계 정책 변경]

2016년 초
(리스 시작)

리스 개시 시점부터 분할 반영
(연 5억 원 씩)

2025년 말
(리스 만료 예상 시점)

2019년 말 결산 시
정비·복구 충당부채
20억 원(연 5억 원 × 2016~2019 4년분) 반영

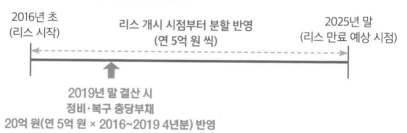

×4년, 2016~2019년분)의 정비 · 복구 충당부채를 2019년 말 인식한다. 연 5억 원씩 10년에 걸쳐 반영할 것인가, 연 10억 원씩 5년에 걸쳐 반영할 것인가의 문제다.

또한 애초의 리스 계약 기간에 연장 예상 기간을 더하는 식으로 리스 기간이 증가하는 항공기라면 정비·복구 충당부채 또한 증가할 수 있다. 이렇게 하여 2019년 결산 시 증가한 정비·복구 충당부채는 5782억 원에 이르렀다.

1심 재판부는 이 역시 부채 측정 기준의 변경 즉, 아시아나의 단순한 회계 정책 변경으로 봤다.

마일리지 부채 역시 마찬가지다. 항공사가 고객에게 부여하는 마일리지는 회계상 부채다. 고객이 원할 경우 항공권을 제공해야 할 의무가 있기 때문이다. 하지만 마일리지를 부여받은 모든 고객이 마일리지를 사용하는 것은 아니다. 그래서 항공사는 마일리지 소진율을 추정하여 부채로 인식한다.

아시아나는 회귀 분석을 통하여 잔여 마일리지를 추정하는 방식으로 마일리지 부채를 산정해 왔다. 그러나 2019년 결산에서는 지난 15개월 기간의 실제 소진율을 적용하여 추정하는 방식으로 변경하였다. 그 결과 마일리지 부채는 651억 원에서 1364억 원으로 증가하였다. 이 같은 회계 정책 또는 추정 방식이 변경됨에 따라 아시아나 부채비율은 1083%에서 1563%로 증가하였다.

부채 증가에 대해서는 2020년 1월 아시아나와 현산 인수 담당자들 간 회의에서도 논의되었다. 현산이 3월 아시아나의 2019년 연간 재무제표가 공시될 때 가서야 이를 알게 된 것은 아니라는 이야기다. 현산은 아시아나의 주요 재무 경영 현안을 일일이 보고받고 있었다.

아시아나는 사전 동의권 확약을 위반했는가?

사전 동의권 위반 여부를 둘러싸고도 양측은 재판에서 첨예하게 대립했다. 현산은 아시아나의 추가 차입이나 계열사 지원에 대한 사전 동의 요청을 정당한 이유로 거부하였으므로, 금호가 자신들의 동의 없이 계열사를 지원한 행위는 계약 위반이라고 주장하였다. 거래종결을 위한 선행 조건인 사전 동의 확약을 지키지 않았으므로 현산에 거래종결 의무가 발생하지 않았다는 것이다.

아시아나는 2020년 4월 이후 산업은행 및 수출입은행으로부터 추가 차입을 추진하는 한편 재무 구조 악화로 상반기 내 자본잠식 및 운영자금 부족이 우려되는 자회사(에어부산, 에어서울)의 자금 지원에 대한 동의를 현산에 요청하였다. 이에 현산은 계열사 지원 조건에 대해 아무런 자료를 제공받지 못했으므로 동의할 수 없다고 답변하였다. 또한 아시아나의 영구채 발행 계획에 대해서도 향후 현산의 지분가치가 희석될 수 있으므로 동의할 수 없다는 취지로 회신하였다.

아시아나는 재판 과정에서 "추가 차입은 현산과 사전 협의를 거쳤다"며 "계열사 지원과 관련하여서는 사전 동의 사항이기는 하나 현산 측이 정당한 사유 없이 사전 동의 요청을 거부하였으므로 추가 차입을 통한 자회사 자금 지원이 계약 위반 조건에 부합하지 않는다"라고 주장하였다.

산업은행은 2019년 4월 아시아나의 유동성과 재무 구조 개선을 위해 5000억 원의 영구 전환사채 인수, 3000억 원 한도 보증신용장 제공, 8000억 원 한도 운영자금 제공 등의 특별 약정을 맺었다. 2020년 4월의 추가 차입 결정은 2019년의 특별 약정 여신 한도를 1조 7000억 원 증액하여 2조 8000억 원으로 변경하는 내용이었다.

1심 재판부는 주식 매매 계약에 비추어 볼 때 추가 차입 결정은 양측 간 협의 사안이기는 하나 사전 동의 사안은 아니라고 판단하였다. 사전 협의를 거친 이상 사전 동의에 대한 확약을 위반한 것으로 볼 수 없다고 하였다.

계열사 지원은 사전 동의가 필요한 사안이기는 하나 아시아나의 서면 동의 요청을 현산이 정당한 이유 없이 거부하였다고 재판부는 인식했다. 아시아나 계열사의 심각한 경영 상황을 인지하고도 현산이 동의 요청을 모두 거부하였다며, 아시아나가 동의를 얻지 못한 상태에서 계열회사 지원 결정을 하였다고 해도 계약 위반이라고 볼 수 없다는 이야기였다.

재판부는 "코로나19 확산으로 인한 유동성 부족 문제를 현산 측이 감당하여야 할 상황에 이르자 2020년 4월에 인수 상황 재점검 및 재협의를 요구한 것으로 보인다"며 "재협의의 의미와 범위, 재실사 이후 인수를 포기할 수 있는지, 인수 대금을 감액할 것인지 등에 대한 아시아나의 질의에 현산은 구체적인 답변을 하지 않았다"고 지적하였다.

2020년 5월 무렵부터 아시아나와 현산 간 대립이 대외적으로 공개되며 각자의 주장을 담은 보도자료 배포전이 벌어졌다. 8월에 당시 이동걸 산업은행 회장과 정몽규 현산 회장이 회동하였다. 이 자리에서 정

회장은 산업은행에 12주 실사를 요구했다. 또 2조 원에 아시아나를 인수한 이후 아시아나가 건실해지고 현산의 경영에도 지장이 없어야 한다는 것이 보장되지 않는다면 인수할 수 없다고 언급하였다. 산업은행이 받아들일 수 있는 조건이 아니었다.

이로부터 한 달 뒤인 2020년 9월 거래종결일을 맞아 아시아나는 인수 계약을 해지하였다. 그리고 2500억 원의 계약금은 위약벌로서 아시아나와 금호건설에 귀속된다며, 현산 측을 상대로 질권 소멸 통지를 해 달라는 소송을 제기하였다. 즉, 거래 무산의 책임이 현산 측에 있으니 계약금을 돌려줄 의무가 없다는 것을 법원이 확인해 달라는 것이다. 2022년 11월·1심 재판부는 아시아나 손을 들어줬다.

현산은 곧바로 항소하였다. 그리고 2023년 5월 아시아나를 상대로 계약금을 돌려달라는 소송(부당이득금 반환 청구의 소)을 제기하였다. 2023년 7월 현재 항소심이 진행 중이다. 현산은 1심 결과를 뒤집고 역전할 수 있을까? 귀추가 주목된다.

카카오 김범수가
3조 원대 탈세 혐의로 고발된 내막

2021년 12월, 시민단체 투기자본감시센터(이하 센터)가 김범수 카카오 창업자이자 최대주주를 5200억 원 탈세 혐의로 고발하였다. 카카오의 2대 주주이자 김 창업자가 지분 100%를 보유하고 있는 케이큐브홀딩스 역시 3600억 원 탈세 혐의로 고발하였다.

센터의 주장을 풀어보자면 이랬다.

"2014년 다음커뮤니케이션(이하 다음)과 카카오는 합병하여 합병회사 다음카카오(나중에 다시 카카오로 사명 변경)가 출범하였다. 이 과정에서 김 창업자와 케이큐브홀딩스는 3조 6500억 원의 차익을 얻었다.

이들이 과거 카카오 주식을 취득할 때 지불한 금액은 주당 500원(액면가)이었다. 이들의 주식은 합병 과정에서 소멸하고 다음카카오 주식으로 교환되었다. 다음카카오의 법적 등기일(2014년 10월 1일) 주가는

▲ 2021년 12월 시민단체 투기자본감시센터가 김범수 카카오 창업자와 카카오 2대 주주이자 김 창업자가 지분 100%를 보유하고 있는 케이큐브홀딩스를 탈세 혐의로 고발했다.

16만 6500원이었다.

따라서 카카오 주식 취득가액과 다음카카오 합병 등기일의 주가 간 차액(합병차익)에 대해 이들은 소득세를 내야 했지만 회피했다. 과세당국은 김범수 창업자와 케이큐브홀딩스에 대해 벌금과 경과이자 등을 포함하여 총 6조 4000억 원을 추징해야 한다."

이 같은 내용의 고발에 대해 경찰은 조사에 착수하였다. 김범수 창업자 등이 합병차익에 대해 탈세했다는 주장은 근거가 있는 것이었을까?

합병차익에 대한 과세 이연의 열쇠, '적격' 합병

우선 2014년 카카오와 다음 간 합병부터 살펴보자. 형식적으로는 상장

▶▶▶ **카카오와 다음의 합병 과정에서 발생하는 세금**

① 자산·부채 양도

합병되는 회사
카카오

② 양도대가(다음 주식)
10억 원

합병하는 회사
다음

③ 다음 주식
배분

**김범수,
케이큐브홀딩스**

합병대가로 받은
다음 주식의 시가와
카카오 주식 취득가액 간 차액
➡ **의제배당소득**

TAX

사 다음이 비상장사 카카오를 흡수하는 모양이었다. 주당 합병가액은
다음이 7만 2910원, 카카오는 11만 3429원으로 정해졌다. 비상장사의
주당 합병가액은 자산가치와 수익가치를 1대 1.5로 가중평균하여 구한
다. 카카오의 자산가치는 6472원밖에 되지 않았다. 그러나 수익가치가
자산가치보다 28배나 많은 18만 4734원으로 평가되었다. 그래서 가중

평균한 카카오의 주당 합병가액은 11만 원이 넘었다. 이에 비해 상장사 다음의 주당 합병가액은 한 달간의 주가 흐름에 따라 7만 원을 조금 웃도는 것으로 평가되었다.

흡수되는 카카오는 자산과 부채를 다음에 넘기고 소멸한다. 카카오 주주들은 소멸대가(합병대가)로 다음이 발행하는 신주를 받는다. 두 회사의 주당 합병가액 비율에 따라 없어지는 카카오 주식 1주에 대해 다음 주식 1.56주를 보상받는다. 카카오 주식 100주를 가지고 있다면 다음 주식 156주를 받는 식이다.

이런 합병 과정에서 발생하는 세금에 대해 알아보자(371쪽 그림). 카카오가 다음에 자산과 부채를 이전하였고, 다음은 양도대가로 신주 10억 원어치를 발행하여 카카오에 지급하였다고 가정해보자. 소멸 예정인 카카오는 이 주식을 김범수 창업자와 케이큐브홀딩스 등 주주들에게 배분한다. 이때 과세당국은 주주들이 합병대가로 받은 주식의 시가(합병 등기일 주가)와 이들이 애초 카카오 주식을 취득할 때의 취득가액 간 차액(합병차익)을 '의제배당소득'으로 보고 세금을 부과한다.

그렇다면 합병되는 회사의 주주들은 합병차익에 대해 항상 세금을 내야 하는 것일까? 그렇지는 않다. 세법상 이른바 '적격 합병'에 해당하면 합병 신주를 처분하여 이익을 실현할 때까지 과세를 이연해준다.

적격 합병 요건을 몇 가지만 간단하게 살펴보자. 1년 이상 사업을 계속해 온 국내 법인 간 합병이어야 한다. 합병대가는 주식 비중이 80% 이상 이어야 한다. 합병되는 회사의 주요 지배주주는 합병이 일어난 사업연도의 말까지 합병 신주를 보유하여야 한다. 합병하는 회사가 합병

▲ 형식상 배당은 아니지만 실질적으로 배당과 비슷한 이익이 주주 또는 출자자에게 돌아가는 것을 '의제배당'이라고 한다. 이 경우 배당소득으로 간주하여 세금을 부과한다.

이 일어난 사업연도의 말까지 합병되는 회사로부터 승계받은 사업을 계속하여야 한다.

"합병차익이 발생했으나 세금을 안 냈으니 '무조건' 탈세"(?)

다음과 카카오는 합병 당시 적격 합병 요건을 다 충족할 것으로 예상하였다. 따라서 카카오 주주들은 합병차익에 대해 당장 세금을 낼 필요가 없었다. 실제로도 합병 이후 적격 합병 요건들을 예정대로 모두 충족하였다.

합병회사 다음카카오의 최대주주는 김범수 창업자가 되었다. 카카오의 주당 합병가액이 높아 다음이 김범수 창업자에게 발행해 줘야 하는 신주 물량이 아주 많았다. 그 결과 김 창업자가 다음의 이재웅 창업자를 제치고 다음카카오의 최대주주가 된 것이다. 이는 애초부터 계획된 것이었다.

대부분은 '합병하는 회사'의 최대주주가 합병회사의 최대주주가 된다. 다음카카오처럼 '합병되는 회사'의 최대주주가 합병회사의 최대주주가 되는 경우를 '역합병'이라고 한다. 역합병을 통해 카카오는 자연스럽게 우회상장을 하였다.

김범수 창업자와 케이큐브홀딩스가 당시 합병차익에 대해 세금을 내야 했는지는 적격 합병 여부를 따지면 되는 것이다. 센터가 탈세를 주장하려면 당시 합병이 적격이 아니라는 근거를 제시하면 된다. 그러나 센터는 적격 여부에 대해선 말이 없고, 합병차익이 발생하였는데도 세금을 안 냈으니 탈세라고만 주장하였다.

경기남부경찰청 반부패경제범죄수사대는 2023년 1월 김범수 창업자 등에 대해 불송치 결정을 내렸다고 밝혔다. 관련자 조사 및 자료 분석 등을 통해 법리를 검토한 결과 회계 및 세무 관련 법령을 위반하였다고 볼만한 증거가 없다는 설명이었다. 앞서 서울국세청도 센터가 고발한 지 약 4개월 만인 2022년 4월, 김 창업자 등의 세금 신고 납부가 정상적으로 이뤄졌다고 결론을 내렸다.

두산인프라코어가 분할하는데
주주들은 왜 세금을 냈을까?

한편 2021년에 있었던 두산인프라코어(현 HD현대인프라코어)의 분할합병은 비적격으로 분류되어 주주들이 세금을 낸 사례다. 당시 두산인프라코어(이하 두산인프라) 최대주주는 두산중공업(현 두산에너빌리티)이었다. 두산인프라는 자회사로 두산밥캣을 가지고 있었다.

현금 유동성을 확보하기 위해 두산중공업은 두산인프라를 현대중공업그룹에 매각하기로 하였다. 그런데 두산중공업은 두산인프라의 건설 중장비사업만 매각하고, 두산밥캣은 그대로 보유하고 싶어 했다. 이를

▶▶▶ **두산인프라코어 인적분할**

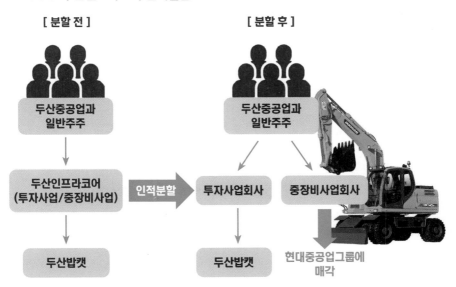

위해 분할합병을 활용하기로 하였다.

먼저 두산인프라를 〈그림. 두산인프라코어 인적분할〉처럼 두 개의 회사로 분할한다. 두산밥캣 지분은 투자사업회사 아래로 보낸다. 분할 뒤 두산중공업은 중장비사업회사 지분을 현대중공업그룹에 매각한다. 그리고 투자사업회사는 두산중공업에 합병시키기로 하였다. 이렇게 되면 투자사업회사는 두산중공업에 흡수되어 소멸되고, 두산밥캣은 두산 중공업이 직접 지배하는 자회사가 된다.

일반주주의 관점에서 투자사업회사를 두산중공업에 합병시키는 구도를 생각해보면 다음 그림과 같다. 투자사업회사는 자산과 부채를 모두 두산중공업에 양도한 뒤 없어질 것이고, 두산중공업이 발행한 신주는 투자사업회사를 거쳐 일반주주들에게 분배될 것이다. 일반주주들이 가진 투자사업회사 주식은 없어지고 두산중공업 주식으로 보상받는

▶▶▶ **투자사업회사를 두산중공업에 합병하는 구도**

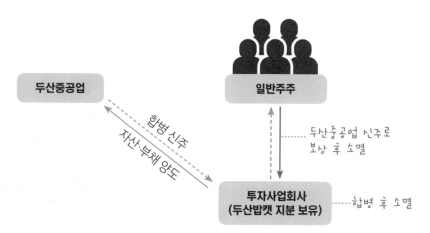

셈이다. 이 과정에서 일반주주들이 투자사업회사의 주식을 취득한 가액과 두산중공업으로부터 받은 신주의 시가 간에 차액(합병차익)이 발생하였다.

이 분할합병이 적격 분할과 적격 합병에 해당한다면 세금을 이연할 수 있다. 그러나 두산인프라의 분할합병은 비적격으로 분류되어 주주들은 의제배당소득에 대한 세금을 내야 했다.

합병과 마찬가지로 기업의 분할이 적격으로 인정받으려면 까다로운 요건을 충족해야 한다. 예를 들어 기존 회사에서 떼어내 신설회사로 만드는 사업 부문이 독립적으로 실질적인 사업을 수행할 수 있어야 한다. 그런데 두산인프라의 경우를 보면 떼어내는 투자사업 부문이 독립적이고 실질적인 사업 수행이 가능한지 애매하였을 뿐 아니라, 이 분할합병의 목적 자체가 중장비사업회사는 매각하고 두산밥캣은 계속 보유하기 위한 것에 있었으므로 비적격 분할합병이 된 것으로 알려졌다.

업계에서 합병은 자주 일어나는데 이때마다 항상 세금을 내야 한다면 기업들은 구조 조정이나 경쟁력 강화를 위한 합병을 꺼릴 수밖에 없다. 적격 합병에 대한 과세 이연 제도는 그런 점에서 필요하며, 카카오뿐 아니라 많은 기업이 이 제도의 적용을 받았다.

다만 두산인프라처럼 비적격임에도 현실적인 필요에 따라 분할과 합병을 해야 하는 경우에는 세금 부담을 안고서라도 진행하는 사례가 가끔 있기는 하다.

동원의 계열사 합병은
왜 약탈행위라 비난받았을까?

2022년 4월 7일 동원산업은 모회사이자 지주회사인 동원엔터프라이즈(이하 동원엔터)와 합병한다고 공시하였다. 동원산업이 상장사, 동원엔터가 비상장사이다 보니 자회사가 모회사를 흡수하는 형태의 합병을 추진한 것으로 보인다.

다음날인 4월 8일(금요일) 하루 거래 정지를 거쳐 11일(월요일)에 거래가 재개되었는데, 이날 동원산업 주가는 14%나 급락하였다. 동원산업의 일반 소액주주들이 대주주 측에 현저하게 유리한 합병이라며 주식 매도에 나섰기 때문이다. 일부 주주와 자산운용사는 합병비율 산정의 문제점을 지적하며 주주대표소송에 나설 움직임을 보이기도 했다.

동원그룹은 결국 나중에 합병비율을 조정하였다. 주주들은 왜 이 합병을 지배주주의 약탈행위로까지 표현하며 반발하였을까?

▶▶▶ 동원산업 주가 추이

동원산업이 모회사 동원엔터프라이즈와 합병을 공시한 후 하루
거래 정지를 거쳐 거래를 재개한 날 주가가 14%나 급락했다.

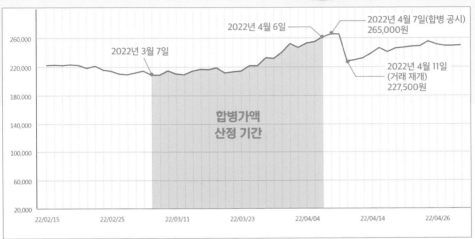

2022년 4월 6일

2022년 4월 7일(합병 공시)
265,000원

2022년 3월 7일

2022년 4월 11일
(거래 재개)
227,500원

합병가액
산정 기간

260,000

220,000

180,000

140,000

100,000

60,000

20,000

22/02/15　22/02/25　22/03/11　22/03/23　22/04/04　22/04/14　22/04/26

동원산업을 지배하는 자, 동원그룹을 지배한다!

당시 동원그룹 계열사 간 출자 구조를 주요 계열사 중심으로 간단하게
나타내면 다음(380쪽 그림)과 같았다. 동원그룹은 2001년 동원엔터를
설립하며 지주회사 체제로 전환하였다. 2003년에는 금융지주회사(한국
투자금융지주)를 설립하며 금융사들을 계열 분리하였다. 제조·유통 중
심의 동원그룹은 김재철 명예회장의 차남 김남정 부회장이, 한국투자
금융그룹은 장남 김남구 회장이 경영하는 식으로 정리되었다.

　동원그룹의 합병안은 김남정 부회장과 김재철 명예회장 등이 사실상

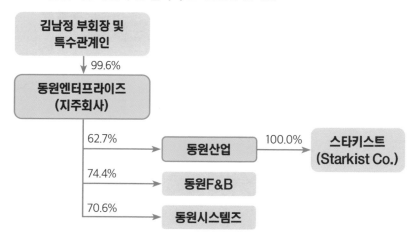

▶▶▶ 동원그룹 계열사 간 출자 구조 (2020년 4월 기준)

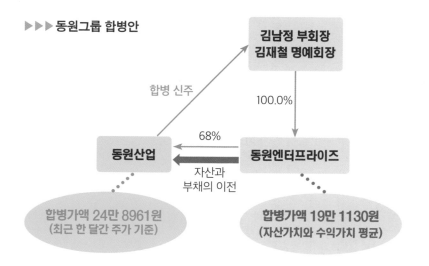

▶▶▶ 동원그룹 합병안

100% 지분(정확하게는 99.6%)을 보유하고 있는 지주회사 동원엔터를 자회사 동원산업이 흡수하는 식이었다. 그림으로 나타내면 〈그림. 동원그룹 합병안〉과 같다.

동원엔터는 자산과 부채를 동원산업에 이전하고 소멸한다. 동원산업(합병존속회사)은 동원엔터의 주주에게 합병대가(소멸대가)로 신주를 지급한다.

합병이 완료되면 김남정 부회장은 동원산업 지분 43.15%를 보유한 최대주주가 된다. 특수관계인(김재철 명예회장 15.49% 등) 지분까지 합하면 최대주주 측 지분율은 70.8%가 된다. 합병 후 지배구조를 간략하게 나타내면 다음과 같다.

합병 과정에서 김남정 부회장측이 받은 동원산업 지분은 양

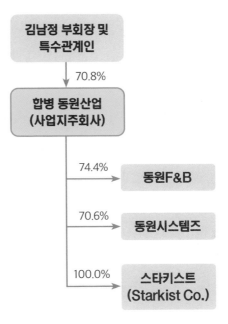

▶▶▶ 동원엔터프라이즈 합병 후 동원그룹 지배 구조 안

▲합병이 완료되면 김남정 부회장은 동원산업의 지분 43.15%(특수관계인 포함시 70.8%)를 보유하게 된다. 김 부회장은 안정적으로 동원산업을 지배하면서 동원그룹 전부를 핸들링할 수 있게 된다.

사 간 합병비율에 따라 결정된다. 앞의 그림(동원그룹 합병안)에서 보는 것처럼 동원산업과 동원엔터의 합병가액(주당 합병가치)은 각각 24만 8961원과 19만 1130원이다.

A사가 B사를 흡수합병할 때 두 회사 합병가액을 각각 1만 원과 5000원이라고 해보자. A사 1주 가치를 1만 원, B사 1주 가치를 5000원으로 평가했다는 이야기이다. 이때 합병비율은 '1대 0.5'라고 말한다. 2대 1이라고 해도 되겠으나 대개는 합병하는 회사의 주식가치를 1로 놓고

합병되는 회사의 가치를 언급한다. 어쨌든 소멸하는 B사 주식 2주당 A
사 주식 1주를 지급하는 셈이다.

상장사와 비상장사 간 합병에서 각 사의 합병가액을 평가할 때 상장
사 동원산업은 최근 한 달간 주가 흐름으로 합병가액을 산출한다. 비상
장사 동원엔터는 전문 평가기관(주로 회계법인)이 자산가치와 수익가치
를 산출하여 가중평균한다. 이를 "본질가치를 구한다"고 말한다.

그런데 두 회사 간 합병비율 '1대 0.77'을 왜 동원산업 주주들은 받아
들일 수 없었을까?

동원엔터부터 살펴보자. 자산가치는 정확하게 말하면 자산 평가액에
서 부채 평가액을 뺀 순자산가치를 구하는 것이다.

자산가치 = 자산 평가액 - 부채 평가액 = 순자산가치

동원엔터가 보유한 주요 자산은 상장 자회사 지분들(동원산업, 동원
F&B, 동원시스템즈)이다. 상장 자회사 지분가치는 시장가격(시가총액 ×
지분율)으로 산출하면 된다. 순자산 평가액을 발행주식수로 나눈 자산
가치 합병가액은 19만 1311원이었다.

이번에는 수익가치다. 수익가치는 회사의 영업가치에 비영업자산을
더하고 부채(이자를 지급하는 이자부 채무액)를 빼면 된다.

수익가치 = 영업가치 + 비영업자산 - 부채(이자부 채무액)

일반적으로 영업가치 산출은 회사가 영업활동을 통해 창출할 미래 추정 잉여현금흐름을 현재가치로 환산하는 방법 즉 DCF(현금흐름할인법)를 많이 사용한다.

동원엔터는 자체 영업이 따로 없다. 자회사를 지배하고 관리하는 활동을 하면서 배당수익을 얻는 순수 지주회사다. 배당수익에 기초한 미래의 잉여현금흐름으로 계산한 이 회사의 영업가치는 300억 원대밖에 되지 않았다. 그럼 영업가치에 합산할 비영업자산은 얼마나 되었을까?

동원엔터의 비영업자산은 주로 상장 자회사 지분들이다. 이게 2조 6000억 원에 달했다. 동원엔터의 수익가치 산출에서 절대적 영향을 주는 요소는 영업가치가 아니라 결국 비영업자산이라는 이야기다.

그렇다면 동원엔터의 자산가치 평가액뿐 아니라 수익가치 평가액 역시 상장 자회사 지분가치에 따라 결정되는 것이나 다름없다. 수익가치 합병가액(19만 1009원)과 자산가치 합병가액(19만 1311원)에 별 차이가 없는 것은 이 때문이다. 이 둘을 가중평균한 동원엔터의 최종 합병가액은 19만 1130원으로 계산되었다.

"오너 일가에만 유리한 합병"

주주들의 문제 제기를 분석해보자. 동원엔터의 합병가액에 가장 큰 영향을 미친 상장 자회사는 다음 그림에서 보는 것처럼 동원시스템즈다.

▶▶▶ 동원엔터 합병가액 산출 내역

동원엔터 상장 자회사 지분평가액		동원엔터 합병가액 산출	
동원산업	5813억 원	자산가치	19만 1311원
동원F&B	5167억 원	수익가치	19만 1009원
동원시스템즈	1조 2129억 원	합병가액 (자산 1 대 수익 1.5 가중평균)	19만 1130원

　주주들은 동원엔터 가치 평가에서 가장 큰 비중을 차지하는 동원시스템즈의 주가는 고평가되었고, 합병 상대방인 동원산업의 주가는 저평가된 시기에 합병을 진행하려 한다며 반발하였다.

　주주들은 "2017~2021년까지 동원시스템즈는 배당가능이익이 크게 증가하지 않았음에도 배당 성향을 두 배 이상 상향하였고, 동원산업은 배당가능이익이 두 배 이상 증가하였음에도 배당 성향을 오히려 절반 이하로 하향시켰다"면서 "동원시스템즈는 주가를 끌어올리고 동원산업은 주가를 끌어내리려 한 의도가 보인다"고 주장하였다.

　블래쉬자산운용은 "이번 합병은 동원산업 주가가 2022년 3월 7일~4월 6일까지 최근 10년 내 최저점 근처에서 움직인 시기를 기준으로 결정되었다"고 지적하였다.

　차파트너스자산운용의 김형균 주식운용본부장은 "기본적으로 동원산업의 이사회가 독립적이라면 동원산업 주가가 저평가되어 있고 합병 상대 회사의 가치가 고평가된 현재 상황에서 합병을 결의하면 안된다"고 주장했다.

그는 특히 동원산업의 주가 기준(기준시가) 합병가액보다 자산가치가 더 높게 산출되었음에도 자산가치를 최종 합병가액으로 결정하지 않은 것은 잘못된 것이라고 지적하였다.

「자본시장법」 시행령에 따르면 상장사와 비상장사 간 합병에서 상장사는 주가 기준 합병가액이 자산가치에 미치지 못할 경우 자산가치를 합병가액으로 정할 수 있도록 규정하고 있다.

다음의 그림에서 보는 것처럼 동원산업의 한 달간 주가 흐름으로 산출한 기준시가는 24만 8961원이다. 그런데 자산가치가 38만 2140원으로, 기준시가보다 더 높다.

▶▶▶ **동원산업과 동원엔터 합병가액**

구분	동원산업	동원엔터
기준시가(주가 기준)	24만 8961원	해당 없음
본질가치	해당 없음	19만 1130원
자산가치	38만 2140원	19만 1311원
수익가치	해당 없음	19만 1009원
합병가액	24만 8961원	19만 1130원
합병비율	1	0.7677

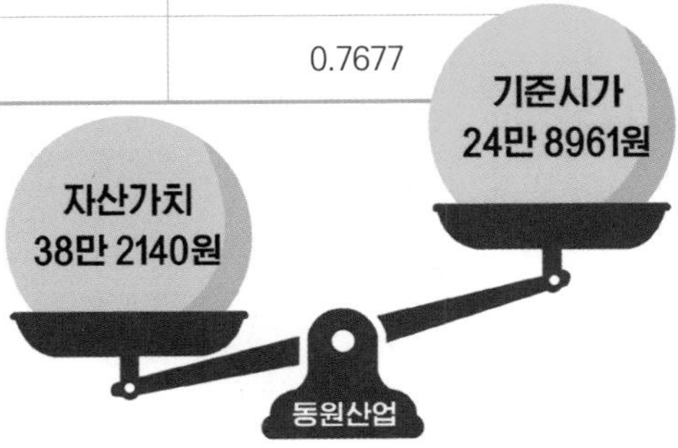

기준시가
24만 8961원

자산가치
38만 2140원

동원산업

"일반주주를 침탈하는 수준으로
합병비율이 불공정하게 정해졌다!"

▲ 동원산업의 주주들은 동원산업 1대 동원엔터 0.77의 합병비율은 오너 일가에만 유리하고 주주에게 매우 불리한 합병이라며 거세게 항의했다.

▶▶▶ 동원산업 합병가액 적용 기준에 따른 지배주주 지분율 변화

* 자료 : 전자공시, 경제개혁연대

회사 채택안	쟁점	일부 주주 요구안
기준시가 주당 24만 8961원	동원산업 (기준시가 vs. 자산가치)	자산가치 주당 38만 2140원
주당 19만 1130원	동원엔터프라이즈 (본질가치)	주당 19만 1130원
1대 0.7677106	합병비율	1대 0.5321952
70.8%	동원엔터프라이즈 합병 후 동원산업에 대한 김남정 부회장 등 특수관계인 지분율	62.8%

▲ 동원산업과 동원엔터프라이즈가 합병을 추진하는 과정에서 합병비율을 산정하기 위한 기업가치 평가가 논란이 되고 있다. 전문가들은 동원엔터프라이즈 지배주주의 이익을 극대화하기 위해 동원산업에 불리한 기준을 적용한 것으로 의심한다.

주주들의 반대에 부딪혀 퇴각 결정

비상장사는 본질가치로 평가하는 데 비해 상장사는 오로지 주가로만 평가하면 특수한 요인으로 주가가 떨어진 경우 합병비율에서 불이익을 받을 수 있다. 그래서 적어도 자산가치가 기준시가보다 높은 경우라면 자산가치를 선택할 수 있는 길을 터준 것이다.

동원산업이 자산가치를 합병가액으로 결정하지 않으면 동원엔터 대주주 측이 동원산업의 신주를 더 많이 받을 수 있다. 일반주주들의 반발은 당연했다. 주주들은 외부 평가기관이 산출한 동원산업의 자산가치도 사실은 저평가된 것이라고 주장하였다. 동원산업의 100% 자회사이자, 세계 최대 참치캔 제조 업체인 스타키스트의 지분가치가 동원산업 자산가치 평가에서 제대로 반영되지 않았다는 이야기였다.

이번 합병가액 평가에서는 연결 기준이 아닌 별도 기준 재무제표가 사용되었다. 별도재무제표에서 자회사 지분 장부가액은 취득원가 또는 지분법 평가액, 공정가치 평가액 중에서 선택할 수 있다. 동원산업은 원가법(취득가액)을 채택하고 있다. 따라서 투자자산인 스타키스트 지분의 장부가액을 취득가격으로 기재하였다. 외부 평가를 담당했던 회계법인의 합병가액 평가의견서에 따르면 스타키스트의 장부가액은 1648억 원, 순자산가치는 6567억 원으로 차이가 컸다. 반면 동원엔터는 2016년에 원가법에서 공정가치법으로 전환하였다. 상장 자회사의 경우 시장가격(시가총액 × 지분율)을 반영하고 있다는 이야기다.

주주들로서는 동원산업의 최종 합병가액을 자산가치로 한다고 하여도 저평가됐다는 입장인데, 그나마 자산가치보다 더 낮은 기준시가로 하겠다고 하니 소송에 나설 움직임까지 보였다.

언론까지 가세하여 합병비율의 문제점을 다루자, 동원그룹은 한 달여 뒤 동원산업의 합병가액을 자산가치(38만 2140원)로 조정하였다.

한편 동원그룹은 동원엔터의 합병가액 역시 수익가치를 소폭 상향 조정하여 최종 20만 6535원으로 결정하였다. 합병비율은 최초 공시 당시 1대 0.77에서 1대 0.54로 낮춰졌다.

남양유업 주주들의 외침,
"지연된 정의는 정의가 아니다!"

많은 남양유업 주주가 2023년 7월 17일을 허망하게 보냈다. 이 날은 사모펀드운용사 한앤컴퍼니와 남양유업 홍원식 회장 간 주식 양도 소송의 종지부를 찍을 수도 있는 날이었다.

　홍 회장 일가는 2021년 5월 한앤컴퍼니와 경영권 지분 매매 계약을 체결하였다가 4개월 뒤 이를 번복하고 해지하였다. 한앤컴퍼니는 "적법하게 체결한 계약을 이행하라"며 소송을 냈고, 홍 회장 측은 "한앤컴퍼니가 선행 조건을 충족하지 않아 지분 매각 의무가 없다"고 맞섰다.

　1심과 2심은 한앤컴퍼니의 손을 들어줬다. 홍 회장 측은 대법원에 상고를 하였다. 2023년 7월 17일은 이 사건에 대한 대법원의 '심리불속행' 결정 시한일이었다.

　심리불속행이란 말 그대로 대법원이 상고 사건의 심리를 진행하지 않고 기각하는 것이다. 「상고심 절차에 관한 특례법(상고심법)」에 따르면 원심 판결이 「헌법」을 위반하였거나 「헌법」을 부당하게 해석한 경우, 원심 판결이 사건의 법률 위반 여부를 부당하게 판단한 경우 등 몇 가지 특정한 사유에 해당하지 않으면 본안심리 없이 2심 판결을 확정 지을 수 있다. 심리불속행 결정은 대법원이 상고 기록을 받은 날로부터 4개월 이내에 내려야 한다. 남양유업의 경우 이 시한이 바로 2023년 7월 17일이었다.

남양유업 vs. 한앤컴퍼니 경영권 분쟁, 조기 종결 불발

이날 대법원은 심리불속행 결정을 하지 않았다. 따라서 소송은 자동으로 본안심리에 들어가게 되었다. 이 경우 판결이 언제 날지는 아무도 모른다. 소송이 빨리 종결되고 남양유업이 새롭게 이미지를 쇄신한 다음 정상화되기를 원하는 주주들로서는 속이 타들어 가는 상황이 된 셈이다.

1심과 2심에서 한앤컴퍼니가 잇달아 승소하였기 때문에 심리불속행 기각(심리불속행 결정으로 인한 상고심 기각)에 대한 주주들의 기대는 컸다. 이들이 시한일까지 기대의 끈을 놓지 않았던 것은 과거 일부 사건의 경우 마지막 날 기각 결정이 나온 사례가 있었기 때문이었다. 예를 들어 개인사업자에게 신용공여한도 초과 대출을 한 행위로 금융당국으로부터 직무 정지 등 중징계 처분을 받은 유준원 상상인그룹 대표의 불복 소송은 2023년 1월 18일 대법원에 상고장이 접수되었다. 그리고 딱 4개월째인 2023년 5월 18일 심리불속행 기각 결정이 나왔다.

일각에서는 본안심리로 넘어가면 판결에 수년이 걸릴 수도 있다는 전망을 내놓았다. 그러나 2023년 3월 남양유업 정기주주총회에서 행동주의펀드의 주주 제안으로 감사에 선임된 심혜섭 변호사는 SNS를 통해 이렇게 말했다.

"심리불속행 기간을 살짝 넘겨서 간략한 이유와 함께 판결을 내리는 경우도 많다. 대법원 입장에서도 아예 심리를 하지 않고 판결을 내리는 것보다는 간략하게라도 심리하고 이유를 기재하여 판결하는 것이 여론이나 사건 당사자 보기에도 덜 부담스럽기 때문이다."

남양유업 분쟁처럼 사회의 이목을 크게 끌었던 사건이라면 바로 심리불속행 기각을 결정하기보다는 단기간 심리를 거치는 절차를 대법원이 선호할 수 있다는 이야기다.

'SKY72 골프장 대 인천국제공항공사' 사건은 2022년 9월 24일 심리불속행 기간이 지났는데, 그해 12월 1일 대법원 선고가 나왔다. 대법 판결에 2개월여가 걸린 셈이다. '삼성화재 대 한국 정부' 사건은 1개월 반 정도가 소요되었다. 2023년 5월 16일 심리불속행 기한이 지났지만, 2개월이 채 지나지 않은 6월 29일 대법원이 선고하였다.

심리불속행 제도에 대한 대법원의 구체적 운용 기준이 무엇인지는 밖으로 알려진 것이 거의 없다. 다만 법조계 관계자들은 심리불속행을 적용하지 않는 세 가지의 기준이 있는 것 같다고 말한다. ▲ 1심과 2심의 결론이 상이한 사건 ▲ 상고심 소송가액이 고액인 사건 ▲ 사회적 관심이 지대한 중요 사건의 경우 심리불속행 기각을 배제한다는 것이다.

남양유업 사건은 소송가액이 2000억 원이 넘는 고가이며, 사회적 관심도 크기 때문에 심리불속행 배제 가능성도 상당했다는 이야기이다.

이 사건에서는 홍 회장 측과 한앤컴퍼니 측 모두에게 대법관 출신 전관 변호사가 붙어 있다. 업계 한 관계자는 "1, 2심에서 큰 쟁점 없이 한앤컴퍼니 측이 승소한 사건이므로 확률적으로 판단한다면 3심에서도 한앤컴퍼니가 승소할 확률이 높을 것 같다"며 "그렇다면 이기는 쪽보다는 지는 쪽에 전관예우를 해 줄 필요가 있을 것인데, 심리불속행으로 사건을 기각시키지는 않는 것이 최소한의 예우일 것"이라고 말했다. 물론 이런 전관예우설은 추정일 뿐 구체적인 근거가 있는 것은 아니다.

한앤컴퍼니와 홍 회장 간 분쟁은 2023년 7월 말 현재 벌써 만 2년을 넘기고 있다.

50년 라이벌 체제를 무너트린 오너 리스크

유업계에서 남양유업은 오랫동안 부동의 1위를 지켜왔다. 그러나 2013년 대리점에 대해 강압적 물량 밀어내기 등 오랫동안 갑질을 저질러왔다는 사실이 폭로되고, 이후에도 사회적 비난을 불러오는 여러 사건이 발생하면서 만년 2위 매일유업에 밀려나는 신세가 되었다. 2021년 4월 이른바 '불가리스 사건'은 남양유업의 이미지를 나락으로 떨어뜨린 결정타가 되었다.

'불가리스'는 남양유업의 간판 발효유 제품이었다. 2021년 4월 13일 남양유업은 대대적으로 보도자료를 배포하였다. '코로나 시대 항바이러스 식품개발'을 주제로 한 심포지엄에서 불가리스가 코로나19 예방 효과가 있다는 연구 결과가 나왔다는 내용이었다. 보도가 나가자 불가리스는 대형마트나 온라인 유통 플랫폼에서 날개 돋친 듯 팔렸다. 회사

▶▶▶ **남양유업과 매일유업 매출 추이** (단위 : 억 원, 연결 기준)

남양유업은 오랫동안 유가공 업계 부동의 1위였다. 그러나 2013년 대리점에 대한 강압적 물량 밀어내기 등의 사실이 폭로된 후, 만년 2위 매일유업에 추월당했다. 현재는 두 회사를 경쟁 관계라고 칭하기 어려울 만큼, 매일유업이 압도적 우위를 점하고 있다.

▲ 남양유업은 코로나19 팬데믹 불안이 한창 고조되던 시기인 2021년 4월 13일에 자사 대표 발효유 제품인 불가리스가 감염을 억제하는 효과를 확인했다는 결과를 공식 발표했다. 그러나 발표가 임상을 거치지 않았다는 것이 밝혀지면서 식품의약품안전처는 남양유업을 「식품표시 광고법」 위반 혐의로 고발했다.

주가도 크게 뛰기 시작하였다.

그러나 얼마 안 가 많은 전문가가 연구 내용이 허점투성이라는 사실을 지적하기 시작했다. 식품의약품안전처는 식품의 의약적 효과를 과대 포장한 것으로 보고 행정 처분과 함께 검찰 고발을 예고했다. 특히 심포지엄 며칠 전부터 남양유업 주가가 움직인 것에 주목해 금융당국도 「자본시장법」 위반 혐의 조사에 나설 움직임을 보였다.

남양유업은 문제의 심포지엄은 한 연구기관이 주관한 행사일 뿐 자사와 무관하다며 발뺌에 급급했다. 그러나 당시 발표자가 남양유업 연구소 임원이며 심포지엄 진행과 홍보에 회사가 깊숙이 관여한 사실이 알려지면서 소비자들의 분노와 불신은 더 커졌다.

이대로 가다간 회사 실적과 재무 상황이 더 악화될 것이 뻔했다. 다음 표는 2020~2022년까지 남양유업과 매일유업의 손익을 비교한 것이다. 남양유업은 3년 연속 800억 원 안팎의 영업적자를 냈지만, 매일유업은 600억~900억 원 사이의 안정적 영업이익을 꾸준히 창출하고 있다.

▶▶▶ **남양유업과 매일유업의 손익계산서**

[남양유업 연결손익계산서] (단위 : 천원)

	2022년	2021년	2020년
매출액	964,660,006	956,084,030	948,926,411
영업손익	(86,806,775)	(77,853,693)	(76,734,303)

[매일유업 연결손익계산서] (단위 : 천원)

	2022년	2021년	2020년
매출액	1,685,644,030	1,551,869,546	1,463,095,818
영업손익	60,688,077	87,797,405	86,487,192

분쟁 장기화에 애타는 주주들

홍 회장 일가는 2021년 5월 회사 경영권을 매각하고 남양유업에서 손을 뗌으로써 회사를 정상화하기로 하였다. 사모펀드운용사 한앤컴퍼니에 경영권 지분 53%를 3107억 원에 넘기기로 계약한 것이 이때다. 두 달 뒤인 2021년 7월 임시주주총회에서 새 이사진을 선임한 뒤 주식과 대금 교환을 끝내면 거래가 최종 종결되는 상황이었다.

그런데 주주총회 하루 전 홍 회장은 한앤컴퍼니에 엉뚱한 공문을 보냈다. 본인의 주소지로 거래종결일이 서면 통지되지 않았으므로 아직 거래종결일이 확정되지 않았다는 내용이었다. 홍 회장은 끝내 주주총회에 참석하지 않았고, 9월에는 주식 매매 계약 해지를 선언하기에 이르렀다.

한앤컴퍼니가 거래종결을 위한 선행 조건을 충족하지 않았다는 게 이유였다. 홍 회장 일가에 대한 직위 유지 등 예우와 함께 '백미당'을 포함한 외식사업부를 넘겨주기로 하는 등 몇 가지 사안을 약속했지만 지켜지지 않았다는 주장이었다.

1심과 2심에서 모두 한앤컴퍼니가 승소했다. 1심 재판 과정에서 홍 회장 측은 이른바 '주식 매매 별도 합의서'라는 것을 제시하였다. 그러나 이 문서에는 한앤컴퍼니나 홍 회장 측의 날인조차 없었다. 문서는 홍 회장의 지시를 받은 남양유업 간부가 작성한 것으로 드러났다. 문서에는

▲ 홍 회장은 디저트 카페 백미당 등 외식사업부 분사와 일가 임원진들에 대한 예우 등 선행 조건을 한앤컴퍼니가 이행하지 않았기 때문에 계약을 체결할 수 없다고 주장하였다.

‘남양유업 재매각 시 우선협상권 부여’라는 문구가 적혀 있었다. 이에 대해 문서를 만든 남양유업 간부는 "회장님이 회사를 언젠가 다시 찾아올 것이라고 말씀하셔서, 이에 대해 한앤컴퍼니 측과 이야기가 된 것인 줄 알고 문구를 넣었다"며 "나중에 회장님께서 그런 의도로 이야기한 것은 아니라고 하셨다"고 증언하였다. 코미디 같은 일이었다.

재판부는 이 합의서에 대해 홍 회장의 일방적인 ‘내심’의 요구 사항을 간부가 받아적은 것으로, 어느 모로 보나 신뢰하기 어렵다고 지적하였다.

2심 재판부는 "사안을 구체적으로 하나하나 검토해 봤지만 변론을 재개할만한 사유가 없었다"며 항소를 기각하였다. 2심 재판부는 이 사건은 성격상 신속한 분쟁 해결이 필요하고 홍 회장 측이 내세운 주장이 기존 주장과 크게 다르지 않다고 지적했다. 아울러 1심에서 1년여 기간 동안 다수의 증인과 본인 신문이 이루어지는 등 제출된 증거로도 2심의 심리는 충분하다고 보아 변론 재개 신청을 받아들이지 않는다고 밝혔다.

홍 회장 측은 2심 패소 뒤 "합의 불이행에 따른 계약 효력 그리고 김앤장 변호사들의 쌍방대리 및 배임적 대리 행위에 대한 사실관계나 법리 다툼이 충분히 심리되지 못하였다"는 입장문을 내고 상고하였다.

2년 넘는 기간 동안 다툼이 이어지면서 남양유업은 여전히 적자에 시달리는 등 정상화 과정에 본격적으로 들어서지 못하고 있다. 남양유업의 한 주주는 이렇게 말했다.

"지연된 정의는 정의가 아니라는 유명한 법언이 있다. 법원 판결이

◀ 2023년 7월 17일, 대법원이 한앤컴퍼니와 남양유업 홍 회장의 경영권 지분 매각 계약 소송에 대한 상고 사건의 심리불속행 결정을 내리지 않았다. 2년 넘는 기간 동안 다툼이 이어지며 남양유업은 적자에 시달리고 있다. 남양유업 한 주주는 "지연된 정의는 정의가 아니다"라는 법언을 빌려 조속한 판결을 요청했다.

늦어지면 정의를 실현하는 법의 목적을 달성하지 못한다는 의미다. 기업의 지배주주가 바뀌는 것은 기업가치 및 주주가치에 매우 큰 영향을 미치는 변화이다. 이렇게 중대한 변화에 대한 법적 판단이 조속히 이루어지지 않고 수년째 계속됨에 따라 소액주주는 물론 기업의 이해관계자들이 극심한 피해를 보고 있다."

그는 "상장기업 주주들이 법원의 일정까지 봐가며 투자해야 하는 처지에 몰리면 안 되는 것 아니냐"며 "법원은 수많은 주주와 이해관계자들의 피해를 최소화하기 위해 조속히 판결을 해줬으면 좋겠다"고 말했다.

삼성전자 해외 법인 배당금은 500억 원인가, 22조 원인가?

해외 자회사가 국내 본사로 보내는 배당소득에 비과세하는 법안이 2022년 12월 국회를 통과하였다. 이에 따라 해외 법인으로부터 배당금이 대거 유입되어 국내 투자가 활성화할 것이며, 외환시장의 안정성도 높아질 것이라는 전망이 나왔다.

그러면 실제로 국내 주요 기업은 2023년 상반기에 해외 법인으로부터 배당금을 많이 받았을까? 이와 관련하여 필자는 한 지인으로부터 "몇몇 기업의 재무제표를 보니 국내 본사에 대한 해외 법인의 배당이

2022년 「법인세법」 개정에는 국내 기업이 10% 이상 지분을 보유한 외국 자회사에서 받는 배당소득의 95%를 비과세하는 조항이 신설되었다.

별로 증가하지 않은 것으로 보인다"는 이야기를 들었다. 지인이 살펴봤다는 재무제표는 삼성전자와 현대차의 현금흐름표였다.

▶ **삼성전자 연결재무제표 현금흐름표 중 영업활동 현금흐름** (단위 : 백만 원)

	2023년 반기	2022년 반기
영업활동 현금흐름	14,461,689	24,589,135
영업에서 창출된 현금흐름	16,982,831	31,054,031
이자의 수취	2,429,443	706,755
이자의 지급	(441,850)	(264,834)
배당금 수입	52,618	229,806
법인세 납부액	(4,561,353)	(7,136,623)

▶ **현대차 연결재무제표 현금흐름표 중 영업활동 현금흐름** (단위 : 백만 원)

	2023년 반기	2022년 반기
영업활동 현금흐름	(147,052)	4,584,865
영업에서 창출된 현금흐름	2,448,658	6,149,784
이자의 수취	829,230	287,066
이자의 지급	(1,937,469)	(1,156,658)
배당금의 수취	645,914	527,408
법인세의 지급	(2,133,385)	(1,222,735)

삼성전자의 영업활동 현금흐름에 나타난 2022년 상반기 배당금 수입은 2298억 원이었다. 2023년은 526억 원으로, 오히려 크게 감소하였

다. 어찌 된 일일까? 현대자동차의 경우는 5274억 원에서 6495억 원으로, 22% 증가하기는 하였다. 하지만 이 배당금이 현대차 해외 법인들로부터 유입된 것이라고 본다면「법인세법」개정 효과라고 보기는 좀 어렵다. 왜 이런 숫자가 나타났을까?

우선 연결재무제표에 대한 이해가 필요하다. A사가 B사가 지분을 50% 초과하여 보유하고 있다면 일반적으로 A사가 B사에 대해 '지배력'을 가지고 있다고 한다. A사를 지배기업, B사를 종속기업이라 부른다. 그리고 두 회사를 회계적으로 한 몸으로 보고 연결재무제표를 작성해야 한다. 삼성전자나 현대차의 해외 법인은 대부분 국내 본사의 종속기업들이다. 따라서 해외 법인이 국내 본사에 송금하는 배당금은 연결재무제표에서는 한 회사 내에서의 '자금 이동'으로 여겨진다. 이쪽 사업부의 금고에서 저쪽 사업부의 금고로 자금을 옮긴 셈이어서 연결재무제표에 기록되지 않는다. 앞의 삼성전자와 현대차 연결현금흐름표에 나타난 배당금 수입에는 해외 법인으로부터 유입된 배당금은 거의 포함되어 있지 않다고 봐야 한다.

해외 법인 배당금은 국내 본사의 별도재무제표를 봐야 가능할 수 있다. 국내 본사와 해외 법인을 묶지 않고 따로따로 별개 회사로 본 것이다. 402쪽 표는 삼성전자와 현대차의 별도 기준 현금흐름표이며, 표에 나타난 배당금 수입은 해외 법인으로부터 유입된 금액과 거의 비슷하다고 볼 수 있다. 삼성전자는 2022년 상반기 1378억 원에서 2023년 상반기 무려 22조 1601억 원까지 증가하였다. 현대차도 1조 2605억 원에서 2조 6730억 원으로 두 배 넘게 증가하였다.

▶ **삼성전자 별도현금흐름표 중 영업활동 현금흐름** (단위 : 백만 원)

	2023년 반기	2022년 반기
영업활동 현금흐름	17,642,788	21,221,889
영업에서 창출된 현금흐름	(2,004,178)	26,374,703
이자의 수취	124,568	161,320
이자의 지급	(184,726)	(117,383)
배당금 수입	22,160,138	137,839
법인세 납부액	(2,453,014)	(5,334,590)

▶ **현대차 별도현금흐름표 중 영업활동 현금흐름** (단위 : 백만 원)

	2023년 반기	2022년 반기
영업활동 현금흐름	7,513,271	1,765,741
영업에서 창출된 현금흐름	5,743,197	1,036,448
이자의 수취	178,292	87,799
이자의 지급	(97,057)	(57,711)
배당금의 수취	2,673,085	1,260,580
법인세의 지급	(984,246)	(561,375)

회계 · 공시 완전정복 로드맵

회계 Basic

매출원가,
감가상각,
손상차손…
분명 우리말인데
외국어 같아요.

수익이랑
이익이 같은 말
아닌가요?

회계 책만
수십 권 있는데
끝까지 본 책은
한 권도 없어요.

김수헌 · 이재홍 지음 | 458쪽 | 20,000원

공시 Basic

감자요?
내가 아는
감자는
먹는 감자뿐이오.

주식투자
1일차!
기업 공시가
먼가요???

기업을
인수하는데 왜
유상증자를
하는 거죠?

김수헌 지음 | 297쪽 | 16,800원